U0868762

导游实务

主　编　刘玉婷　黄　梅　郑　玮
副主编　宫　磊
主　审　陈　蓓　赵坚强

哈爾濱工程大學出版社
Harbin Engineering University Press

内容简介

本书共六个模块，分别为导游服务与导游人员，导游服务程序与规范，导游服务技能、旅游中事故的防范与处理、游客特殊要求的处理，导游实务相关知识。

本书在内容上以传统的导游业务和技能为基础，但又进行了突破创新，思考邮轮导游实务，从而对导游实务的内容和范畴都进行了拓展。同时，本书汇集了大量案例、拓展阅读以及实训项目等，以便更好地提高导游人员实际工作能力，特别是针对突发情况或非常规事件的处理应变能力，体现了案例教学的特点。本书可以作为导游资格证考试培训的参考用书，对广大旅游爱好者了解导游工作也具有参考作用。

图书在版编目(CIP)数据

导游实务/刘玉婷，黄梅，郑玮主编. —哈尔滨：哈尔滨工程大学出版社，2022.4

ISBN 978-7-5661-3490-5

Ⅰ.①导… Ⅱ.①刘…②黄…③郑… Ⅲ.①导游 Ⅳ.①F590.63

中国版本图书馆CIP数据核字(2022)第065993号

导游实务

DAOYOU SHIWU

选题策划 薛 力
责任编辑 张玮琪
封面设计 李海波

出版发行 哈尔滨工程大学出版社
社　　址 哈尔滨市南岗区南通大街145号
邮政编码 150001
发行电话 0451-82519328
传　　真 0451-82519699
经　　销 新华书店
印　　刷 哈尔滨市石桥印务有限公司
开　　本 787 mm×1 092 mm 1/16
印　　张 15.75
字　　数 390千字
版　　次 2022年4月第1版
印　　次 2022年4月第1次印刷
定　　价 49.00元

http://www.hrbeupress.com
E-mail:heupress@hrbeu.edu.cn

前　言

导游是旅游业的灵魂。导游作为承载文化、传播文化、倡导文明、传播文明的使者，是旅游行业的服务窗口，是旅游形象的展示者，是推动旅游业发展的重要力量。因此，导游人员的素质和形象直接影响到旅游行业的服务质量和整体形象。

随着经济的发展和人民生活水平的提高，人们对于旅游出行的需求越来越多，不仅仅停留在乘坐飞机、高铁出行，各种新型交通工具如邮轮、游艇也逐渐成为人们追捧的对象。

近些年来，在邮轮旅游迅速发展的背景下，越来越多的中国公民有条件参加国际邮轮旅游。但由于区域特点，在中国目前，邮轮旅游主要采取的是“包船”出行方式，又大大强化了邮轮领队和岸上地接导游的价值。

本书依据导游人才所需的知识和能力要求，将导游实务相关理论知识和实操技能融合在一起。同时，为了更好地锻炼和提高学生的综合能力，本书内容在符合国际邮轮乘务专业、空乘专业、酒店管理专业特色的基础上兼顾了导游资格证考试大纲、导游大赛的有关要求，又为导游实操技能培养提供了操作指导。

本书共六个模块，分别为导游服务与导游人员、导游服务程序与规范、导游服务技能、旅游中事故的防范与处理、游客特殊要求的处理、导游实务相关知识，主要讲述了导游服务的产生、发展、类型、范围、性质与特点，导游人员的基本素养和职业形象，邮轮导游的服务特点与发展趋势；团体、散客、邮轮导游服务程序与规范；导游人员的带团技能、导游语言与导游讲解技能、邮轮导游接待技能与话语模式；旅游中常见事故的防范与处理，以及邮轮导游接待常见问题的防范与处理；游客特殊要求的处理；旅游和旅游业知识、入出境知识、交通知识、货币险知识、邮轮基本知识等。

本书由青岛远洋船员职业学院的刘玉婷、黄梅老师和青岛港湾职业技术学院的郑玮老师担任主编。其中，模块一、模块四由刘玉婷编写，模块二、模块三（项目二）由黄梅编写，模块五、模块六由郑玮编写，模块三（项目一和项目三）由宫磊编写。全书由刘玉婷负责校对和统稿，由王杰进行英语部分的审核和校对，由青岛远洋船员职业学院陈蓓、云南锦爱旅游集团赵坚强担任主审。

青岛市旅游部门、旅游院校、山东省内外个别旅行社经理及特级导游对本书的出版提供了宝贵的意见和建议，在此一并表示感谢！

本书在编写过程中难免存在不妥之处，敬请广大读者及时反馈，以便将来修订时改进。

编　者

2021 年 11 月

目　　录

模块一　导游服务与导游人员

【学习目标】

1. 了解导游服务的产生和发展。
2. 了解导游服务的类型和范围。
3. 熟悉邮轮导游的类型和发展趋势。
4. 了解导游人员的基本素养，加强学习，努力成为讲好中国故事的新时代导游。

【案例导入】

一名特级导游的心声

孙学琦的职业生涯是和改革开放后旅游业的发展同步展开的，经过几十年的奋斗和坚持，旅游业已经成为他人生中不可分割的重要部分。说起陕西旅游的发展历程，他如数家珍；说起做导游的感想，他充满自豪、失意和期望。他就是陕西旅游市场的“活账本”。

孙学琦，1979 年毕业于西安外国语学院，之后被分配到西安中国国际旅行社集团有限责任公司（以下简称“西安国旅”）从事导游和管理工作，是陕西省仅有的三名特级导游之一。他的从业时间正好和我国改革开放后旅游业的起步时间相吻合。35 年的工龄，是他为陕西旅游业洒汗水、献青春、做贡献的 35 年，也如同一本账，记录着陕西旅游市场的发展历程。他的人生早已经和陕西旅游业融合在一起，爱着、恨着、希冀着、奋斗着，成为他人生中不可分割的重要部分。那么，孙学琦 35 年的从业生涯里，有哪些值得年轻导游们借鉴的经验呢？

导游一定要不断提高外语水平

我国的入境旅游从 1978 年起步，到 1979 年陕西省入境旅游人数也只有六七千。当时陕西接待入境旅游的旅行社只有中国国际旅行社、中国青年旅行社、中国旅行社三家，是卖方市场，由于当时的接待条件有限，所以国家对入境名额有限制，并且是我们为入境游客提供什么产品，他们就接受什么。那时外国游客在西安逗留的时间都比较长，一般是四五天，他们能够静下心来仔细地了解各种事物。导游的工作主要就是为外国游客做翻译，那时不仅是参观旅游景点，还去参观幼儿园、学校、工厂、医院、人民公社等，随机性很大，即时翻译很多，因此对外语水平要求比较高，每次带旅游团前都要对去的地方进行仔细的研究学习。改革开放初期，导游的工作就是做翻译，再后几年过渡到“翻译导游”，再到后来成为真正意义上的导游。因此，做外语种导游的第一要求就是具备较高的外语水平，不但要精通旅游行业的词汇，还要了解各种行业的词汇，这样才能做到游刃有余。

那时每到冬天游客很少，旅行社里就利用“冬三月”做业务培训。整个冬天大家都在学习专业知识，比如把陕西历史博物馆的研究员、秦始皇兵马俑的馆长、陕西省考古研究所的专家、大专院校的教授学者等请来给大家讲课，不是短课课程，而是系统、深入地讲课。大家甚至把历史博物馆馆藏文物的说明都背下来。几十年来，西安国旅一直坚持进行这样的培训。孙学琦就是这样积累了丰富的历史知识，具备了过硬的外语能力。

“热爱”是做好导游的关键

孙学琦深深地热爱着导游事业，因为这份热爱，他付出的努力和辛苦也更多，成绩更显著。1998 年，国家旅游局组织特级导游资格考试，选拔条件不仅要看工作时间、工作表现、业务能力、外语水平，还要到北京进行统一的论文答辩。经过严格的省级选拔，再到国家旅游局的评选，最后陕西省只有三名导游获得特级导游资格。此后国家旅游局再没有进行特级导游考试，陕西省的三名特级导游也就成为仅有的三个。特级导游的殊荣就是对孙学琦对这个职业热爱与执着的奖励。

因为对旅游业的这份热爱，孙学琦对旅游业的发展格外地关注，哪一年发生过什么都在他心里装着，如同记着一本账。1985 年之后，之前“翻译 + 导游”的工作性质几乎转变成纯粹的导游；1986 年之后，外国游客在西安逗留的时间缩短，由之前的住宿四五个晚上减少到两个晚上。这一年之后导游逐渐有了“佣金”；1988 年的入境旅游市场出现了“井喷式”的增长；但到了 1989 年旅游市场遭遇“冰冻”；1990 年后开始有台湾同胞回乡探亲旅游，入境旅游市场逐步回暖；2002 年又达到了一个新的高峰；然而，2003 年非典疫情使旅游业再次跌入低谷。之后慢慢恢复，到 2007 年入境旅游人数再次攀上高峰；2008 年，全球金融危机爆发，对入境旅游影响极大，至今入境旅游市场始终不尽人意。

在旅游市场起起落落的风云变化中，如今导游的待遇和从业环境也一落千丈，从过去令人羡慕的职业，到后来相当一部分导游没有基本工资、没有社会保险，将所谓的“佣金”和“小费”作工资。这期间，很多导游离开了这个行业，三名特级导游只有孙学琦坚持了下来，因为他热爱这个职业，从导游到部门经理，到中心经理，再到公司副总经理，孙学琦的职业生涯始终没有离开旅游，没有离开西安国旅这片他最初选择的热土。

导游要善于经营人际关系

为什么说旅游业发展的三十多年中，导游这一职业经历了“翻译—翻译导游—导游”这样一个角色的变化？一个导游最重要的职能是什么？孙学琦认为，作为一名职业导游，工作内容涉及的面更广，与翻译相比，导游不仅要具备出色的外语水平、丰富的历史知识，还需要具备良好的沟通协调能力。

导游在带团过程中与游客、领队、全陪、司机、酒店、餐厅、景点都有着非常密切的关系，必须要协调好各方面的关系才能保证整个行程顺利，让游客满意。因此导游要善于经营和维护各种关系，与大家真诚相处。

在长期的导游职业生涯中，孙学琦与许多外国领队都建立了深厚的友谊。他说，在多年的相处中，这些领队不仅成为他的朋友，还彼此建立了亲人般的感情。尽管已经多年不带团，但是只要他们来西安依然会要求孙学琦亲自为他们做导游。孙学琦说，在如今旅行社经营高度市场化的情况下，导游带团更是牵扯着多方的利益，协调不好各方面的关系就会在中间环节出现问题，最终损失的是游客利益和旅行社的声誉，导游对加强人际关系维护能力的培养尤为重要。

思考：导游服务和导游人员在中国这些年来经历了哪些变化？一名优秀的导游人员应当具备哪些素质？

【本章导读】

通过本模块的学习，了解导游服务的产生、发展及其发展趋势，掌握导游服务的概念、类型、范围、性质、特点、地位和作用等知识以及导游人员的定义、基本素质及职业道德要求，对导游服务和导游人员工作有一个系统的认识。

项目一　导游服务

导游服务(tour guide service)从古代到现代经历了一个发展变化的过程，从一开始的义务服务到现在的收费服务，并且在社会上逐渐成为一个职业——专门提供导游服务。导游服务质量好坏直接影响游客的体验。导游服务的范围较广，对导游人员的要求较高。

任务一　导游服务的产生与发展

一、古代的向导

旅游(tourism)一词最早出现在19世纪初，但旅游活动作为人类的文明活动早在古代时期就已经出现了。

旅行始于人们早期的商贸活动，主要是出于经济目的。原始社会末期，社会分工、产品交换的出现，推动了人们离家远行的需要。早在公元前3000年，海上民族腓尼基人就开始在地中海和爱琴海进行商业活动，其旅行范围西越直布罗陀海峡，北至波罗的海，东到波斯湾。他们四处奔波，进行商品贸易，离开常驻地到异地经商。早期的旅行便由此产生，海上旅行也开始萌芽。

此外，当时以休闲为目的的旅行也开始出现。在西方奴隶制社会，奴隶主就已经开始了以巡视巡游为目的的享乐旅游。古埃及在5000多年前就开始组织朝圣者进行朝圣旅行，那个时期的埃及已经成为世界闻名的旅行者圣地。古希腊时代，人们观看奥林匹克运动会。世界古代旅行的全盛时期为古罗马时期，社会秩序的稳定、交通条件的便利，让人们有更多的机会到世界各地的沿海地区进行游览，有些达官贵人甚至远赴埃及观赏金字塔。在此时期，多种形式的旅游活动开始出现，海滨疗养、游览古迹、朝圣旅行等，逐渐进入人们的视野。

到了封建社会，人们的旅行活动更加丰富多样。帝王巡游，以求学为目的的教育旅行，以探险为目的的航海旅游，以经商为目的的跨国旅游等逐渐发展起来。意大利旅行家马可·波罗到中国经商,他把自己在东方的所见所闻口述给一位通晓法文的作家,这位作家又将这段不平凡的口述转录成文,这就是著名的《马可·波罗行记》,又称《东方见闻录》。著名意大利航海家哥伦布进行航海探险旅游,发现了美洲新大陆,改变了历史的进程。在我国,公元前138年和前119年,张骞奉汉武帝之命,作为官方正式使节两次出使西域,开辟了著名的"丝绸之路",沟通了中国和中亚、中东以及西方之间的经济和文化关系;明朝著名的外交使节、航海家郑和七次下西洋,访问了30多个国家,为传播中华文明、加强中外经济文化的联系做出了重要贡献。需要指出的是,在整个漫长的古代旅游发展史中,以经商为目的的旅游始终是主要形式,以消遣为目的的旅行只是少数人的活动,并不是普遍存在的。

在英语中,旅行(travel)一词就来源于艰辛(travail)。正因为如此,当人们外出旅行时,为了使自己在人生地疏的环境中能够正确地行动并确保安全,常邀请熟悉当地情况的人来做向导。这些充当向导的人不仅可以引路,而且还能对沿途的山水景物及当地的风俗民情进行介绍,他们提供的服务在一定程度上已具有类似现代导游服务的形式。只不过在古代,由于客观因素的制约,人们当导游的机会并不多,旅游活动的人数和范围有限,往往是一些与旅行者偶然相遇的车夫、马夫、船夫、当地居民等作为向导,导游服务只是偶然的行为,正如"借问酒家何处有,牧童遥指杏花村"中所描述的,其作用仅是为旅游者引路的"牧童"而已,还不是我们现代意义上的导游。向导有时也是出于义务,并不是出于金钱目的,有时会收取或多或少的报酬。但是当时,向导并不能成为一种职业,不能成为安身立命的手段。

总之,在世界古代旅行活动中,由于社会生产力低下,旅游的发展速度非常缓慢,虽然产生了最初的导游形式——向导,但并未形成一种广泛的、社会化的需要,因此也就没有形成以导游为固定职业的专业队伍。

二、近代商业性导游服务的出现

1841年7月5日,英国人托马斯·库克精心组织和安排了一次特殊的火车短途旅行,成为旅游发展史上的标志性事件。托马斯·库克利用包租火车的形式组织了570人从莱斯特前往拉夫巴勒参加禁酒大会,每人收费1先令。这次团体活动举办得非常成功,虽然它不是一次纯粹的商业性活动,却成了近代旅游的标志,更重要的是托马斯·库克从中看到了巨大的商机。1845年,托马斯·库克又组织了一次350人的团体消遣性旅游,从莱斯特到利物浦,为期一周。为组织这次活动,托马斯·库克做了大量的准备工作,印制了世界上最早的旅游指南《利物浦之行手册》,不仅自己全程陪同,而且在卡那封城堡和斯诺登山游览中还聘请了地方导游,因此可以说这是世界上第一次大规模的、有组织的、纯粹以商业为目的的旅游活动。托马斯·库克也因此被世界公认为商业性旅游的鼻祖。同年,托马斯·库克在英国莱斯特正式成立"托马斯·库克旅行社",开始专门从事旅行社代理服务,从而创办了世界上第一家商业性旅行社,其旅行社的问世标志着近代旅游业的诞生。

1846年,托马斯·库克亲自带领一个旅行团到苏格兰旅行。旅行社为每个成员发放了一份活动日程表,还为旅行团配备了向导,这是世界上第一次有商业性导游陪同的旅游活动,导游服务作为一种正式职业登上了历史舞台。1865年,托马斯·库克与儿子约翰·梅森·库克将原来的托马斯·库克旅行社更名为托马斯·库克父子公司(即后来的通济隆旅游公司),迁址于伦敦,并在美洲、亚洲、非洲设立分公司。1872年,托马斯·库克亲自带领一个 9 人旅行团访问纽约、南北战争战场、多伦多等地，把旅游业务扩展到了北美洲。这次环球旅行使其声名远播，产生了极大的影响。

与西方国家相比，我国近代旅游业起步较晚。20 世纪初，外国的一些旅行社如英国的通济隆旅游公司、美国的运通旅游公司、日本的国际观光局等开始在中国境内的一些城市设立旅行机构，经营旅游业务。中国人自己经营的第一家旅行社是由爱国企业家陈光甫先生创办的。1923 年 8 月，上海商业储备银行总经理陈光甫先生在其同人的支持下，在其银行创办了旅游部。1927 年 6 月，旅游部从银行独立出来，正式成立中国旅行社，并在国内 15 个城市开办分社。中国旅行社的创建标志着中国近代旅游业的建立，该旅行社聘用的人员可以说是我国最早的职业导游人员。

三、大众旅游时期的导游服务

第二次世界大战结束以后，世界各地的大众旅游越来越丰富，旅游不再是奢侈品，而是生活的必需品，成为人们的一种生活方式。大众旅游的兴起，使旅游业在经济发展中占有越来越重要的位置，旅游代理商雨后春笋般地出现。人们的出游在旅行社的组织和安排之下，越来越规范化。导游人员通过为游客提供讲解以及周到的旅行服务，使游客的愿望得到了满足，体验更加丰富，导游人员也获得了相应的报酬。这一时期的导游作为一种新兴的职业，已经形成了相当规模的专业化团队。

中华人民共和国成立之后，我国的旅游业发展进入了新的时期。中华人民共和国成立之初，百废待兴，作为华侨最为集中的厦门市于 1949 年 11 月，在旧“华侨服务社”的基础上，成立了中华人民共和国第一家旅行社——华侨服务社，负责安排接待回国探亲、定居、访问的海外侨胞，为他们出入境提供服务，此时便诞生了中华人民共和国成立后的第一批导游。此后，广州、泉州等十几个城市相继成立了华侨服务社分社。

1954 年 4 月 15 日，中国国际旅行社在北京成立，并在全国设立 14 家分社，成立了我国第一个从事接待外国游客的机构。其任务主要是负责承办除外国政府代表团之外的外宾接待工作，后又开始接待外国自费游客。1957 年 4 月 22 日，华侨旅行服务社总社在北京成立。1974 年，国务院批准成立中国旅行社，与华侨旅行服务社总社合署办公，接待对象主要是自费归国观光探亲的海外侨胞、外籍华人以及港澳台同胞。1980 年，中国青年旅行社在北京成立。至此，中国三大全国性旅行社——中国国际旅行社、中国青年旅行社、中国旅行社，承揽了绝大部分入境游客的招徕和接待工作，以及国内游客的旅游服务。

相比于早期的旅游产品，这一时期的旅游产品更加的丰富多样，新型旅游产品层出不穷，对导游服务的质量要求也随之提高。在我国，特别是改革开放以后，旅游业进入了全面发展时期，旅行社体制的重大变革释放了旅行社的活力，旅行社更加注重对经济效益的追求。邮轮旅游作为大众旅游时期的新型代表旅游产品，受到人们的追捧。冠达邮轮打造的超豪华邮轮“玛丽王后 2 号”，美国皇家加勒比邮轮公司巨资打造的“海洋绿洲号”“海洋魅力号”以及“海洋量子号”系列等成为人们的向往之地。各大旅行社纷纷抓住这一机遇，成为邮轮服务的代理商，为人们邮轮旅行提供一站式服务，也为蓬勃发展的邮轮业提供助力。

拓展阅读

不同国家的导游管理体制

随着现代旅游的迅猛发展以及世界导游队伍的不断壮大，旅游服务质量受到了各国政府的高度重视，纷纷制定旅游服务质量标准，形成了具有不同特色的导游管理体制。世界上比较典型的导游管理体制主要有以下几类：

1.“封闭式·严格型”的导游管理体制

这类导游管理体制一是资格准入门槛较高，以新加坡和以色列两个国家为例，新加坡和以色列均规定：申请做导游工作者，必须参加并通过全国统一组织的导游资格考试，才能取得导游资格，否则会受到严厉的处罚。二是执业管理很严格，新加坡规定，对导游行业实行定期报告、换证和在册导游培训制度。导游每隔半年要报告过去6个月的接团量。注册导游每隔一定年限必须参加一次导游考试，通过者换发新证，未通过者将被取消导游资格。游客的意见和评价直接关系到导游的就业。出现对导游服务质量的投诉，旅行社会根据情况决定是否续聘该导游。旅游管理部门收到投诉后也要进行调查，情况属实则发出警告，多次被投诉者将被取消导游资格。

2.“开放式·宽松型”的导游管理体制

这类导游管理体制，资格准入较为宽松，以澳大利亚和德国为例，澳大利亚有意当导游者，可自愿参加由澳大利亚入境旅游组织举办的导游资格考试，通过者可获得导游资格证书和导游胸卡。但这一证书只作为专业水平的证明，而非导游必备的条件。并且在澳大利亚、德国无职业导游，所有导游都是临时、兼职或业余的。在澳大利亚和德国，没有专门的机构去监管，游客的评价就是最好的监督，旅行社据此决定是否续聘该导游。

3.“开放式·严格型”的导游管理体制

以中国为例，随着旅游业的发展，为适应旅游市场的需求，我国的导游管理体制经历了由“封闭式·严格型”向“开放式·严格型”的转变，呈现以下特点：一是导游资格终身制，导游资格在全国通用，而且终身有效；二是导游多渠道执业，导游除了可以由旅行社委派外，还可以由游客通过线上和线下自主联系预约，实现交易完全开放；三是导游管理信息化，取消导游年审制度，通过导游公共平台服务监管平台，用信息化手段实现对导游的常态管理。

任务二　导游服务的类型与范围

一、导游服务的概念

狭义的导游服务是指导游人员代表被委派的旅行社，按照组团合同或与游客约定的内容和标准为游客提供向导、讲解及相关的旅游接待服务。

广义的导游服务除包括导游人员为游客提供的各类向导、讲解等服务之外，还包括借助于科技手段为游客提供的相关旅游服务。

二、导游服务的类型

现代导游服务包含多种类型，大致可以分为实地口语导游和图文声像导游。

（一）实地口语导游

实地口语导游也称讲解导游，是指导游人员在游客游览旅行中为其进行介绍、讲解的导游方式。实地口语导游是一种人工的方式，长期以来一直是普遍使用的方式。

（二）图文声像导游

图文声像导游也称物化导游。随着科学技术的发展，导游服务的方式呈现多元化，借助于声像、多媒体、智能系统等进行导游服务成为一种时尚和趋势。目前主要有图文导游、声像导游和智慧导游三种。

1. 图文导游

图文导游主要包括导游图、交通图、旅游指南、景点介绍宣传册、画册、广告等印刷制品。图文导游方式图文并茂，能给人带来一种身临其境的感觉，并且图文资料携带方便，可随时进行查阅，是一种便捷的导游方式，在国外较为普遍，在国内也会经常看到一些外国游客拿着旅游小册子进行自助旅游。

2. 声像导游

声像导游主要包括有关国情介绍、景点介绍的录音、录像、幻灯片等。这种导游服务方式主要是作为游客旅行前的指导和旅行中的讲解服务，可以帮助游客了解目的地或景点的情况。

很多旅游业发达的国家和地区的旅游景点都采用了声像导游的方式，提供多语言的讲解服务。很多旅行社通过定期向公众放映有关旅游目的国（地）的电影或录像，举办展览会等方式来影响潜在的游客。声像导游多用于重大参观项目、旅游博览会和大型旅游活动，在一些环境相对封闭的旅游景区、景点（如博物馆、教室、游船）等也多装备先进的声像设备，方便人们进行游览。

3. 智慧导游（intelligent tour guide）

智慧导游通过融合通信与信息平台，利用云计算、物联网和互联网技术，借助全球定位系统，使用便携式移动终端上网设备，实现导游服务。简单地说，就是游客与网络实现实时互动，极大地方便了游客的游览和出行。游客可以使用百度、高德等导航软件提供的向导服务；利用景区开发 App，实现景区线路规划、景点讲解、安全提示等；借助 5G、VR 等技术支持的线上展厅、线上博物馆等，足不出户地实现“云旅游”（virtual tour）。无疑，智慧旅游已经成为互联网时代一大时尚主题。

拓展阅读

“云旅游”：足不出户赏景，身临其境体验

2020 年初，新冠疫情的出现，打乱了所有人的节奏。2020 年春节，很多人就地过年。随着旅游业拥抱互联网的步伐加快，尽管宅在家里、足不出户，却也能“云”上赏美景。打开电脑、手机，一个个精彩的云旅游产品，搭起了人们情归乡里、周游世界的“云桥”。

相聚云端尽享文旅大餐

腊月初八，正值传统大寒节气，《故宫的时节·大寒》视频课在故宫博物院宣传教育部微信公众号“故宫宣教”上线。课程围绕清代宫廷立天灯这一冬季习俗，介绍了与之相关的文化知识，给观众带来精彩的云上文旅大餐。不仅如此，从 1 月 27 日至 2 月 5 日，线上“故宫知识课堂”如期开课，围绕“文物与自然”和“建筑与历史”两大主题，在故宫博物院宣传教育部“我要去故宫”快手账号直播。两大主题、20 场不同内容的课程精彩纷呈，和大家相聚云端。

为应对疫情冲击、适应旅游消费新需求，不少景点景区积极开发云旅游产品和服务，在快手、抖音等互联网平台举办“云游”直播活动，让人们足不出户也可以云游四方。

虽然就地过年，但也能在线感受老家的年味儿。1 月，文化和旅游部非物质文化遗产司主办的“文化进万家——视频直播家乡年”活动启动，在快手、抖音、微博、酷狗等网络平台上，各地以系列短视频、直播等方式展示相关年俗场景，吸引了大量网友交流互动。

一些互联网旅游平台也推出了相应产品。马蜂窝旅游直播开启“春节特别计划”，为游客带来数百场精彩纷呈的旅游直播。春节假期，直播活动邀请身在全球各地的旅游主播，通过直播间分享各地的“年味儿”，展现各地不同的春节民俗、历史文化、冬季美景和特色体验。

技术创新打破时空局限

在手机上打开微信小程序“云游敦煌”，点击“全景洞窟”版块，就可以在线以全景的方式遨游洞窟。打开第 254 窟的页面，在图片和文字介绍后，就看到了全景漫游的对话框。用户手持手机，就像是走进了洞窟，调整手机的角度，就能身临其境地欣赏到洞窟内 360°的景象。

“旅游业之所以能推出人们喜闻乐见的‘云旅游’产品，也是在应对疫情的过程中，加快了互联网、大数据等技术的应用。”中国社会科学院旅游研究中心特约研究员吴若山说，建立在大数据、云数据基础之上的“云旅游”，正在从应对疫情冲击的应急之举逐渐成为旅游行业供给创新、更好满足人们需求的一个突破口。

拥抱直播技术后，“云旅游”打破了时间和空间的局限，尤其是在博物馆、美术馆、科技馆等文化科普地，这些文化旅游景区以数字化、科技化的创新手段，将自身的文化、历史典故等通过专业人员讲解直播，让人们可以随时随地体验相关文化服务。

高技术的应用，带给人们全新体验，也让“云旅游”有了更大的想象空间。5G、AR、VR、

AI、无人机等技术的发展，以及“云旅游”从图文、短视频发展到直播、全景等多种形式的呈现，把传统景区的吃、住、行、游、购、娱等要素通过旅游博主、专业主播的视角传递给更多游客。

“云旅游”不仅把线下资源搬到线上，而且实现了更多的使用场景和价值。比如，在一般的户外研学教育中，参与的学生们往往无法到达一些自然保护区的核心区，但运用虚拟现实技术后，不仅可以模拟核心区域，还能把动物投影到模拟范围内，让研学旅程更加生动有趣。

扩大市场带动文创营销

看非遗直播、购非遗好物、品非遗美食、赏非遗绝技……在由中国非物质文化遗产保护协会联合电商共同主办的“非遗牛年大集”活动上，不少消费者赶了一场线上大年集，感受到了非遗技艺的魅力。

“希望通过‘非遗牛年大集’活动，让更多人认识非遗、喜爱非遗、保护非遗，进而推动非遗回归千家万户、回馈百业千行，实现更好的保护与传承，增强中华民族的文化自信。”文化和旅游部党组成员、中国非物质文化遗产保护协会会长王晓峰说。

对于产业链上下游的各环节经营者来说，“云旅游”正在成为一种重要旅游营销场景，带动文创等产品的销售。

“薄如纸、亮如镜、声如磬”的荣昌陶、走向国际市场的荣昌夏布、具有独特风格的中国传统工艺品荣昌折扇……重庆市2020年启动的“晒旅游精品·晒文创产品”大型文旅推介活动中，荣昌区的直播间吸引了众多游客围观和留言参与。从“非遗体验”到“运动健康”再到“美食休闲”，观众不仅在线欣赏美景、了解文创产品，也展现了他们强大的购买力——直播活动销售货品超过264万件，全口径销售额约1.05亿元。

受新冠疫情影响，以往主要靠游客采摘销售的四川省汶川樱桃一度面临不小的销售压力。当地积极尝试全新“云”模式，先后和国内知名直播平台合作，打造了汶川甜樱桃采摘节，通过云传播、云推介、云签约、云旅游、云采摘等多种方式，让汶川樱桃插上了“云”翅膀，打开了更大的市场。

有些云旅游产品，还拉动了预订销售。比如，有些民宿地理位置很好，从日出到日落，每一个时间段都非常美。民宿经营者就通过直播，使大家看到不同时间段的美景以及当地的特色餐食，实现了一边观看一边预订，带动了远期收入。

（参考：https://baijiahao.baidu.com/s?id=1691629105908569803&wfr=spider&for=pc）

思考：“云旅游”的前景如何？景区如何抓住智慧旅游的契机拓展旅游市场？

三、导游服务的范围

导游服务范围是指导游人员向游客提供服务的领域。其大致可以分为以下四类：

（一）导游讲解服务

导游讲解服务主要包括沿途讲解、参观景点讲解以及座谈、会见、交流、参观情况下所提供的口译服务。讲解服务要求导游人员应当具备丰富的知识和较强的语言表达能力。

(二)旅行生活服务

旅行生活服务在导游服务中占到相当大的比重,主要包括旅行途中的吃、住、行、游、购、娱等日常具体安排,以及帮助游客处理旅行途中遇到的各类问题。

(三)旅游安全服务

出门在外,安全第一。旅游安全是导游人员应当放置在首位的问题,应当时刻关注、关心游客的人身、财产、心理等的安全,确保游客旅途的顺畅。

(四)导游咨询服务

导游咨询服务是指导游人员向游客提供的各类技术性、知识性问题的回答,包括旅游机构、知识法规、政策、交通等的服务。

任务三　导游服务的性质与特点

导游是旅游业的形象大使,他们所提供的服务也被看作旅游业的标志性产品。作为旅游业的代表工种,导游服务具有鲜明的行业特征和不同于其他服务的性质和特点。导游服务的性质在不同的国家有不同的界定,但却有共同的认知,即更好地理解导游服务的性质和特点,便于提高导游业务水平和改善服务质量。

一、导游服务的性质

(一)服务性

导游服务,顾名思义是一种服务工作,导游服务与第三产业的其他服务一样,属于非生产性劳动,是一种通过提供一定的劳务活动(如导游讲解、翻译、旅行安排、生活服务等)来创造特殊使用价值的劳动。导游服务不是简单的技能劳动,而是一种较为复杂的高智能、高技能的服务,它作为旅游服务产品中的核心部分,是衡量产品质量好坏的关键。因此,对导游人员的素质要求较高,需要其具备较强的综合能力和技能。

(二)社会性

旅游活动现在已经成为当今世界上规模最大、最具活力的社会活动之一,旅游已成为人类社会的基本需求之一,已成为人们重要的生活方式。在旅游活动中,导游人员处于接待工作中的中心位置,接待来自世界各地的游客,成为推动旅游这种社会浪潮的重要力量,所以导游服务本身就具有很强的社会性。其次,旅游业已成为社会经济中的一个重要支柱产业,导游工作也成为被社会广泛认知的一种职业。

(三)文化性

人们的旅行不仅仅是为了度假、休闲、享受,更多的是体验异域文化、获取异地知识。人们常说“看景不如听景”,锦绣山川、艺术宝库、文化古迹、当地民俗等都具有丰富的文化内涵,文化知识的挖掘和介绍很大部分依靠导游的讲解和描述。导游的解说、指点,再加上生动的人物故事和景色描绘,让旅游变得与众不同。因此,导游人员应当具备广博的知识和敏锐的观察力、较高的文化素养和语言艺术水平,对本民族和本地区的文化有深刻理解和研究,才能当之无愧地担负起“文化大使”的重任。

（四）经济性

旅游经济在国民经济中占有重要比重，特别是瑞士、新加坡等旅游业发达的国家，旅游业已成为国家的支柱产业。同样，在我国，旅游业已成为国民经济的战略性支柱产业，成为大众消费需求的重要组成部分。导游服务作为旅游业发展中的重要组成部分，通过扩大客源、促销产品、促进经济交流等方式，直接或间接地促进旅游经济的发展，具有明显的经济属性。

（五）涉外性

中国作为世界第一大出境旅游客源国和全球第三大入境旅游接待国，在促进民间交流与合作、促进文化沟通等方面起着重要的作用。目前，我国已经形成入境旅游、国内旅游和出境旅游三大市场，无论是为入境旅游还是出境旅游提供的导游服务，都具有明显的涉外性。

近些年来，邮轮旅游的发展进一步带动了入境旅游和出境旅游，导游的涉外性更加明显，掌握多种语言的导游成为各大旅行社争抢的对象。导游的涉外性主要体现在以下两个方面：

1. 宣传中国

目前中国接待的海外来华游客中，有很大一部分希望了解中国，了解中国的社会制度、建设情况和各民族的生活状况，其中也不乏希望深入了解和研究中国的游客，因此，帮助外国游客更好地了解中国成为中国导游义不容辞的责任。同样，导游人员陪同中国公民出境旅游时，目的地人民也希望从中国导游那里了解到中国的发展状况，因此，导游人员的讲解，甚至一举一动都是在宣传中国。因此，作为一名合格的导游人员，在涉外导游服务中，应当有鲜明的政治立场，要以积极的心态，不失时机地宣传中国知识和文化。在宣传当中，形式要多样化，方法要灵活多变，切忌呆板、僵化、千篇一律和强加于人。

2. 当好民间大使

旅游是世界和平的促进力量。旅游活动作为当今世界规模最大的民间外交活动，能够促进不同国家、不同民族之间的交往，增进相互之间的了解和友谊，促进世界的和平。导游工作是一项涉外性很强的民间工作，通过各种各样的机会，与游客促进思想、情感上的交流，帮助他们认识中国，增进中国与其他国家的友好关系，当好民间大使。

二、导游服务的特点

导游服务作为高技能、高水平的服务，有其鲜明的特点，了解导游服务的特点便于导游人员更好地应对今后的工作。

（一）独立性强（highly independent）

导游人员带团外出中，在整个旅游活动中，往往只有导游和游客终日相处，通常要独自面对和承担带团途中的一些问题，因此导游人员只有独立性强，有较强的处理各种问题的能力，才能胜任导游服务工作。

1. 独立地宣传、执行国家政策

在游客心目中，导游人员代表一个国家和地区的形象。特别是一些外国游客到我国来旅游时，对我国的文化、政策、社会状况、经济发展水平等都较为感兴趣，他们会随时向导游人员提出问题，因此，导游人员必须具备深厚的文化底蕴、较高的外语水平、较高的政策修养和清晰的政治头脑，具备独立掌握和宣传国家政策的能力。

2. 独立组织、协调旅游活动

导游人员作为旅行社委派的代表，在为游客提供服务的过程中，需要独立完成许多组织协调工作。在旅行社内部，导游人员需要与外联、计调、财会等部门协调关系、密切合作，充分做好导游服务的准备工作，以保证旅游活动的顺利进行。对外关系中，导游人员要代表本旅行社与各方面联系和交往，协调好各种关系；在旅游团内部，要面对形形色色、性格特点各异的游客群体，组织好团队各项活动，需要协调多种关系；旅行社之间、旅行社与各单项旅游产品供给部门之间都有可能产生矛盾，这时也需要导游出面协调；在旅行过程中，导游人员必须协调好与交通运输、饭店、各旅游景点、海关等单位的关系，以取得这些部门的支持。

3. 独立解决矛盾和处理突发事件

导游人员在带团的过程中，不可避免地会遇到各种各样的问题和矛盾，尤其是一些无法预料的问题，比如食物中毒、交通事故、游客突然发病或死亡，往往来不及向旅行社请示，这时就需要导游人员具备较强的心理素质，头脑清醒、善于决断，及时采取措施，保证旅游活动的顺利完成。

（二）脑体高度结合（physically and mentally integrated）

导游工作是很辛苦的，不是人们想象之中的游山玩水，而是一项复杂的脑力劳动和体力劳动高度结合的服务性工作。

导游服务面对的游客各种各样，其需求也各不相同。导游服务是以游客的需求为出发点的，导游人员在服务的过程中必然要涉及各方面的知识。这就要求导游人员具备渊博的知识，如历史文化、建筑学、心理学、美学等。因此，导游人员在脑力劳动上就要付出很多，需要学习很多知识，增强平常的积累，脑力劳动强度较大。

另外，导游人员工作流动性强、工作量大、体力支出较大。导游人员除了要在旅途中承担讲解的任务之外，还要跋涉较长的路程，特别是在旅游旺季，游客量很大，导游人员工作几乎是连轴转，这就需要导游人员具备高度的事业心和健康的体魄。

（三）复杂多变（complicated and changeable）

导游服务是按照一定的程序进行的，但是导游往往要面对各种各样的问题，有时要承受来自游客、旅行社、酒店等方面的压力，工作性质上是复杂多变的。从服务对象上来讲，接待的游客年龄、职业、性格特点、兴趣爱好等各异，自然他们的需求、期望、要求也是不同的。导游在带团的过程中很难满足每一个游客的要求，特别是一些导游在带低价团的过程中，购物较多自然就会导致游客的不满，甚至会引起游客的投诉等，这些问题都要导游去面对和解决。

导游人员作为旅行社和游客的中间桥梁，往往要面对复杂的人际关系。一方面要服务好游客，另一方面要遵守旅行社的规定，服从旅行社的领导，除此之外，还不可避免地要跟一些相关部门进行业务交流与合作。往往在处理这些关系中，因牵扯到利益问题，导游人员有时会处于比较被动的地位。

而且，导游人员经常会受到一些不健康思想和工作作风的影响，还会面临着金钱、物质、色情和名利的诱惑,一不小心就有可能成为俘虏,因此导游人员要有坚定的意志和自制力,提高思想政治素养和思想觉悟,保持清醒的头脑,提高抵制“精神污染”的能力。

项目二　导 游 人 员

任务一　导游人员的概念与类型

一、导游人员的概念

导游人员,是指取得导游证(tour guide certificate),并接受旅行社委派,为游客提供向导、讲解以及相关旅游服务的人员。

具有高级中学、中等专业学校或者以上学历,身体健康,具有适应导游需要的基本知识和语言表达能力的中国公民,可参加全国统一的导游人员资格考试,经考试合格方可取得导游人员资格证。

取得导游人员资格证,并与旅行社订立劳动合同或者在旅游行业组织注册的人员,可以通过全国旅游监管服务信息系统向所在地旅游主管部门申请取得导游证。

导游证采用电子证件形式,由国家文化和旅游部制定格式标准,由各级旅游主管部门通过全国旅游监管服务信息系统实施管理。电子导游证以电子数据形式保存于导游个人移动电话等移动终端设备中。

取得导游证并在导游证的有效期限内,导游人员才有资格从事导游活动。

导游人员进行导游活动时,应当佩戴导游证。无导游证从事导游活动的,依据国务院发布的《导游人员管理条例》的有关规定予以处罚。

拓展阅读

如何申请电子导游证

2017 年 3 月开始全面启动的“全国导游公共服务监管平台”具有划时代的意义,这也意味着全国所有导游人员到 2017 年 3 月底都要开始申请使用新的导游身份标识,7 月底旧导游证禁止使用。

“全国导游公共服务监管平台”,进入主站页面首先可以看到三个入口:“导游领队入口”“行政部门入口”“旅行社及注册机构入口”。仅“导游领队入口”有开放注册,其他两个入口是不允许注册的。

第一步,使用手机号直接注册;

第二步,校验导游资格(与旅行社签订劳动合同、受旅行社聘用的导游不参与自由执业试点);

第三步，上传所需资料；

第四步，提交审核。

二维码一扫，就可以看到导游身份，查看导游的信息；导游通过 App 可以看到自己的行程单，历史带团记录，评价信息；游客通过 App 可以看到导游的信息，还可以评价导游服务，点赞或投诉导游；执法部门通过 App 可以看到更详细的带团和行程记录，还可查询到导游位置。

二、导游人员的分类

导游人员由于业务范围、业务内容的不同，服务对象和使用语言各异，其业务性质和服务方式也不尽相同，再加上世界各国对导游人员类型的划分与称呼也不尽相同，因此很难有一个世界公认的统一标准对导游人员进行分类。本书从我国的实际情况出发，从不同角度对导游人员的类型进行划分。

（一）按业务范围划分

按照业务范围不同，导游人员可分为海外领队（tour leader/escort）、全程陪同导游人员（national guide）、地方陪同导游人员（local guide）和景区景点导游人员（lecturer）。

海外领队是指受国家旅游行政主管部门批准可以经营出境旅游业务的旅行社的委派，全权代表旅行社带领旅游团从事旅游活动的工作人员。

全程陪同导游人员（简称全陪）是指受组团旅行社委派，作为组团社的代表，在领队和地方导游人员的配合之下实施接待计划，为旅游团（者）提供全程陪同服务的工作人员。这里的组团社或者组团旅行社是指接受旅游团（者）或者海外旅行社预订，制订和下达接待计划，并可提供全程陪同导游服务的旅行社。这里的领队是指接受海外旅行社的委派，全权代表旅行社带领旅游团从事旅游活动的工作人员。

地方陪同导游人员（简称地陪）是指受接待旅行社委派，代表接待社实施接待计划，为旅游团（者）提供旅游活动安排、讲解、翻译等服务的工作人员。这里的接待社或者接待旅行社是指接受组团社的委托，按照接待计划委派地培负责组织安排旅游团（者）在当地参观游览等活动的旅行社。

景区景点导游人员亦称讲解员，是指在旅游景区、景点，如博物馆、自然保护区等为游客进行导游讲解的工作人员。

（二）按职业性质划分

按照职业性质不同，导游人员分为专职导游人员（full-time tour guide）和兼职导游人员（part-time tour guide）。

专职导游人员是指在一定时间内以导游工作作为主要职业的导游人员，目前，这类导游人员一般为旅行社的正式员工。

兼职导游人员也称业余导游人员，是指不以导游工作为其主要职业，而利用业余时间从事导游工作的人员。目前这类导游人员分为两种：一是通过了导游资格统一考试并取得了导游证而从事兼职导游工作的人员；二是具有特定语种能力受聘于旅行社，领取临时导游证而从事导游活动的人员。

拓展阅读

请给社会导游人员一个家

李海曾经在张家界做了5年导游，目前成立了专门为导游提供后勤保障的导游工作室。谈起导游工作，李海深有感触。导游有全职导游和兼职导游之分，全职导游一般会跟旅行社签订劳动合同，属于旅行社正式员工，有基本工资和社会保险；兼职导游也就是社会导游，与旅行社没有劳动合同，无基本工资和社会保险。根据调查，社会导游人数众多，是导游行业的主体。

据了解，陕西省内的导游绝大多数也都是社会导游，挂靠在陕西省导游人员管理服务中心、西安市导游人员管理服务中心，每年年审一次，旅行社需要用导游时会跟导游人员管理服务中心联系。只有个别实力比较强的旅行社，例如西安中国国际旅行社、西安凯旋铁道国际旅行社有专职导游。

为什么会有如此之多的社会导游？这是导游职业特性所决定的，一方面兼职导游相比全职导游自由度更高，对旅游线路有选择权，出于自身利益考虑大多数导游更愿意做兼职；另一方面旅行社对全职导游要支付基本工资，购买社会保险，出于管理成本考虑，其更乐意临时招募兼职导游。这样的行业背景，造成了目前社会导游多于全职导游的局面。

兼职导游的收入很难有保障。兼职导游收入主要由带团补贴与额外提成两部分构成。带团补贴是旅行社按天向导游支付的报酬；额外提成主要来源于安排购物和增加旅游景点。部分旅行社还向兼职导游收取"人头费"，即导游需按旅游团人数向旅行社缴纳一定的费用。在《中华人民共和国旅游法》实施后，这种现象有所收敛。

管理部门的无奈

目前在西安市导游人员管理服务中心注册的导游有2万多人，每年年审的就有8 000多人。导游人员管理服务中心的工作比较庞杂，在平日的工作中还会帮助导游联系旅行社、解决导游与车队司机的纠纷，有时候还要给交通部门发函协调。西安市导游人员管理服务中心会代注册的导游缴纳养老保险和医疗保险，但是局限于当前的政策，外地户口的导游只能交养老保险，没有医疗保险。

为了更好地管理导游队伍，2011年5月11日湖南省成立旅游协会导游分会，实行导游自愿入会，但因各种条件的限制，导游分会并没完全发挥作用，导游分会主要是组织一些活动，比如举办导游大赛，而对于一些涉及导游切身利益的事情，比如维护导游合法权益，调解导游与旅行社纠纷等仍在积极争取努力中。

期待美好的未来

有效管理导游队伍，特别是《国家旅游局关于促进导游行业组织建设的指导意见》（以下简称《意见》）出台后，旅游各界都在积极研讨未来适合导游组织的形式，相关专家表示，有专家认为未来各地的导游人员管理服务中心将逐步取消，由导游协会代替。考虑如果以导游协会的方式管理，其中的会费经费如何收取、办公场所问题、采取政府资助还是其他形式，这些都应该在尊重传统方式的前提下循序渐进地推进。

要想留住一批有经验的导游，必须改善导游的生存环境，《意见》中提到的维护导游权益的组织亟须成立。为导游提供常态化的培训、购买保险、提供基本工资，这样也可以大幅度提高导游的素质，但这个体系的形成还需要社会各方面的努力和配合。

在导游行业里建立反馈机制，一旦兼职导游被游客投诉，经查属实，旅行社可以向导游行业协会进行反馈，导游行业协会在年审年检时，对其进行培训，重新登记可暂时不予通过。导游没有导游资质就不能带团，这对社会导游是一个比较大的约束。

思考：什么是社会导游？社会导游目前面临哪些问题，如何解决？

（三）按导游使用的语言进行划分

按照使用的语言不同，导游人员分为中文导游人员（Chinese tour guide）和外语导游人员（foreign language tour guide）。

中文导游人员是指能够使用普通话、地方话或者少数民族语言从事导游服务的人员。目前，这类导游人员的主要服务对象是国内旅游中的中国公民和入境旅游中的港、澳、台同胞。

外语导游人员是指能够运用外语从事导游服务的人员。目前，这类导游人员的主要服务对象是入境旅游的外国游客和出境旅游的中国公民。

（四）按照技术等级进行划分

按照技术等级不同，导游人员分为初级导游人、中级导游人、高级导游人和特级导游人。初级导游人、中级导游人、高级导游人都需要经过相应的考试，合格后方可取得资格。

1. 初级导游人（primary tour guide）

初级导游人需要先取得导游资格证，报考导游资格证需满足具有高级中学、中等专业学校或者以上学历；具有适应导游需要的基本知识和语言表达能力；身体健康等条件。初级导游是成为中级导游、高级导游、领队、金牌导游的充分条件。初级考试分为笔试和口（面）试，笔试科目有政策与法律法规、导游业务、全国导游基础知识和地方导游基础知识。口试科日各省自主安排出题（包含讲解导游词、回答问题等），需要用自己报考的语种作答。

2. 中级导游人（intermediate tour guide）

取得导游资格证书满3年，或具有大专以上学历、取得导游资格证书满2年，且在报考前3年内实际带团不少于个90个工作日，带团工作期间表现出良好的职业道德。

初级导游报考同语种中级导游和初级外语导游报考中级（普通话）导游的，学历不限；初级中文（普通话）导游和中级中文（普通话）导游报考中级外语导游的，需具备所报考语种大专以上学历。中文考试科目为导游知识专题和汉语言文学知识，外语考试科目为导游知识专题和外语。

3. 高级导游人（senior tour guide）

取得中级导游证书满3年，且在报考前3年内以中级导游身份实际带团不少于90个工作日，带团工作期间表现出良好的职业道德。

具有本科及以上学历或者旅游类、外语类大专及以上学历。

高级考试分为中文和英语，考试科目均为导游知识专题和导游能力测试，其中中文考试以中文命题、中文作答,英语考试以英语命题、英语作答。

4. 特级导游人(special-grade tour guide)

特级导游人是指取得高级导游资格5年以上,业绩优异,有突出贡献和高水平的科研成果,并在国内外同行和旅行社中有较大影响,经考核合格者晋升为特级导游人。

初级和中级导游人是旅行社导游人员的主要力量,所占的比例较大,在旅行社运营中发挥着主要作用。高级导游人、特级导游人虽然在数量上占有少数,但是在促进整个旅行社的发展以及优化旅行社的形象方面发挥着重要作用,是旅行社宝贵的人力资源。

任务二　导游人员的职责

一、出境领队的职责

出境旅游领队是出境旅游团的领导者和代言人,因此,出境旅游领队在团结旅游团全体成员、组织旅游者完成旅游计划方面起着与全陪、地陪不同的作用。其主要职责如下:

(一)介绍情况、全程陪同

出发前负责向旅游团介绍旅游目的地国家或者地区的概况和注意事项;陪同旅游团全程参观游览活动。

(二)落实旅游合同

监督和配合旅游目的地国家或者地区的全陪、地陪全面落实旅游合同,安排好旅游计划,组织好旅游活动。

(三)做好组织和团结工作

做好整个旅游活动各个环节的组织工作,关心游客,维护游客的内部团结,充分调动游客的积极性,保证旅游活动的顺利进行。

(四)联络协调工作

负责旅游团与旅游目的地国家或者地区的接待旅行社的联络和沟通,转达旅游者的意见、要求和建议,维护旅游者的合法权益,必要时出面斡旋或者帮助解决。

二、全陪的职责

全陪是组团旅行社的代表,负责从整体上把握旅游团的整个旅游计划的实施与落实,对所率领的旅游团(者)的旅游活动负有责任,是整个活动的“宏观”决策者,在整个活动中起到主导作用。其主要职责如下:

(一)实施旅游接待计划

按照旅游合同或约定实施旅行社的接待计划,监督各地旅行社的执行情况和接待质量,保证旅游活动的顺利进行。

(二)联络工作

负责旅行过程中组团旅行社和各地方旅行社的联络,做好旅行途中各目的地衔接工作。

（三）组织协调工作

协调领队、地陪、司机等各职能的接待人员的合作关系；配合、督促地方接待单位安排好旅游团的食、住、行、游、购、娱等旅游活动，照顾好游客的旅行生活。

（四）维护安全、处理问题

维护游客在旅行途中的人身、财产安全，处理好各种突发事件；转达或者处理游客的意见、建议或者要求。

（五）宣传和调研

耐心解答游客的问询、介绍中国（地方）文化和旅游资源；开展市场调研，协助改进旅游产品设计和市场促销。

三、地陪的职责

地陪是接待旅行社的代表，是旅游接待计划在当地的执行者，是当地旅游活动的组织者，地陪导游人员的工作态度、素质等直接决定了游客对当地的印象。

（一）安排旅游活动

根据旅游接待计划，合理安排旅游团（者）在当地的活动。

（二）做好接待准备

认真落实旅游团（者）在当地的接送服务和食、住、行、游、购、娱等各项服务；与全陪、领队密切合作，做好当地的旅游安排。

（三）导游讲解

负责旅游团（者）在参观游览中的导游讲解，解答游客的问题，与游客进行互动，积极介绍和传播当地的文化。

（四）维护安全

在游览过程中，安全第一。地陪应当时刻提醒游客安全问题，向游客强调安全注意事项，做好事故防范和安全提示工作。

（五）处理问题

旅行途中，导游人员要时刻面对游客的各种问题，要对发生的问题积极应对，协调好各方面的关系，保证游客旅途的顺利。

四、景区景点导游人员的职责

（一）导游讲解

负责所在景区、景点的导游讲解，解答游客的问询，是景区景点导游人员的主要工作。

（二）安全提示

游览景区过程中，景区景点导游人员要提醒游客注意安全，讲解注意事项，并给予其必要的协助。

（三）宣传相关知识

在讲解的过程中，主动宣传当地的文化、政策、人文风俗、环境保护等知识，让游客对本地有更深入的了解。

任务三　导游人员的基本素养

埃及旅游界一位专家这样说过,“对于导游人员来说,最重要的知识是历史知识;最重要的能力是与人打交道的能力;最重要的经验是有办法处理意外事件;最重要的态度是永远不间断地学习。”南京社科院院长叶南客提出,一个好的导游人员应当要求自己“知识像个研究员,态度像个服务员,遇到问题像个消防员”。这种精辟的论述,也正体现了社会对导游人员的素质要求。

一、热爱祖国,热爱旅游事业

导游人员是一个对外性较强的工作,要想做好服务工作,首先要有强烈的爱国精神。文化和旅游部文件中指出:导游人员必须是热爱祖国的,他不仅是一个坚定的爱国主义者,而且要通过自己的讲解和服务,使来华访问的游客深深体会到中华民族的自尊心和自信心。

兴趣是最好的老师,只有热爱旅游事业,才能尽全力做好此项工作。干一行,爱一行,专一行,忠实地履行自己的职责。

案例

不爱家乡的导游人员

某国际旅行社接待了一个100余人的日本旅游团去宁波参观游览。由于此团的人数较多,到宁波后分成4个小团,分别乘坐A、B、C、D 4辆旅游车。开始游览时,A号车上的地陪为了“讨好”游客,对日本大加赞赏,而对宁波大放厥词。此车上的领队听后脸色凝重。晚上,日本领队召集4辆车上的地陪开会,对A号车上的地陪表示了不满与抗议。他气愤地说:“宁波是个美丽的地方,我多次带团来宁波。这几年宁波各方面的变化很大。正是因为这个地方不错,所以我多次组织渴望了解宁波的客人到这里来观光,有可能的话,一些游客还打算在这里投资建厂。然而今天,A号车上的地陪却当着我的游客的面诋毁宁波,这是对我的不尊重,也是对我工作的不支持。为此,我要求全陪立即打电话给宁波的地接社,撤换地陪,同时要求该地陪向A号车上的游客道歉。”

思考:地陪的行为为什么让游客不满?

二、品德高尚

要做好导游,首先应当学会做人。导游人员要不断地提升自身思想觉悟,不断学习,自觉抵制各种精神污染和物质诱惑,要有历史使命感和社会责任心,提高明辨是非、识别善恶、分清荣辱的能力。导游人员要不断与人打交道,己身不正则无以服人,为一己私利不惜损坏游客的利益则难免会招致游客的投诉而得不偿失。因此,导游人员应当具有高尚的品德,堂堂正正做人,兢兢业业带团。

三、知识渊博

旅游的本质就是探求文化的活动。随着时代的发展,人们参加旅游活动不仅仅是为了消遣,还想通过旅游活动来增长见识、扩大阅历、增进交流,这样就对导游人员提出了更高的要求。实践证明,导游人员的导游讲解和日常交谈,是游客特别是团体游客获取知识的主要来源。因此,导游人员必须知识面广,了解史地知识、政策法规知识、心理学和美学知识、经济社会知识和旅行知识,因此导游人员必须要集中精力进行学习,要有强烈的求知欲望,善于对所学知识进行运用,去伪存真,达到融会贯通。导游人员的知识永远达不到够的标准,善于学习外界新知识,跟上时代前进的步伐,才能达到游客完美的导游服务要求。

(一)语言知识

语言(language)是导游人员最重要的基本功,是导游服务的基本工具。导游人员没有过硬的语言能力,就根本谈不上优质的服务。过硬的语言和扎实的语言功底是以丰富的语言知识为基础的,这里的语言知识包括外语知识和汉语(包括少数民族语言)知识。

随着入境游和出境游的增多,导游人员的语言能力被提出了更高的要求。涉外导游人员应至少掌握和熟练应用一门外语,最好掌握两三门外语。掌握一门外语,了解一种外国文化,有助于接受新知识、新经验,更好地传播中外文化。

导游讲解服务是一项综合性的艺术,要求导游人员具有较强的口语表达能力,知识宝库是土壤,口语艺术是种子,二者结合才能有丰富的果实。

目前,我国已形成了一支具有相当规模、会世界各种语言的导游队伍,他们承担着接待大量中国游客和世界各国不同层次、不同文化水平游客的任务。但绝大多数游客只会一种语言,会双语的人不多,懂多种语言的人更少。因此,需要大量的会多种语言的导游充实到导游队伍中来,以适应世界导游人员多语种发展的潮流,导游人员应该更加重视自己的语言能力的培养。

(二)扎实的史地文化知识

史地文化知识(knowledge of history, geography and culture)是导游进行讲解的素材,是导游服务的"原材料"。导游人员要努力学习,力争使自己上知天文、下晓地理,对本地及邻近省、市、地区的旅游景点、风土人情、民间传说等了如指掌,对国内外的主要名胜古迹应有了解,还要善于将本地的风景名胜与历史典故、文学名著、名人逸事等有机地联系在一起。对历史文化知识综合理解,并能够融会贯通、灵活运用,这对导游人员来说特别重要。

目前,我们国家的导游人员在这方面存在的问题是,知识面较窄,只求一知半解,对包含的内容不进行深入研究。有的导游人员只是满足于背诵导游词,在导游讲解时,单调生硬,激发不起游客的兴趣,更有甚者,竟杜撰史实、张冠李戴,有损于导游服务的声誉,也不利于旅游业的发展。

(三)政策法规知识和国际知识

政策法规知识(knowledge of policies and regulations)是导游人员必备的知识,这是因为:

第一,政策法规是导游人员工作的指导方针。导游人员在进行导游讲解时、回答游客对有关问题的问询或向游客讲解有关问题时，必须以国家的方针政策做指导，否则会给游客造成误解，或者给国家带来损失。

第二，旅游过程中出现的问题，导游人员需根据国家的政策和国家的法律法规给予正确处理。

第三，导游人员的言行要符合国家的法律规定，遵纪守法。

总之，导游人员要牢记国家现行方针政策，掌握有关的法律法规常识，了解外国游客在中国的法律地位以及他们的权利和义务。只有这样，才能正确地处理问题，做到有理、有利、有节。

(四)心理学知识和美学知识

导游人员要与形形色色的人打交道，还要与相关服务部门的工作人员打交道，导游服务集体三成员(全陪、地陪、领队)之间的关系处理也很复杂，因此导游人员掌握必要的心理学知识有着特殊的重要性。导游人员要随时了解游客的心理活动，及时发现潜在的问题，运用心理学(psychology)知识，有针对性地进行服务。事实证明，向游客多提供心理服务远远比功能服务重要。有时，在旅行的过程中，因为购物等环节，游客往往对导游意见很大，这时导游应当及时听取游客的意见，耐心地向游客解释，对于情绪浮动较大的游客给予必要的心理学辅助。

旅游的过程是追求美的过程，游客在旅游的过程中要欣赏美和体验美。导游要善于运用美学知识，利用优美、生动形象的语言向审美情趣不同的游客介绍，而且要用美学知识指导自己的仪容、仪表，优雅的导游也是游客途中一道亮丽的风景线。

(五)政治、经济、社会知识

由于游客来自不同国家，他们一些人对一些国家旅游目的地的政治制度、经济和社会问题比较感兴趣，有的人还习惯把本国的社会问题和出访目的地国家的社会问题进行比较。另外，游客在旅游过程中还会对在一些国家听到或者看到的一些现象进行评价、思考，还会引起一定的误解，这时，导游人员要给予必要的解释。所以，导游人员要掌握相关的政治(politics)、经济(economy)、社会学(society)知识，了解当地的风土人情、婚丧嫁娶习俗、宗教信仰习俗和禁忌习俗。

案例

下面是一个职业导游人员的自述：

“上团了，得有很强的时间观念。它不像早八晚五的行政班，可以迟到一会，或者早退一阵，上团的时间没有规律，它没有星期天、没有节假日，一切都只能为游客而设计。所以，当了导游就意味着难以尽孝，意味着不能顾家，意味着无暇与恋人相会，意味着常与朋友失约。

“当导游，要灵活变换角色。团队客人如果是长者，导游就是小辈与保姆，得热情周到、耐心细致；如果是年轻人，导游就是小教师和领头羊，得开朗活泼、幽默，时刻让游客‘高’己一筹，以‘投其所好’。

"当导游,要有很不错的口才,除了要成为讲解风景的专家,还得当一名上知天文、下晓地理的杂家。在风景点,你要认真讲解,全面回答客人的提问;在行车中、客人休闲坐着的时候,你得站着面对客人,唱歌、讲笑话、说故事、出谜语,让车厢里充满轻松愉快、热烈活泼的气氛,为客人洗去旅途的劳累,让客人有饱满的精神去游览下一个景点,真是'客人坐着你站着,客人乐着你累着'。

……

"吃、住、行、游、购、娱,客人休假几天,玩了个够,你却累得想趴下,而客人道别时说一句'谢谢你,导游先生!'就可让自己把一切疲倦抛到九霄云外。"

导游人员有辛苦,也有乐趣,这就是导游人员行为的准则。

四、工作能力强

导游人员在接到任务之后,需要独立承担工作,要独立组织游客参观游览,独立做出决定,独立处理问题,这些工作要求导游人员必须有很强的独立工作和协调能力。导游人员的工作能力主要包括独立执行政策和进行宣讲的能力,较强的组织协调能力,与人打交道的能力,以及解决问题处理事故的能力。导游人员在带团的过程中,经过长时间的经验积累,会让自身的工作能力不断地提升,以更好地应对外部的变化。

此外,作为一名导游人员,还需要具有敏锐的观察力、稳定而灵活的注意力、丰富的想象力和良好的记忆力。导游人员要注意观察每个游客的需求,注意游客的情绪变化。导游带团的过程中要眼观六路、耳听八方,关注周围的环境,防止意外的发生。此外,导游还应当具有想象力,因为在讲解的过程中,生动形象且具有想象力的描述更加具有吸引力。比如,当我们游览"奇秀甲东南"的武夷山时,在九曲溪里,人们从竹筏上观赏山水,通过导游的解说,可以启发游客的想象与联想,把静的顽石看成活的"狮子""老鼠""骆驼""乌龟"……良好的记忆力对于导游来说也是必不可少的,熟练地记住导游词和有关知识,记住游客的名字,熟记旅游线路等,这些无疑会让旅途更加顺畅和谐。

五、身心健康

导游工作是一件体力劳动和脑力劳动高度结合的工作。导游工作工作量大而面广,流动性强,体力消耗大,工作对象复杂,面对的诱惑较多,随时要面对各种各样的问题。因此导游人员必须是一个身心健康的人,否则很难去胜任工作。身心健康包括身体健康、心理平衡、头脑冷静和思想健康四个方面。

(一)身体健康(physically healthy)

导游人员常常要跋山涉水,并且要连续不间断地工作,体力消耗非常大。导游人员往往一个团带下来之后就会感觉筋疲力尽。人们常说,导游工作挣的是一份辛苦钱,事实上确实如此。导游人员不是去旅游,而是要做好各种后勤保障工作,游客对于第一次去过的地方比较有新鲜感,而导游人员要重复性地带游客前往,并且导游人员还要适应各地气候的差异和各地饮食的不同,因此没有强健的身体条件,从事导游工作是很困难的。

(二)心理平衡(psychologically balanced)

导游人员需要有强大的内心,在旅游者面前应该永远是一个精力充沛、情绪饱满、心态平和、心情愉悦的人，显示出良好的精神状态。因为一个积极向上、充满活力的导游带给游客的将是不同的体验。导游在外出带团过程中，实际上心理压力是来自多方面的：能否顺利地完成带团任务，自己的导游服务能否使游客满意，带团期间家中的事务处理，等等。尤其是在带团的过程中，导游要处理一些棘手的问题，为了能顺利完成带团任务，导游往往要学会忍耐。导游人员必须学会自我心理调节，保持心理平衡，防止把坏情绪带到工作中去。

（三）头脑冷静（level-headed）

导游人员因为可能随时要面对一些突发的、棘手的问题，需要沉着应对、冷静分析；处理各方面问题时要机智、灵活，友好协作。面对游客的投诉，应当耐心解答、干脆利落，化解矛盾。易急躁、好冲动都不是导游应有的性格。

（四）思想健康（mentally sound）

导游代表的是一个企业、一个组织、一个国家的形象，在与人交往，特别是对外交往中，一定要传播积极向上的思想，要抵制住各种低俗文化和诱惑，清除种种腐朽思想的污染。

案例

湖南岳阳导游忆：人生到处都是陷阱

我叫××，是一名旅游管理专业的学生，主要兼职做湖南岳阳的全陪。

让我印象深刻的是去年冬天带的一日游的温泉团。车程有3个小时，师傅却走了5个小时。原定6:30出发，我6点打电话给师傅，师傅说已经到公司门口，一会就开车过来了。结果6:30他没有来，7:00还是没有来。打电话给师傅，他说他是外省人，不知道市内的路怎么走，也没有导航。

7:00的时候，客人等得不耐烦了，直接不去了，老总也不管我就走了。后面我打了一个的士去接师傅，带到客人集合的地方，客人上车后，又去另外一个地方接另一拨客人。那里的客人已经等了一个多小时了，接完后刚走没一会，师傅要加油，找我要钱，那时我从来没有管过车费，我就打电话给老总，老总说你给计调打电话，计调说要问老总，踢皮球似的来回推，推了半天没有结果。无奈只能自己先垫付了。此时的心情，除了急躁，还隐隐生出一种孤独感。

车子是双层大巴，我在上面讲欢迎词，然后师傅刚走一段路就错了，等到车上正途的时候，已经耽误了一半个小时。到达的时候已经1:30了，不含中餐，客人需要自费。耽误了这么久，客人已经没有心情吃中餐了，也不想泡温泉了，问旅行社可不可以包中晚餐。我打电话给老总的时候，老总发怒："你到底会不会带团？"后面出来一个领导，说中餐他们包，然后还送晚餐，问题终于解决了。客人吃完饭，泡了3个小时温泉出来后，好多人心情好多了。旅行社后来又派了识路的人指路，返程，吃了晚餐结束了行程。

这次特别不顺利的带团经历，让我不得不感叹：真是人生到处都是陷阱啊！

做导游或多或少地改变了我，让我变得善于交际。尽管目前导游行业有太多的舆论纷争，但是我仍然喜欢这份工作，它让我收获太多惊喜。

我们无法预知导游的未来,我们需要做的是做好眼前的事情,乐观地生活,相信车到山前必有路!

(节选自:https://www.163.com/dy/article/GB0DOI4K05248790.html)

任务四 导游人员的职业形象

导游人员是旅游行业的一线人员,他不仅是一个旅行社的代表,还是一个国家、一个地区的代表。导游人员的道德、职业素养和职业形象的好坏,直接决定了导游服务质量的高低。西方旅行专家认为"一个好导游人员会带来一次愉快、成功的旅行;反之,导游人员水平低下,旅行一定不成功。"因此,要成为一名优秀的导游人员,需要不断提高自身素养和职业形象(professional image)。

一、职业形象的内涵

一个人的形象直接决定了留给别人的第一印象。形象主要是由内涵和外延两大要素构成的。形象的内涵是指一个人的道德品质与学识修养。道德品质是职业形象内涵的基础。古人云:"欲修身必先利其德"。学识修养是提升一个人内涵的关键,学识修养能带给人底蕴,"赋有诗书气自华"就是这个道理。

形象的外延对于导游人员来说就是人际交往和待人接物的能力。此外,导游人员的职业形象也与导游人员的穿着打扮、言谈举止和表情姿态分不开。因此,形象就是一个人的社会责任感、道德感、学识修养、心理特征、语言风格、仪表仪态、举止动作等方面的总和。

二、树立良好职业形象的重要性

(一)有利于宣传中国文化与中华文明

导游人员工作范围广、责任重大,对外联络较多,作为一名"民间大使",其代表了旅游地的形象。特别是在接待外国游客的过程中,导游人员首先是一名中国人,其次才是一名导游人员,国外游客首先通过导游人员来了解中国,他们通过导游人员的言谈举止、价值理念、穿着打扮来了解中国的文化、中国的风土人情,因此导游的一言一行关系到的不仅是个人,还关系到整个国家的形象。因此,导游人员良好的职业形象在宣传中国与中华文明中起着重要的作用。

(二)有利于增强游客对导游的信任感

导游人员是一个团队的主心骨,一些游客往往是到陌生地点旅游,人生地不熟,生活状态迥异,他们能指望的也就是自己的导游,如果导游细心周到,服务一流,言谈举止优雅,关心游客的需求,这时游客就更愿意去相信导游,愿意与导游结为朋友,配合导游的工作,并一起完成美好的旅行。如果导游的职业形象和素质较差,游客就会对导游产生抵触感,并会对导游的安排产生怀疑,从而产生矛盾和纠纷。

(三)有利于旅游企业和旅游业的可持续发展

旅游业、邮轮行业最关键的资源是人才,作为服务行业,优秀的服务人才是行业宝贵的资源。试想一下，如果导游人员每个都是和蔼可亲、细致入微、认真负责、举止优雅的，那么游客对旅游行业的满意度自然而然地就会提高，更愿意去选择导游服务，因为优质的导游服务让他们更加省心，旅游过程也更加美妙。事实上，社会上的一些导游人员，他们采用一些欺诈甚至威逼利诱的手段来对待消费者，严重影响了旅游服务人员和游客之间的关系，也影响到旅游企业和旅游业的可持续发展，因此对导游人员职业形象和素质的培养关系到整个行业的健康可持续发展。

三、导游人员职业形象的培养

导游人员的职业形象代表了整个行业的形象，在日常的工作和生活之中，要时刻注意自身的行为，塑造良好的职业形象。

（一）自尊自信（self-respecting and self-confident）

只有自尊，别人才会尊重你；只有自信，才能得到别人的赏识。导游人员经常与游客打交道，如果服不了众，就很难把工作进行下去。因此，导游人员应当对自我有着严格的要求，不能随波逐流，要充分地展示出自身优秀的一面，树立自信的形象。不是穿一件漂亮的衣服就可以变得自信，自信源于平常的积累，要经常读书、经常学习，提高自身涵养。游客也希望导游能够充满自信，对事情运筹帷幄，有能力、有修养、有责任心，是一个可以依赖的人。所以导游人员在第一次接触游客时，一定要充满自信，谈吐大方，给游客第一印象的好坏将直接影响到以后的行程，也会影响到游客对导游、旅行社的评价。

（二）着装得体（appropriately dressed）

“人靠衣装马靠鞍”，一个人的着装直接体现出他的品位和涵养。需要有内在，同时也必须有外在予以衬托。在着装上，应当注意以下几点。

1. 合身

合身是指衣服的规格应当与自身的身高、体型相一致，这就需要“量体裁衣”，过大过小都是不合适的。

2. 合时

合时是指服装的穿着应符合环境、场合和季节。符合环境是指服饰要因地制宜，入乡随俗，在正式场合要穿正装，在一般场合应穿休闲服饰，一些少数民族导游一般会穿着自己民族的服饰，突出民族文化特色。在户外不应当穿家居服装和正装，在宴会场合不应当穿运动装。穿衣应当符合季节，在夏季穿着浅颜色、清凉的衣服，在冬季穿着深颜色、保暖的衣服，不能为了突出个性而穿不符合季节的衣服。

3. 合适

合适的穿着是指衣服的颜色和款式应当与自身的年龄、地位、职业、身材和长相匹配，男士在选择衣服时可选择性较小，但在衣服的颜色、款式、类型上也应当有所注意。有些男导游往往在带团中不太注意自身的穿着，有的穿着短裤直接上阵，严重影响了导游的形象。男导游还应当注意不要穿着圆领衫。

女士的穿着要求更加多一些，包括服饰的佩戴都更加有讲究，所戴的首饰应当少而精，过多的首饰既不便于工作，又容易使客人产生不舒适感。女性导游人员在穿着上不能暴露过多，不要穿超短裙，无论天气多热，女导游人员切勿撩裙当扇，有伤风雅。冬季服饰要柔和、保暖，但不要过于臃肿；鞋袜要讲究，因时间、地点而变换，可以光脚穿凉鞋，如果穿长丝袜，袜口一定不要外露。

案例

游客不愿和导游人员在一起

××旅行社导游人员苏小姐，青春妙龄，长得亭亭玉立，楚楚动人。其家境颇为殷实，本人则爱好打扮，服饰总是紧跟时代潮流。

一次，苏小姐接了一个境外的奖励旅游团，旅游团成员多为30岁左右的女士。带团期间，苏小姐时尚前卫的“行头”格外突出。苏小姐虽然讲解生动形象，服务周到，但不知为什么，那些年轻的女性游客，总不愿与她在一起。苏小姐自己也有一种被冷落的感觉。

作为服务行业的导游人员如果在上团时，风头甚健，装束与众不同，刻意地修饰外表，显得很刺眼，则一定不能被游客所接受，其服务效果也一定适得其反。那作为导游人员，怎样的着装才是正确得体的呢？

（三）举止大方（well-behaved）

导游人员是公众人物，他们的一举一动代表了旅行社和地区的形象。举止大方，不扭捏，才能让人感觉自然。举止是不发声的“语言”，反映了一个人的素质修养、受教育的水平以及能够被人信任的程度。导游与人相处时，应当做到直率而不鲁莽，活泼但不轻佻，自尊而不狂傲，热情而不阿谀奉承，礼让但不自轻。

（四）待人真诚（honest and sincere）

待人真诚是为人处世的原则，更是导游应当具备的基本品质。导游人员要获得良好的第一印象，首先应讲信用、守时间。导游带团必须遵守时间，绝对不能晚到让游客久等，如果堵车或者是地方不大好找，应当迅速与对方取得联系，说明情况，取得对方的谅解，才能得到游客的信任。其次，带团过程中绝不能欺诈游客，把游客的利益置之度外。实际生活中，一些导游为拿到回扣，对游客进行坑蒙拐骗和利诱，导致一些游客的利益受到严重损害，使导游形象严重受损。因此，导游人员只有做到真诚待人，才能获得游客的信任，才能形成良性循环。

（五）谈吐文雅（well-spoken）

导游是靠“嘴”工作的，谈吐对于导游来说至关重要。游客直接从谈吐中了解导游的为人和工作能力。导游讲解过程中，应当抓住游客的兴趣点，用机智幽默、声情并茂、通俗易懂的语言娓娓道来，这样更加能够吸引游客。导游讲解还应当注意文明用语，切忌用低俗的语言博得游客一笑。导游的谈吐在整个职业形象塑造中至关重要，这需要导游平常不断地积累与学习，提高文化水平和个人素质。

项目三　邮 轮 导 游

近年来，邮轮旅游迅猛发展，各大旅行社纷纷抓住机遇，开展邮轮旅游业务。这使得邮轮导游成为各大旅行社培养的重点，邮轮导游这一新型导游也就成为一种时尚。

任务一　邮轮导游的概念、分类及要求

一、邮轮导游的概念及分类

（一）邮轮导游的概念

邮轮导游首先是一名导游人员，所以邮轮导游都应当具备导游人员所需具备的资质，区别在于邮轮导游是从事与邮轮服务相关的工作，有特定的工作范围和内容。需要说明的是，邮轮导游一般是由导游人员经过培训之后上岗的，导游人员可专门从事邮轮导游工作，也可以同时承担其他类别的导游工作。

（二）邮轮导游的分类

根据邮轮导游工作的内容和性质，可以把邮轮导游划分为以下两类：

1. 邮轮领队

邮轮旅游一般为出境游。邮轮领队是指依照规定取得领队资格，受旅行社的委派，从事邮轮领队业务工作的相关人员。邮轮领队分为总领队和一般领队。

2. 邮轮岸上地接导游

这类导游可以理解为我们所熟知的地方陪同导游，是指接受接待社委派，代表接待社实施旅游行程接待计划，为邮轮旅游团（者）提供当地导游服务的导游人员。

拓展阅读

邮轮亲子团领队——让您的旅途轻松自在

考虑到很多家庭有意带孩子搭乘邮轮，因担心语言问题、邮轮靠岸游问题、没有同行朋友感到孤独，特别是担心孩子没有同伴一起玩以及在邮轮上不知道该做什么等问题，而取消了很想带孩子去而又不敢去的邮轮旅行计划。为了解决这些问题，一些公司专门安排全程邮轮领队为大家解决后顾之忧。

有了亲子团领队，您再也不用担心以下问题，可以让您的旅途轻松惬意。

1. 不用担心语言问题，专业邮轮领队全程给您和孩子服务，给您安全感，让您绝无后顾之忧。

2. 在邮轮上领队会替您安排好一切您需要参加的活动、观看的演出及餐饮等，让您享

受到全部您可以免费享受到的服务项目,让您没有任何牵挂,全程享受贴心服务,参加亲子邮轮团绝对值回您的票价。

3. 亲子邮轮团人多热闹,在邮轮上和靠岸后大家一起玩乐,特别是带有孩子的家庭,孩子们更是开心,多个孩子们一起游玩,家长也更加轻松愉快。

4. 邮轮领队每天会在邮轮上组织参加3~4小时有趣的集体活动,家长和孩子们一定会喜欢!

5. 邮轮亲子团挑选的绝对是好吃好玩的新邮轮和风景优美的邮轮航线,会让您和孩子满意而归。

6. 领队也是随团义务摄影师,会随身携带专业拍照设备,义务给所有客人拍摄邮轮生活照。

7. 在邮轮旅行期间,领队协助客人处理突发事宜、协助处理任何紧急事情;领队和全体客人吃喝玩乐在一起,同住在邮轮上,您可以随时联系到领队。

二、邮轮导游的要求

邮轮导游除了具备一般导游人员应当具备的素质之外,因涉外性较强、工作内容较为复杂,还应当具备以下能力:

(一)优秀的外语表达能力

按照工作语言的不同,涉外邮轮导游有英语导游、日语导游、俄语导游、粤语导游(接待港澳、海外华人团体)等多语种导游人员。无论哪个语种,外语表达能力都是涉外邮轮导游进行讲解的基础能力,没有一口流利的外语,妄想成为称职的外语导游。听得懂,说得出,是外语导游的基本能力要求。

(二)熟悉东西方文化差异

具备一定的文化底蕴。同普通话导游一样,涉外邮轮导游也应该是上知天文、下晓地理,了解旅游相关专业知识、博采众家之长的“杂家”;与普通话导游相比,外语导游不但应该熟知中国传统文化、客源国概况,还应该熟悉东西方文化差异,了解文化差异可能形成的文化冲突(culture shock),避免出现尴尬局面。

(三)积累必需的带团经验,具备突发情况处理能力

邮轮导游人员应该有一定的外事接待经验和带团技巧,熟悉导游工作流程,熟悉邮轮接待要求,熟悉邮轮注意事项和邮轮上每个设备的位置,这样才能确保完成涉外旅游接待任务。新手上路即接待大型邮轮,容易出现纰漏,造成不良影响。

(四)自主学习能力

现代信息社会的发展,知识更新速度快,旅游者获取知识的途径增多,对目的地的了解加深,邮轮导游应具备自主学习能力,不断更新知识储备,才能应对越来越智慧的旅游者,不被看作只会背诵陈年导游词的“鹦鹉学舌者”。

拓展阅读

邮轮上有导游吗？

邮轮度假风潮是由欧洲贵族开创的，它的精髓在于全家人借浩瀚的海洋去寻访历史，是种优雅、闲适、自由的旅行，是欧美人向往的度假方式之一。但中国人似乎总要给度假加些附加意义，比如增长知识、开阔眼界，所以对张扬慵懒的邮轮之旅兴趣不大，其实现在的邮轮生活丰富得让人难以想象，亲身体验后你就会爱上它。

邮轮的精彩生活一般从晚上开始，盛大的晚宴、各色酒吧、演出、剧场会让黑夜变得那么短暂。而中午则是邮轮的早晨，只有吃完午饭，邮轮才开始热闹起来，在甲板上享受日光浴、在球场打高尔夫、在泳池游泳、在健身房做运动、在美容舱做 SPA、在咖啡馆聊天……足够你玩乐。和你的作息不同吗？赶紧调整时差吧。

上船后就不会有人打扰你了，没有导游，一切安排参考邮轮“报纸”，它会详细列出当天活动，可选择感兴趣的参与。大部分活动费用是含在船票里的，收费项目会额外说明，因此可以大胆享受船上的设施。值得一提的是，上岸旅游是发“券”的，可以选择跟随旅行车或者自由行，只要在开船时间返回即可。

邮轮其实就是一座移动的豪华酒店，客房和酒店一样设备齐全。不过要注意舱位的选择，只有一个窗户的低舱位普客和有阳台的高舱位海景房感觉截然不同，当然两者价格有差别，建议如果有条件还是多花点钱住高舱位的海景房。另外，很多邮轮由于环保要求，不会预备拖鞋、牙刷等一次性用具。

一艘邮轮上会有数个餐厅和咖啡馆，几乎 24 小时都可以找到吃的喝的。邮轮上并不是只有自助餐厅的消费是免费的，很多正餐餐厅也一样免费，可以每天换不同餐厅，大胆尝试新鲜口味。还有，特色酒吧也提供特色吃食；你还可以随时订餐饮到客房，不过后面两者就需要付费了。

邮轮之旅很休闲，穿休闲风格的衣服和鞋子是最合适的。但在船上会遇到很多正式的场合，比如船长欢迎会、晚宴、各式鸡尾酒会，需要准备一两套正装。用这种方式了解欧美人生活和社交方式挺好玩的，不要把它当成负担。另外若在船上的健身房做运动需要额外准备软底运动鞋。

思考：以上的描述是否是一种比较理想的状态，通过查找资料，了解中国游客是否适应这种无导游的模式，并予以分析。

任务二　邮轮导游的服务特点与发展趋势

一、邮轮导游服务特点

邮轮导游作为一种新型的导游形式，它的服务特点既有与一般导游相似的地方，又存在与一般导游不同的地方。了解邮轮导游的特点，便于更好地、有针对性地做好导游服务工作，提高邮轮导游服务的工作质量和工作水准。邮轮导游的服务特点主要体现在以下几个方面：

（一）涉外性明显（foreign-related）

邮轮导游通常接待的是世界各地的游客，他们通常面对的是文化理念、价值观念、生活习惯、语言特色各异的不同个体。这就决定了邮轮导游必须具备一定的外语功底，能够熟练和游客进行交流。邮轮导游必须了解不同国家的文化差异性，了解不同民族的禁忌，以便更好地应对来自不同国家、不同民族的游客，以免产生不必要的误会。邮轮导游的涉外性明显也要求邮轮导游必须了解和掌握护照、签证、边防检查、海关检查等出入境知识，便于更好地展开工作。

（二）复杂多变（complicated）

导游本身所面对的服务对象、旅游者需求、人际关系就很复杂，而邮轮导游面对的不可控因素更多，这就决定了邮轮导游服务更加复杂多变。比如，近年来因受台风、大雾等恶劣天气或机械故障等影响，邮轮变更行程，取消部分停靠港口，游客对此意见很大而进行投诉，甚至发生拒不下船事件。作为直接面对游客的邮轮导游，游客一般会把问题的矛盾和矛头指向导游，这时导游处理突发事件和矛盾的能力就体现出来了。因此，邮轮导游面对的外界环境是复杂多变的，这就对邮轮导游提出了更高的要求。

（三）航海特色鲜明（marine-oriented）

邮轮导游与一般导游的不同之处在于工作环境，他们需要长时间在邮轮上工作，因此应当对邮轮文化、航海文化有一定的了解。邮轮导游是打上了“航海文化”烙印的导游，在邮轮导游的带领之下，游客旅行归来，若是对航海、邮轮、水文化有了新的认识，就是对导游最大的肯定，因为他们在玩乐的同时也增长了见识。

案例

一名邮轮导游的日记

20××年7月末，我与同事小希一起带领70余人的旅游团队登上了向往已久的美国皇家加勒比公司旗下的“海洋神话号”邮轮，展开了六晚七天日韩休闲游旅程。其实说是休闲游，去登船的路程可一点不休闲，因为我们出发港在香港，回程抵达港在天津，可以说过去回来这一路可把海陆空所有的现代交通工具都用上了。

但当我们终于登上这6万多吨级的豪华邮轮，把自己安顿下来后充分去享受船上所有的服务时，会发现之前的舟车劳顿还是非常值得的。在香港海港城的码头第一次见到这艘庞然大物时心里还没有太多想法，只想快点让疲劳的客人上船，但由于人员多，在码头办理登船手续就要花费不少时间，先要每个人填写“海关申报单”，还要填写“日本入境申请单”，很多客人是第一次出国，作为领队就要帮助客人，等填写完毕，再去排很长的队伍等候领取每个人的房卡，领到房卡后才能出关。等到上船后，还来不及进自己的房间，船上广播又在通知到甲板上去做逃生演习，没办法只能拖着沉重的脚步走向集合地点，不过等待我们的外籍教练员倒是非常认真地讲解。听完演习，接下来的时间就属于自己了，每位客人各自回房，我们也无须再跟在客人的背后，可以有大段的时间来好好参观一下船上的各项设施了。

船上的房间很小，但是麻雀虽小五脏俱全，里面一应俱全。最重要的是要事先提醒客人，不能忘记阅读放在写字桌上的那张“今日指南”（注意每天都会有房间服务员将最新的指南放在桌上），因为这是每天指导你在船上如何玩的重要法宝。这份指南详尽注释每个时间点在船上什么地方有什么活动，可以让每位不同性格、不同爱好的客人找到自己感兴趣的玩法。因为上了船各自回房间后，领队就失去了与客人的联系，邮轮旅游最特别也是最吸引人的地方，就是上了船以后，客人自己来策划接下来的行程！

在船上的几天，细细体味了什么叫作细致的服务，客房服务员每天会把房间打扫得干干净净，不时还制造一点小惊喜，如在床上折一个小动物。在你感到饥饿时，只要一通电话餐厅服务生就会迅速将美味送到；在餐厅用餐等候菜品时，为了打发等待的无聊时间，他们会用餐巾折些稀奇古怪之物逗我们一笑；娱乐部工作人员更是想尽一切办法，在晚会上或游泳池畔组织一场场精彩的对抗赛或表演。总之，这几天的海上之旅，真是精彩不断，让客人真正体会到轻松度假的乐趣。

作为本次旅程的领队，我也陪客人度过了一个美好的假期，但却有一个烦恼，就是有什么事情通知客人非常难。因为船大，每天客人都分散在不同的地点做自己喜欢做的事，所以想通知到所有客人就非常难，我与同事只有每天把想通知的内容写在小纸条上塞进客人的门缝里，让客人回房时看见。这个办法虽然很落后，但还算有效，不知其他带过邮轮的领队还有什么好办法，欢迎分享出来共同讨论。

讨论：这名邮轮领队在带团的过程中遇到了哪些问题？邮轮服务具有哪些特点？

二、邮轮导游发展趋势

（一）专业化（specialization）

现阶段，我国邮轮导游工作者由旅行社委派，接受简单培训之后即从事邮轮导游服务工作。如果担任邮轮领队，必须具有领队资格，他们在从事邮轮导游工作的同时，也可担任其他类别的导游服务，并未形成一个专业化团队，培训上也是各旅行社自成一家。未来的邮轮导游的发展应当更加专业化，除必须具备普通导游、领队的专业知识和技能之外，他们还应当由专门的培训机构进行与邮轮旅游服务相关的专业培训，使其获得急救、逃生、邮轮文化等专业知识和技能。未来的邮轮导游队伍将更加的规范化与专业化。

(二)个性化(individualization)

现阶段,我国的邮轮旅游一般都是经过旅行社的组团而进行的团队旅游,邮轮导游工作者也是团队导游,缺乏对游客个性化的服务。未来我国的邮轮旅行将会更加的成熟,更加的多元,游客可自主预订邮轮旅游,自主选择邮轮导游,获得个性化的服务,这是未来邮轮旅游发展的一个趋势。个性化邮轮导游只有具备更高的素质才能获得竞争优势。

(三)国际化(internationalization)

我国邮轮导游的外语能力现阶段并未能达到国际化的标准,在外语的运用上存在较大的欠缺,这是我国邮轮旅游发展的需求和供给之间的矛盾,外语导游特别是小语种导游存在较大的欠缺。邮轮导游有它自身的吸引力,未来的邮轮导游的语言能力和对外交流能力将在不断的竞争机制下得到不断的提升,未来的邮轮导游将走向国际化。

New Words 单词

tour guide	导游
intelligent tour guide	智慧导游
virtual tour	云旅游
complicated	复杂多变
tour leader/escort	海外领队
national guide	全陪
local guide	地陪
lecturer	景区景点导游人员
full-time	全职
part-time	兼职
primary tour guide	初级导游人员
professional image	职业形象
self-respecting and self-confident	自尊自信的
well-spoken	谈吐文雅的

Brain

思考与练习

一、选择题

1. 作为国内旅行团的代表,负责旅游计划的全面落实,因而在整个旅游活动中起主导作用的是(　　)。

A. 领队　B. 全陪　C. 地陪　D. 景点讲解员

2. 获中级导游人员资格(　　),业绩突出,水平较高,在国内外同行和旅行社中有一定影响,经考核考试合格者可以晋升为高级导游人员。

A. 一年以上　B. 两年以上　C. 三年以上　D. 四年以上

3. 按照业务范围,导游人员可以分为(　　)。

A. 海外领队　B. 全程陪同导游人员

C. 地方陪同导游人员　D. 景区景点导游人员

4. 以下哪项不是全陪的重点工作?(　　)

A. 联络协调工作　B. 维护安全、处理问题

C. 讲解工作　D. 实施旅游接待计划

5. 中华人民共和国成立的第一家中国旅行社是(　　)。

A. 厦门华侨服务社　B. 中国旅行社

C. 中国青年旅行社　D. 中国国际旅行社

二、思考题

1. 导游人员应当具备哪些素养?

2. 地陪的职责有哪些?

3. 如何突破社会导游的困境?

4. 导游服务产生和发展的历程是怎样的?

模块二　导游服务程序与规范

【学习目标】

1. 熟悉并掌握团队、散客、邮轮导游的程序和规范。

2. 模拟任务并掌握团队、散客、邮轮导游的带团流程，努力成为一名训练有素的导游人员。

【案例导入】

迎宾送客的欢声笑语

一天下午，刚在北京某旅行社工作不久的英语导游人员方小姐在首都国际机场接到了一个40多人的芬兰入境旅游团，该团的领队和大部分人都懂英语。在去饭店的路上，方小姐首先问候并欢迎了客人，得到了大家的掌声感谢。接着，她就按导游书上的程序向大家介绍起北京的历史情况。片刻之后，她发现有些客人已从刚才兴奋的情绪中走了神儿，有的人闭上眼打盹，有的人在窃窃私语，领队也打手势向她示意后面的人听不清楚。方小姐见状紧忙改变讲解的方式，她放慢语速并就大家感兴趣的内容讲起来：先介绍游客要去的宾馆，又强调在北京旅游应注意的事项，还把今后几天的游览项目和内容向大家介绍一番，连沿途的街景和重要建筑也不放过。这样一来，果然引起了大家的注意，游客的提问开始增多了，情绪也高涨起来，不知不觉车子就开到了饭店。

经过不断接触和了解，方小姐完全掌握了该旅游团游客的习惯和特点，知道他们喜欢听什么，对什么东西感兴趣，因此讲解越来越得心应手了。

在送别的途中，她向客人致了欢送辞，总结了这几天参观过的主要游览项目，还用刚学会的芬兰语向大家表示良好的祝愿，希望客人们有机会再次光顾北京。游客们对方小姐的热情讲解赞不绝口，都说："中国人是世界上最好客和最讲礼貌的人。"

【模块导读】

导游接待服务按照游客出游的方式大致可以分为团体导游服务与散客导游服务，而团队导游服务是目前导游接待服务中最主要的形式，可分为地陪导游服务、全陪导游服务、出境领队服务以及景点导游服务等，邮轮领队服务和邮轮岸上地接导游服务也属于团队导游服务。通过本模块的学习，学生重点掌握地陪导游服务程序与标准和出境领队（含邮轮领队）服务程序与标准，熟悉全陪与散客导游服务程序与标准，以期有针对性地提供导游服务。

项目一 团体导游服务程序与规范

团体导游服务(group guide service)是目前导游接待服务中最主要的形式,无论是地陪导游服务、全陪导游服务(national guide service),还是出境领队服务甚至景点导游服务,每一种形式的导游服务都有详细的服务程序与服务标准。导游人员必须牢记这些程序和标准,才有可能为游客提供优质的导游服务。

任务一 地陪导游服务程序与规范

一、地陪导游服务程序

地陪导游服务(local guide service)是确保旅游团队在目的地顺利进行参观游览活动,并充分了解和感受参观游览对象的重要因素之一。

作为旅游者到达旅游目的地后接触的第一个人,地陪在当地导游服务过程中,应按时做好旅游团在本站的迎送工作,严格按照接待计划,做好旅游团参观游览过程中的导游讲解工作和计划内的食宿、购物、文娱等活动的安排,并妥善处理各方面的关系和出现的问题。地陪应严格按照服务规范提供各项服务。

地陪导游服务的程序是指地陪从接受旅行社下达的旅游团接待任务起,到旅游团离开本地,并做好善后工作为止的工作程序。

地陪导游服务的工作程序主要包括10个步骤,即服务准备—迎接服务—入住饭店服务—核对、商定日程—参观游览服务—购物服务—用餐服务—社交活动—送站服务—后续工作。

地陪导游在接到旅游接待计划后,一定要严格按照工作程序与内容安排和实施旅游活动,不得任意行事,确保旅游活动自始至终都能正常有序地进行。

二、地陪导游服务规范

(一)服务准备

地陪在出团前准备工作充分与否,直接关系到实际接待过程中服务质量的优劣。地陪一定要从思想上高度重视,切实做好准备工作。

1. 熟悉接待计划(reception plan)

接待计划(或称接待合同)是组团社委托各地接待社组织落实旅游团活动的契约性安排,是地陪了解该旅游团基本情况和安排活动日程的主要依据。地陪应在旅游团抵达前详细、认真阅读和熟悉接待计划和有关资料,准确了解该团的服务项目和要求。接待计划表因不同旅行社而异,以表2-1为例。

表 2－1 旅行社接待计划表

<table>
<tr><td>旅行社名称</td><td colspan="3"></td><td>联系电话</td><td></td></tr>
<tr><td>计划号</td><td></td><td>客源地</td><td></td><td>游客人数</td><td></td></tr>
<tr><td>导游姓名</td><td></td><td>导游证号</td><td></td><td>联系电话</td><td></td></tr>
<tr><td>司机姓名</td><td></td><td>车号</td><td></td><td>联系电话</td><td></td></tr>
<tr><td>旅游目的地</td><td colspan="3"></td><td>团队性质</td><td></td></tr>
<tr><td>旅游时间</td><td colspan="3">年 月 日至 年 月 日</td><td colspan="2">共计 天 夜</td></tr>
<tr><td>住宿饭店</td><td colspan="3"></td><td>住宿天数</td><td></td></tr>
<tr><td rowspan="3">乘坐交通
工具情况</td><td>抵达
离开</td><td colspan="4">交通工具:航(车、船)次: 月 日 时
交通工具:航(车、船)次: 月 日 时</td></tr>
<tr><td>接送站</td><td colspan="4">接:车型 座数 司机
送:车型 座数 司机</td></tr>
<tr><td>城市间</td><td colspan="4"></td></tr>
<tr><td>游览行程</td><td colspan="5"></td></tr>
<tr><td>用餐地点</td><td colspan="5"></td></tr>
<tr><td>购物签单点</td><td colspan="5"></td></tr>
<tr><td>其他安排</td><td colspan="5"></td></tr>
<tr><td>计调部负责人</td><td colspan="3"></td><td>电话</td><td></td></tr>
<tr><td>完成任务情况
及有关说明</td><td colspan="5"></td></tr>
</table>

一般来说,地陪阅读接待计划时需要认真分析、研究的内容主要有以下几点,重要事宜也要做记录:

(1)旅游团概况

组团社名称、联络人或全陪姓名及电话号码;客源地组团社名称、旅游团名称或团号、导游语言要求、收费标准和领队姓名。

(2)旅游团团员基本情况

人数、团员姓名、性别、出生日期、护照或身份证件号码、职业、宗教信仰等。

(3)全程旅游线路、海外旅游团的入出境地点。

(4)所乘交通工具情况

抵离本地时所乘飞机(火车、轮船)的班次、时间和机场(车站、码头)名称。

(5)交通票据情况

该团去下一站的交通票是否按计划预订,有无变更以及更改后的落实情况;有无返程票;出境票是 OK 票还是 OPEN 票(OK 票是指确定好座位的机票,OPEN 票是指没有确定具体航班信息的有效机票）。

（6）有无特殊要求和注意事项

在住房、用车、游览、用餐等方面有何特殊要求；该团是否要求有关方面负责人出面迎送、会见、宴请等礼遇；该团是否有老弱病残等需要特殊服务的客人。

案例

没有按合同执行

2011 年“十一”黄金周期间，广州 ABC 旅行社派小卢接待一个来自韶关的 32 人旅游团进行广州一日游。本来路线安排有去上下九步行街参观，时间 1 小时，考虑人多又怕堵车，小卢就决定带团去广州大学城参观，一来节约时间，二来这是一个新景点。游客们玩得很开心，但在回来的路上有人抱怨导游小卢没有按合同执行。

导游应按合同进行旅游活动。如果有必要改变旅游路线，应与领队或全陪商讨决定，或与游客商量，征得他们全部同意才行。当游客抱怨时，要微笑倾听、耐心解释和妥善处理，多用柔性语言。

实训项目

学习情境：讨论旅游接待计划。

实训目的：了解、获悉接待计划的方法与作用。

实训组织：教师提前布置任务，学生 6 ~ 10 人一组，分别到各大旅行社咨询接待计划或自编接待计划，上课共同讨论接待计划内容。

实训要求：所有学生分别讨论自己咨询后得到的旅游接待计划或自编接待计划，在小组讨论结束后以组为单位，每组各派一名代表，向大家详尽地讲解该组的接待计划。

2. 落实接待事宜

地陪在旅游团抵达的前一天，应与各有关部门或人员一起落实、检查旅游团的交通、食宿、行李（luggage）、运输等事宜。

（1）落实接待日程安排表

当地接待社应根据组团社的旅游接待计划，安排该团在本地的参观游览活动日程，并编制日程表，表中应详细注明日期、出发时间、游览项目、就餐地点、风味品尝、购物、晚间活动、自由活动时间以及会见等其他特殊项目。地陪应对以上各项安排逐一核实，若发现不妥应立即与本社有关人员联系。

（2）落实交通工具

与旅游汽车公司或车队联系，确认为该旅游团在本地提供交通服务的车辆的车型、车牌号、司机姓名及电话。了解车辆的设施、功能、保险情况（包括第三者责任险）和座位数量是否与旅游团人数相符。接大型旅游团时，车上应贴编号或醒目的标记。

与司机确定接头地点并告知活动日程和具体时间，并与之预先熟悉行车路线。

(3)落实食宿安排

熟悉旅游团所入住饭店的位置、概况、服务设施及项目。核实该团客人所住房间的数目、级别，是否含早餐等。与各有关餐厅联系，确认该团日程表上安排的每一次用餐的情况、团号、人数、餐饮标准、日期、特殊要求等。

(4)落实相关单位和人员的联络方式

(5)了解不熟悉的景点

导游人员接团可能会遇到陌生或半陌生线路或景点，如有的地方地陪导游人员从没有去过，有的地方是前几年去过，最近变化较大。这时，导游人员通过互联网搜索引擎即可查找到大量有用的资料，还可通过向同事、同行请教或查阅相关书籍了解景点和线路，必要时先踩点，对沿途公路状况、住宿地点、景区游览路线、购物点等情况进行实地踏勘，做到心中有数，尤其是不能忽略景区开放时间、厕所位置、游览禁忌及特殊规定等细节。

(6)与全陪联系

若是入境站，地陪应和陪同该团的全陪联系，提前约定共同接团的时间和地点。

3. 物质准备

(1)规定物品

表明身份的物品，如导游证(以电子数据形式保存于导游个人手机等移动端设备中的电子导游证 +“导游身份标识”卡片)、旅行社的带团委托书以及本人的身份证和名片；提示游客的物品，如接站牌、导游旗、旅游车标识以及扩音器；业务活动用品，如旅行社的接待计划、票据、现金以及宣传资料、导游图、记事本、签字笔等。

(2)应急用品

医疗、保障用品，如常用医药品(如晕车药、创可贴、医用胶布、医用酒精)和塑料袋等；小配件、小工具，如手机充电器、针线包、手电筒和小剪刀等；活动小奖品，如本地旅游地图、扑克牌和钥匙扣等旅游纪念品。

(3)个人用品

要准备适当的食品和水以补充体力和脑力上的消耗，可带上热量高(如巧克力之类)的食品、含有微量盐或糖类的饮用水；要带上日常换洗衣物和洗漱用品等卫生用品；要准备大小合适、便于工作的工作包。

4. 语言和知识准备

(1)做好语言翻译、导游的准备

根据接待计划上确定的参观游览项目，对翻译、导游的重点内容，做好外语和介绍资料的准备。

(2)若接持有专业要求的团队，应做好相关专业知识、词汇的准备。

(3)做好当地的热门话题、国内外重大新闻、游客可能感兴趣话题的准备。

(4)做好客源地知识的准备。

案例

××年夏，中国国际旅行社西安分社导游翻译李钟挚接到了一份接待加拿大驻华大使和商务参赞夫妇一行四人到西安观光旅游并参观西安飞机制造公司的计划。对于参观游览中的导游讲解，他轻车熟路，但要担任参观飞机公司翻译的任务，还是第一回。为了做好这次接待工作，他细心搜集了大量有关飞机制造公司的资料，又查阅了英文分类词典，掌握尽可能多的专业术语，为现场翻译做好充分准备。客人圆满地结束了在西安的观光和访问，回到北京后，给李钟挚寄了几本介绍加拿大的书籍，并附寄给分社总经理一封热情洋溢的感谢信，感谢旅行社培养出这样优秀的翻译。

这个案例生动地说明了知识对导游人员的重要性。当然，导游人员不可能了解所有学科的知识，但接到接待任务后必要的知识准备是不可或缺的，导游效果的好坏很大程度上取决于导游人员的知识积累，接团前有针对性地准备，可以增强导游效果，避免失误。

5. 形象准备

导游人员要注重自己的形象。这里说的"形象准备"，是仪表方面的准备，主要指人的"修饰美"，包括服饰美、化妆美和发型美。地陪的形象在很大程度上就是本地区或城市以及旅行社的形象代表。良好的地陪形象在宣传旅游目的地、传播中华文明、推动当地经济发展等方面起着重要作用。因此，地陪在上团前，要特别注重个人仪表形象。

案例

形象代表有失"形象"

时逢盛夏，学生们又开始了愉快的暑假，师大附中的夏令营活动也开始了。在马老师的带领下，第一站到了南京的中山陵。同学们怀着对孙中山先生的尊敬之情，走进了景区。许多同学一边听着导游讲解，一边在小本子上做记录。马老师看在眼里，不由得为同学们的表现而高兴。这次活动不仅让同学们开阔了视野，而且还让大家接受了一次爱国主义教育。

突然，马老师眉头紧锁，是什么原因让他的情绪发生了突变呢？原来，南京连日高温，今天最高温度达到了36 ℃，许多人被炙热的天气折磨得透不过气来。而马老师发现，为游客提供服务的导游人员穿着的衣服更是"五花八门"，有长衫、有短裙……真可谓是"导游服饰大荟萃"。只见一位男导游，穿着露双臂的大背心和休闲裤，脚下穿着一双拖鞋，脖子上挂着一条毛巾，看起来更像是街边卖西瓜的生意人，正滔滔不绝地向大家讲解呢。从这位男导游身边过去的游客，都不经意地回头看看，就像是看个"有吸引力的景点"。一些外国游客还停下了脚步，拍下了照片。马老师此时再也看不下去了，他趁男导游休息的空当，把刚才的所见告诉了男导游，小伙子非常不好意思，诚恳地接受了马老师的建议。接着，马老师跟上了同学们的队伍，发现在他旁边还有一个女导游，一只手用小扇子扇着风，一只手打着太阳伞,身上穿得更是"通透",无奈的马老师只能摇头无语。

马老师一行的游览活动结束了,但此事并没有结束。在网络上出现了那位赤膊导游的照片,"男导游不重自身形象"这一标题,点击率位居前列。这位导游人员也因此受到了旅行社的处罚,在整个行业也掀起了一股争当"文明导游人员"的热潮。许多接待社为了给游客留下好的印象,还为所有的导游人员定制了合体的制服,以保证每个导游人员都能以最佳形象接待八方游客。

导游人员作为旅行社的代表,在游客面前,着装应整洁、大方,符合工作环境的要求。当前,我国旅游业的飞速发展吸引了世界各地的游客前来观光、度假,中国导游也有了更多展示自我以及国家形象的机会。在本案例中,导游人员因不得体的装束引来外国游客对其驻足拍照,无疑是不利于中国导游整体形象乃至国家形象的。

(1)着装得体

首先,导游人员在工作中的着装必须符合目前国际上公认的TPO衣着原则。TPO分别代表时间(time)、地点(place)和场合(occasion),指的是着装要符合时间、地点和场合,不同场合应遵循不同的着装要求。

其次,导游人员在服饰方面必须讲究规范、整洁、协调、适度。导游人员在工作中的着装原则,应该是既符合自己的性格,又符合工作的需要,同时也是用服装语言显示个人的文化素养、旅行社人员的素质和国家的文明程度。

再次,导游的服饰还应该有标志性。国外很多旅行社都给导游配备统一的服饰,都比较稳重大方,如西装、套裙等。在我国,除了景点讲解员的服饰是统一的之外,导游服饰以休闲为主,多半以牛仔裤来搭配休闲上衣。各个旅行社基本上都没有硬性规定导游着装,但是导游在着装上应该注意以下几点:

①在旅游行业中形成的导游着装传统为,男士衣服必有领子,女士衣服必有袖子。所以男导游不宜穿圆领汗衫,女导游不宜穿吊带上衣。

②服装一定要简洁、大方。夏天,男导游不应穿背心、短裤,女导游不宜穿短裙、短裤。

③在导游工作中,除了结婚戒指、手表之外,不戴饰物为佳。

④进入室内,男导游应摘帽,男女导游都应脱下大衣、风雨衣,更不宜戴太阳镜。

⑤女导游可光脚穿凉鞋,若穿袜子,注意袜口不宜露在裤、裙之外。夏天,男女导游在工作中都不应穿拖鞋。

⑥注意衣服的洁净,衬衣领口和袖口比较容易脏,应勤换洗;袜子也要常换,避免有异味。

⑦带团时,导游需要选择质量好且合脚的鞋子,可根据服饰搭配旅游鞋或舒适的皮鞋。但要注意工作方便,所以女导游不能穿高跟鞋带团。

总体上说,导游人员在服饰上应以符合身份、方便工作为原则,服装应整齐、得体、稳重、大方。上团时,应持有以电子数据形式保存于导游个人手机等移动端设备中的电子导游证,并将"导游身份标识"卡片佩戴于胸前。

拓展阅读

“笑透,不笑露”

时逢炎夏,天热衣薄,导游人员特别是女导游人员,衣着、服饰要特别注意,以保持自己的典雅风度。我们中国人有一句俗语,叫作“笑脏,不笑补”,就是说人家衣服脏了,可以笑话,而衣服干净又有补丁,是不可以笑话的。这大约是中国长期贫困而又勤俭形成的习俗吧。

在西方也有一个习俗,叫作“笑透,不笑露”。西方游客对我们一些女导游、女服务员穿衣服太透而表示反感,认为太欠文雅。一位从纽约回来的中国女外交官也谈到类似观点:在纽约的招待会上,西方女士们对中国一些女士衣着“透明度过高”表示反感。然而,西方女士们在隆重场合,特别是晚会,她们的晚礼服上身露得很多,这种露被视为“装饰的一部分”。像“奥斯卡金像奖”的颁奖仪式,女明星们穿着是很“露”的,这种“露”被认为是文雅的,并不“诱导犯罪”,这就是“笑透,不笑露”。

当然,我们中国人不一定习惯于这一习俗,我们应当既不太“露”,更不要“透”,特别要注意,防止衣服“太透”。

在接待场合,关于夏日服饰,导游人员应特别注意下列几点:女导游人员勿穿超短裙;可以光脚穿鞋,若穿袜子,袜口一定不要让人看见;无论天气多热,切勿撩裙当扇,有伤风雅;男导游勿穿圆领汗衫,勿穿短裤。

想一想:有的导游人员说:“着装近于游客,才能使游客有亲切感。”你认为这种说法合适吗?

(2)化妆适度

地陪工作期间一般不宜佩戴饰物,如有佩戴,要适度,总体要求是美观大方、雅而不俗。首饰佩戴宜从简,不可珠光宝气。仪容方面要做到“化妆上岗、淡妆上岗”,妆容清新、淡雅和自然。

(3)讲究个人卫生

①头发要适时梳洗,发型要朴素大方。男性导游不留长发、小胡子、大鬓角;女性导游不梳披肩发型,一般来说,女员工以短发为宜。

②指甲要经常修剪,不留长指甲,也不要涂抹有色的指甲油。

③面部要注意清洁,妆容要淡雅自然,不能浓妆艳抹。

④勤洗澡,勤换衣袜,勤漱口,口腔里不能有异味。上班前忌吃葱、蒜、韭菜之类有异味的食物,必要时可在口中含一点茶叶,以除异味。

实训项目

学习情境：学会得体的导游装扮。

实训目的：掌握导游仪表的主要内容。

实训组织：任意选择 2 ~ 3 位不同穿衣风格的同学到讲台上。

实训内容：

1. 请同学们评价他们的仪表是否适合导游工作，指出合适的地方和不合适的地方。
2. 讨论不同季节最合适的导游服饰应该是怎样的。

6. 心理准备

为保证接待计划的顺利进行，地陪除了做好以上各项准备工作外，还需要做好充分的心理准备。

(1)要准备面临艰苦复杂的工作

地陪既要考虑到按照正规的工作程序标准为游客提供热情的服务，还要在心理上做好应对各种问题的准备，如遇到问题或发生事故时，或顾客需要特殊服务时应该如何处理等。导游人员要沉着冷静、妥善迅速地处理问题，最大限度地保障游客的权益和生命财产安全。地陪工作是辛苦的，常常是"朝乘旭日去，夜披月色归"，一天长达十几小时的工作，容不得半点疏忽和懈怠。

(2)承受抱怨和投诉的心理准备

导游人员任务繁重，工作辛苦，又随时会遇到游客挑剔、抱怨，不配合导游人员的指挥，甚至提出投诉。导游人员务必要有足够的心理准备，以优质的服务消除游客心中的不满，并要积极沟通，耐心解释，尽量满足游客的合理要求。

实训项目

学习情境：假设第二天你将带领 35 人的(摄影、亲子、商务、中小学研学)旅游团到青岛、威海、蓬莱等地(或你熟悉的地方)参观游览，请做好上团准备，并向同学们展示自己的准备。

实训目的：熟悉落实接待事宜的过程。

实训组织：教师在课前一周向学生布置实训任务，学生 5 ~ 8 人一组，从实训情境中选择其中一类旅游团，讨论带团前准备工作的具体做法，并请 1 ~ 2 位同学在课上展示自己的准备。

实训内容：落实服务准备。

实训要求：教师在讲解完相关理论后向学生布置任务，用以总结对服务准备的学习。

(二)迎接服务

迎接服务工作是地陪去机场、车站、码头迎接旅游团至下榻饭店期间所要提供的一系列服务工作。地陪在做好旅游团接待准备工作后，从迎接服务工作开始，工作就进入了实质性的阶段。地陪应使旅游团得到及时、热情、友好的接待，了解在当地参观游览活动的概况。

1. 旅游团抵达前的工作

(1)确认旅游团抵达的确切时间

接团当天，地陪应提前到旅行社全面检查准备工作的落实情况。出发前，要向机场(车站、码头)问讯处问清飞机(火车、轮船)到达的准确时间。一般情况下应在飞机抵达的预定时间前2小时，或火车、轮船预定到达时间前1小时向问讯处询问。

(2)与旅游车司机联系

与旅游车司机联系，商定会合的时间、地点，保证提前30分钟抵达机场(车站、码头)。

(3)再次核实旅游团抵达的确切时间

抵达机场(车站、码头)后应再次确认旅游团抵达的确切时间，提前与全陪电话或短信联系。

(4)与行李员联系，告知行李送往的地点

(5)持接站牌迎候旅游团

旅游团抵达后，地陪持接站牌站在出站口醒目的位置，热情迎候旅游团。接站牌上写清楚团名、团号、领队或全陪姓名。接小型旅游团或无领队、全陪的旅游团时要写上游客姓名。

2. 旅游团抵达后的服务

(1)认找旅游团

旅游团抵达后，地陪应尽快找到自己的旅游团。认找的方法有两种，即“被动式”和“主动式”。被动式的认找方法是：地陪站在醒目的地方，并高举接站牌，以方便领队、全陪或游客前来联系。主动式的认找方法是：地陪根据出站游客的民族特征、衣着及组团社的徽记等分析判断或上前委婉询问，核实该团的基本信息。如该团有领队或全陪时，地陪人员应及时与其接洽，问清该团的国别(地区)及团员姓名等，经核对无任何出入，才能确定是自己应接的旅游团，从而避免错接的现象发生。

(2)核实人数

地陪接到旅游团后，应立即向领队、全陪或旅游团成员核对实到人数，如与计划不符合(人数增加或减少)，则应及时通知旅行社以及有关的接待部门，以免给后续的工作带来不便。

(3)集中清点行李

在登车之前，地陪应协助游客将行李集中放在僻静、安全的位置，提醒游客检查其行李是否完好无损。然后与领队、全陪、接待社行李员共同清点行李，核对无误后，交给行李员，并与行李员办理移交手续。若有行李未到或破损，地陪应协助当事人到机场(车站、码头)登记处或其他有关部门办理行李丢失或赔偿申请手续。

如今许多旅行社为了节省费用，对非VIP团采取行李同车方式，不派行李车，也不派行李员，由游客自己带行李上车，司机、导游人员协助。

(4)集合并引导游客登车

①地陪要提醒游客检查自己的随身物品是否带齐，然后引导游客前往乘车处上车。

②游客上车时,地陪和旅游车司机要恭候在车门两旁,搀扶或协助游客上车。

③游客上车后,应帮助游客将行李、物品放在行李架上,协助游客就座。

④礼貌地清点人数,然后请司机开车。

3. 赴饭店途中的服务

从机场(车站、码头)到饭店的途中,是地陪给旅游者留下良好的第一印象的重要环节。

(1)致欢迎辞

欢迎辞(welcome speech)是导游人员代表旅行社及本人向旅游团表达欢迎之意的致辞。欢迎辞好比戏剧的"序幕",文章的"序言""开场白"。外国人大都讲究第一印象,致欢迎辞是给人第一印象的好机会,我们应当重视。

欢迎辞的内容应视旅游团的性质及其成员的文化水平、职业、年龄等情况而有所不同,但一般应包括以下内容:

①代表自己的旅行社、本人及司机对旅游团表示欢迎;

②对旅行社、本人做简要介绍;

③隆重介绍司机;

④表示提供服务的诚挚愿望并预期得到游客的配合;

⑤预祝旅游愉快顺利。

想一想:在什么地方致欢迎辞?

案例

欢迎辞 1

尊敬的游客朋友们:

上午好! 大家一路辛苦了。首先请允许我代表××旅行社,欢迎各位来到孔夫子的家乡——"好客山东"观光旅游。我是××旅行社的专职导游人员孔芳,"孔"是孔子的孔,大家叫我"小孔"吧,以区别于孔夫子他老人家。我就是大家此次山东之行的地接导游。坐在驾驶座上全神贯注开车的这位英俊潇洒的男士,是我们的司机李师傅,李师傅保持着10万千米无事故的驾车纪录,有他为我们开车,想必大家完全可以把心放在肚子里了。我和李师傅会像接待老朋友一样为大家提供热情周到的服务,同时也希望能得到大家的鼎力配合。如果各位在旅途中有什么要求或建议,请一定提出来,我们会尽量满足您的要求。在此预祝大家此次山东之行能够乘兴而来,满意而归。

我们的旅游车现在已经驶出了机场,行驶在机场高速公路上,大家可以一边欣赏沿途风光,一边听我介绍山东的风土民情……

欢迎辞是游客对导游人员产生"第一印象"的重要组成部分,是沟通感情、取得信任的第一步,也是展现一个导游人员知识素养、语言能力、风度气质、服务态度等总体水平的关键一步。除服饰、表情、姿态等态势语言外,对致欢迎辞来说,最核心的问题是口头语言内容与表述方式的选择。

前面所讲的基本内容是必要的，但应根据国籍、团体、时间、地点、成员身份的不同而有所区别，不可千篇一律。欢迎辞不仅传递知识信息，还应传导感情信号；不仅立起骨架，还要有血有肉。因此，安排内容形式时还必须参照致辞的时间、地点、场合，游客的身份、职业、心情等，及时做出适当调整。总之，致欢迎辞并无固定模式，应当不拘一格。

①应注意适度、真诚，说话符合自己的身份。不能使对方感到不真实、做作，以致产生不良效果。

②多采用感情真挚、平和的语言方式。旅游团初到旅游地，人地两生，难免拘谨，真挚热情的欢迎辞能够缓和这种气氛。

③使用风趣、幽默的语言，能收到较好的效果。

案例

欢迎辞　2

各位早上好！我叫张绍坤，是××旅行社的导游，十分荣幸能为各位服务。各位大都是医生吧？医生是人间最好的职业。我一出生，就对医生有特别的感情，因为我是难产儿，多亏了医生我才得以“死里逃生”。今天的旅游项目是这样为大家安排的：首先游览岳阳楼、洞庭湖，然后去参观一家中医院。如果还有时间，我想请大家“欣赏”一个特别节目，就是为我诊断一下，看我为什么老是容易感冒，呵呵。谢谢！

欢迎辞的感情表达不宜过于强烈。过度的热情，甚至慷慨激昂，反而给人以虚假造作之感，因为毕竟是初次见面。

一段好的欢迎辞，可以给游客留下热情、亲切的印象，不仅能够尽快缩短导游人员与游客的心理距离，还可以拉近双方关系，调节游客紧张心理。而简单地将以上内容拼凑，堆砌在一起，只会让游客感到枯燥乏味。

实训项目

学习情境：假设第二天你已接到某一旅游团（接第42页实训项目情景），请写一份热情洋溢的欢迎辞并背诵，在课堂上做欢迎辞讲解。

实训目的：熟悉欢迎辞的写作以及讲解。

实训组织：教师课前布置任务，请学生课下准备，随后以小组为单位讲解欢迎辞，并派代表在课堂上进行讲解，其他同学进行点评。

实训内容：欢迎辞的讲解。

（2）调整时间

接待入境旅游团时，地陪要介绍两国（两地）的时差，请游客将自己的表调整到北京时间。若是有全陪的入境站接团服务，全陪在致欢迎辞后一般会介绍两国（两地）时差，协助游客调整时间，地陪就不必重复。

(3)首次沿途导游

旅游者刚刚踏上异乡的土地，心中充满了新鲜、好奇和不安之感，首次沿途导游是显示导游人员知识、导游技能和工作能力的好机会，合格的首次沿途导游会使旅游者产生信任感和满足感。但是，首次沿途导游不是敞开话题、滔滔不绝地讲述，而是就游客最感兴趣、最急于了解的事物进行介绍，并且有很多内容可以点到为止，为以后的讲解工作做好铺垫。

案例

初次见面的讲解

某年秋天，北京的导游人员郑小姐接待了一个泰国旅游团。在机场接到客人后，她代领团队驱车前往酒店。为了给大家留下良好的第一印象，在"国门第一道"的机场高速路上，她首先热情问候了客人，并向大家介绍了司机和自己。然后，简要地介绍了北京优美的风光、历史和传说。她还根据客人的情况，给他们一些善意的叮嘱，如考虑到泰国客人来自湿润的热带国家，初到北京，总感气候干燥，有不适之感，严重者还会嘴唇干裂出血，因此要多喝水、多吃水果。她还向大家介绍了一些解决空气干燥问题的小窍门：大家进入饭店的客房后，要先打开洗手间热水阀，然后关上门，待洗手间充满水汽后，再将洗手间的门打开，使洗手间的水汽与客房中干燥的空气自由交流，这样客房空气就会湿润很多，人便会感到舒适多了。除此之外，她还给予大家一些忠告，如出去旅游时要注意人身、护照、钱财、物品的安全；兑换钱币应在饭店、正规商店、银行等处兑换，不要在别处私自兑换，以免上当受骗……

郑小姐积极热忱的态度、生动实际的讲解给大家留下了良好的印象，不知不觉间，车子就到了酒店。

导游接待工作就像一个系统工程，每个环节都很重要，其中最重要的环节莫过于与客人的初次见面。作为一名称职的导游人员，要想客人之所想，急客人之所急，并将这种热忱的态度在与客人初次见面时充分体现出来。初次见面是导游人员与客人相互了解的第一时间，此时如能给客人留下良好的印象，得到他们的信任，将为以后的接待工作赢得主动。因此，导游人员在首次接触游客时应注意：

1. 注重自身的仪容仪表、行为风度和讲解的语气、语调与语速，这是赢得良好印象的基础。

2. 及时掌握客人的特点，了解他们最需要的是什么，根据情况进行讲解。接触客人后要了解他们的旅游目的和心理需求，不要机械地为其讲解，因为有些人经长途旅行后比较疲劳，需要在车上休息，有些人因某事而心情烦躁，需要安慰和理解，这时的讲解不当容易使其反感，如向某位亲属在飞机失事中丧生的游客介绍刚发生的飞机失事事件，将会深深地刺痛那位游客，就显得十分不妥。

导游人员在初次见面时给游客留下良好的印象至关重要，也只有把握好这个环节，才能保证整个导游工作的成功。

导游用真挚、适时、多样的方法讲解，不断拨动游客的心弦，是提高游兴的好办法：

1. 介绍沿途风光。地陪做沿途风光导游时，讲解内容要简明扼要，语言节奏明快、清晰；景物取舍得当，随机应变，见人说人，见物说物，与游客的观赏同步。总之，沿途导游贵在灵活，导游人员要反应敏锐，掌握时机。

2. 介绍当地风情。地陪应介绍本地的概况，包括土地面积、气候条件、人口、行政区划、社会生活、文化传统、土特产品、历史沿革等，并在适当的时间向游客分发导游图。同时，还可以适时介绍本地的市貌、沿途经过的重要建筑物、街道等。

3. 介绍下榻饭店。地陪应向游客介绍该团所住饭店的基本情况：饭店名称、位置、距机场（车站、码头）的距离、星级、规模、主要设施和设备及其使用方法、入住手续等。

4. 交代再集合事宜。旅游车驶至下榻的饭店，地陪应在游客下车前向全体成员讲清并请其记住车牌号码、停车地点和再集合时间，然后提醒游客带好随身行李物品下车。

拓展阅读

行车途中注意事项

旅游车启动后，地陪应在保证自身安全的情况下选择合适的位置进行导游讲解。一般来讲，接站并赴饭店途中，时间较短，又是初次与客人见面，地陪要致欢迎辞并讲解当地旅游注意事项。这时宜面向客人进行导游讲解，所以应选择站在旅游车前部，将司机座椅后的活动靠背拉出，地陪靠着靠背、手执话筒进行讲解。这可有效地防止在汽车行进中意外跌倒。此外，每天外出旅游时，地陪讲解当日行程和注意事项，或在途中组织一些活跃气氛的娱乐活动，都应该站在靠椅前，面向游客进行。

旅游车行驶途中，不得停车让无关人员上车。每行车2小时左右，遇有服务区或加油站时，导游应征求游客意见是否要去洗手间。只要发生了游客上下车的情况，导游人员都要在启动车辆前确认全体游客都已经上车。在旅游车上进行沿途导游时，遇有一些需要从特定位置观看才能达到最佳观赏效果的景观时，可以请司机放慢车速或者停车。

（三）入住饭店服务

饭店入住工作一定要做得周密细致，不要让客人有不方便之感。

1. 登记入住

首先，在旅游团抵达饭店后，地陪要协助领队和全陪准确、迅速地办理好住店登记手续，请领队分发房卡。其次，地陪要熟悉和掌握领队、全陪及每个游客的房间号，并将与自己联系的方法，如房间号（若地陪住在饭店）、电话号码告诉领队和全陪，以便有事时能尽快联系。

2. 介绍饭店设施和服务

进入饭店后，地陪应向全团游客介绍饭店内的外币兑换处、中西餐厅、娱乐场所、商品部、公共洗手间等设施的位置，并讲清楚注意事项。

3. 带领旅游团用好第一餐

游客进入房间之前，地陪要向其介绍饭店的就餐形式、地点、时间及餐饮的有关规定（如是否含酒水）。游客到餐厅用第一餐时，地陪应主动引进，并将领队介绍给餐厅经理或主管服务员，告知旅游团的特殊要求。就餐期间，地陪还要巡视客人餐桌，检查就餐情况，监督餐厅按标准上餐，同时征询客人意见和建议。

想一想：地陪应如何带领游客用好第一餐？

4. 宣布下一步活动安排

地陪应在与全陪和领队商量后，再向全体游客宣布有关当天和第二天活动的安排，以及集合的时间和地点。

5. 照顾行李进房

地陪应等待本团行李送达饭店，负责核对行李，督促饭店行李员及时将行李送至游客房间。

6. 确定叫早时间

地陪在结束当天活动离开饭店之前，应与领队商定第二天的叫早时间，并请领队通知全团，地陪则应通知饭店总服务台或楼层服务台。

（四）核对、商定日程

核对、商定日程是旅游团抵达后的一项重要工作，可视作两国（两地）间导游人员合作的开始。

旅游团在一个地方的参观游览内容一般都已明确规定在《旅游协议书》上，而且在旅游团到达前，旅行社有关部门已经安排好了活动日程。即便如此，地陪也必须进行核对、商定日程的工作。因为游客有权审核活动日程，也有权提出修改意见。导游人员与游客商定日程，既是对游客的尊重，也是一种礼遇。领队希望得到他国导游人员的尊重和协助，商定日程并宣布活动日程是领队的职权。

在核对、商定日程时，针对出现的不同情况，地陪要慎重对待，采取相应的措施。

1. 领队或游客提出小的修改意见或游览项目时

（1）地陪应及时向旅行社有关部门反映，对合理又可能满足的项目，应尽量安排。

（2）需要加收费用的项目，地陪应事先向领队或游客讲明，并按有关规定收取费用。

（3）对确有困难无法满足的要求，地陪要详细解释、耐心说服。

2. 提出的要求与原日程不符且又涉及接待规格时

（1）地陪一般应婉言拒绝（politely refusing），并说明地陪不便单方面不执行合同。

（2）如确实有特殊理由并由领队提出时，地陪必须请示接待社有关部门。

3. 领队或全陪手中的旅游计划与地陪的接待计划有部分出入时

（1）地陪要及时报告接团社查明原因，分清责任。

（2）若是接待方的责任，地陪应实事求是地说明情况，并向领队或全体游客赔礼道歉。

案例

导游人员的游览计划和领队的有出入

小张担任一东南亚旅游团的地陪。旅游团到了饭店后，小张就和领队商谈日程安排。在商谈过程中，小张发现领队手中计划表上的游览点与自己接待任务书上所确定的游览景点不一致，领队的计划表上多了两个景点，且坚持要按他手上的景点来安排行程。为了让领队和游客没有意见，小张答应了。在游览结束后，领队和游客较满意，但小张回旅行社报账时却被经理狠狠批评了一顿，并责令他赔偿这两个景点的门票费用。

旅行社所下达任务单上游览景点与游客手中计划书上景点不符，这种情况的出现，基本上有两种原因：一为双方在洽谈过程中发生误会；二为对方旅行社为掩盖其多扣游客费用而采取“瞒天过海”的一种手段。导游人员碰到这类问题时，必须弄清真相。不然，或者会给旅行社带来损失，或者会导致游客有意见。本案例中，导游人员小张就是因自作主张随意答应了游客的要求，结果导致旅行社利益受损，吃力不讨好。

导游人员碰到这类问题，处理的步骤是：首先，应及时与旅行社联系，请旅行社负责人指示应按哪份计划实施接待，如确认按己方旅行社计划单上所规定景点游览，则除了重点游览、讲解规定景点外，应尽量能让游客看到没有安排的那些景点，并做必要的指点、讲解；其次，如果游客愿意自费游览不能安排的景点，在收取费用后，应予满足。

（五）参观游览服务

参观游览服务是地陪工作的核心内容，是全方位展示导游人员服务能力和服务态度的中心环节，也是最艰巨、最辛苦的工作，导游人员要以应战的姿态投入。参观游览过程中应热情服务、生动讲解，同时要落实好旅游团的用餐并随时注意游客的安全。

1. 出发前的准备工作

（1）做好游览的各项准备

准备好导游旗、导游证和必要的票证；地陪应提前10分钟到达集合地点；督促司机做好出发前的各项准备工作；核实餐饮落实情况。

（2）核实、清点实到人数

若发现有游客未到，地陪应向领队或全陪问明原因，设法立即找到；若有的游客愿意留在饭店或不愿随团活动，地陪要问清情况并妥善安排，必要时报告饭店有关部门。

（3）提醒游客注意事项

向游客报告当天可能出现的天气情况以及游览地点的地形、行走线路的长短等，提醒游客做好应急准备。

（4）组织集合登车

游客到达后，清点实到人数并请游客及时登车，地陪与司机应各站在车门一侧，一面招呼大家上车，一面扶助老弱病残登车。开车前应再次清点人数。

2. 途中导游、讲解

(1)重申当日活动安排

开车后，地陪应先将当天的活动安排讲解清楚，如景点名称、途中所需要的时间、午餐和晚餐的时间地点等，让游客做到心中有数。

(2)沿途风光导游

前往景点途中，地陪应适时向游客介绍途中风光和本地的风土人情、自然景观，并回答游客的提问。

(3)介绍游览景点

到达景点前，地陪应向游客介绍景点的概况，尤其是景点的历史文化价值和特色，这样可以激发游客的好奇心，为以后的讲解做好铺垫。

(4)活跃气氛

如果车程较长，地陪可以把车内的游客组织起来进行一些有趣的活动，如唱歌、诗歌朗诵、播放光碟、讲故事与说笑话、脑筋急转弯提问、猜谜语和玩小魔术、学绕口令或方言或者做其他游戏等，也可以针对游客的文化水平就大家感兴趣的话题进行讨论。

拓展阅读

途中游戏项目

1. 吃牛

用"我最喜欢吃牛的××(牛身某部位)"一句，让游客轮流说，说的部位不能重复，直到把牛身上能吃的部位都说遍，谁说重复了就表演一个节目。除了"吃牛"，也可以"吃鸡""吃猪"等。这里需要提醒一下，遇到团里有少数民族游客，应注意他们的民族禁忌。

2. 你做我猜

一位游客比画动作或者用语言描述，另一位游客来猜物品或动作。在做这个游戏时，导游人员可以让游客猜车上的物品、猜将要游览的景区或某一种动作，导游人员本人当裁判，给获胜的一方颁奖——当地的小纪念品。

3. 击鼓传花

如果没有带手绢，可用导游旗或其他较轻的物品代替"花"，导游人员在前面唱歌或数数。另一人突然说"停"，拿到"花"的游客就上来表演节目。

4. 车上跳舞

这里说的跳舞不是真让游客站起来跳。游客只坐在车上，导游人员伸出左手，游客就伸出右手。无论导游人员伸出哪只手，游客都要与之相反。如果相同，游客就输了，需要上前表演节目。

3. 景点导游、讲解

(1)交代游览注意事项

抵达景点时，地陪要在下车前讲清并提醒游客记住旅游车的颜色、标志、车号、停车地点、开车的时间。尤其是下车和上车地点不同时，则更要再三强调，并且要有一旦游客找不到集合地点时的应对措施。在景点示意图前，地陪应讲明游览路线、所需时间、集合时间与地点等。地陪还应向游客讲明游览参观过程中的注意事项，比如要遵守游览区的令行禁止的规定，以及保障个人安全等。

(2)游览中的导游讲解

游客抵达景点后，地陪应对景点进行导游讲解，这是导游服务的主体内容和最基本的任务，是对其知识、导游技能和经验的重要考验，也是衡量一个导游人员水平高低的重要标志。这个过程中，地陪应始终带领本团游客沿着游览线路对所见景物进行导游讲解。讲解内容包括该景点的历史背景、特色、地位以及价值等方面。在景点导游过程中，地陪应保证在计划的时间和费用内，游客能充分地游览和观赏。导游讲解时要做到三个结合：讲解与引导游览相结合，适当集中与分散相结合，劳逸适度，并应特别关照老弱病残游客。

这里依据一些导游人员总结的经验，提出几条注意事项：

①精心准备，临阵不慌。如果导游讲解准备得不够充分，或是临时出现了意外情况，旅游者的问话听不懂，怎么办？经验告诉我们，听不懂也不要惊慌。旅游者大都是通情达理的，没有听懂，可以请对方再慢慢讲一次，一次听不懂，问清后，下一次就听懂了。但是千万不要不懂装懂。

②生动形象，不拘一格。一个好的导游人员，不应该只是机械地背诵现成的导游词，要把它化为自己的语言，通俗易懂、生动形象地讲出来。如果讲得呆板，死背台词、流于俗套地做一般介绍，绝不会收到理想的效果。只有生动形象地讲解才能够激发旅游者的兴趣。

导游语言经过艺术加工，使游客觉得悬念丛生、妙趣横生，能把宣传寓于生动活泼的讲解之中。但语言加工要符合自己的性格，不能刻意模仿，否则不会显示自己的独特魅力。

③言必有中，随机应变。导游人员在讲解时，一定要有针对性，从旅游团的实际情况出发，因人而异。导游人员要针对不同的情况，做出准确的判断与相应的调整。

④有声有色，情感共振。情感共振指导游人员在接待工作中，通过自身的表情、动作、语言调动游人的游览兴趣，并在情感变化上与旅游者处在同一个频率上。当旅游者被某一自然景观所吸引时，情感即随之启动，随着景物的变化，情感也在不断地发生变化，但在涉足人文景观时，旅游者往往不仅仅满足于直观感受，还会产生一种“知源”的强烈愿望，要通过导游人员的讲解才能得到满足。当旅游者的情绪受景物与解说词的影响而不断高涨时，导游人员也表现出一种兴奋状态，既有声，又有色，以达到与旅游者的情感交流。

⑤有张有弛，主次分明。游览中的导游讲解要事先做好周密准备，组织好故事情节，先讲什么，后讲什么，中间穿插什么典故和趣闻，都要心中有数。要努力做到有声有色，情景交融，详略适宜。整个导游讲解贯穿在有序幕、有高潮、有尾声的游览活动中，构成有张有弛、主次分明的旋律，使游客从中得到最大的精神享受。

(3)留意游客动向

在景点导游过程中，地陪应随时注意游客的安全，自始至终和游客在一起活动；要留意游客的动向并观察周围的环境，和全陪、领队密切配合并随时清点人数，防止游客走失和意外事件的发生。

4. 参观活动

(1)提前落实

参观活动并非是每个旅游团都有的活动内容。如接待计划中有参观要求,旅行社有关部门在团队运作过程中会提前确定。参观之前,地陪应再次与参观单位取得联系,进一步确认时间安排和参观内容并落实有主人接待等。

(2)翻译、讲解

在参观时,一般是先由主人做情况介绍,然后是引导参观。如果是入境团,地陪的外语翻译人员要注意翻译的准确性,如果介绍者的言语欠妥,在翻译前应予以提醒,请其纠正;如来不及,可改译或不译,但事后要说明,必要时还要把关,以免泄露有价值的信息。

5. 返程途中的服务

返程途中的服务工作应视具体情况而定,如果不从原路返回,导游应作沿途风光导游,若从原路返回,可做些补遗讲解,做一些小游戏或娱乐节目;如果旅游者显得疲惫,导游可在简单回顾后让大家休息。

(1)当天活动回顾

返程中,地陪应带领大家一起回顾当天参观、游览的内容,必要时可补充讲解,总结当天的活动。

(2)沿途风光导游

如旅行车不从原路返回,地陪应对返程路途的风光做简要介绍,介绍时要以能掀起一个新的小高潮为宜,不要给客人虎头蛇尾、草草收场的感觉,否则一天的辛苦便"事倍功半"了。

(3)宣布次日活动日程

返回饭店下车前,地陪要预报当晚或次日的活动日程、出发时间、集合地点等,下车时提醒游客带好随身物品。地陪要先下车,照顾游客下车,再与他们告别。

实训项目

学习情境:用地陪的带团程序带领同学游览某个熟悉的地方(如学校、公园等)。

实训目的:熟练地陪导游带团过程中的操作规程。

实训组织:教师要事先对学生进行分组,学生以组为单位,进行实训练习。

实训要求:教师要组织学生进行参观,并予以点评。

(六)购物服务

购物是游客旅游过程中的一个重要组成部分。游客总是喜欢购买当地名特产品和旅游商品送给自己的亲朋好友。游客购物的一个重要特点是随机性较大,因此,作为地陪要把握好游客的购物心理,做到恰到好处地宣传、推销本地的旅游商品,既符合游客的购买意愿,也符合工作的要求。

1. 正确引导

(1)到指定商店购物

严格按照旅游合同规定的时间和次数安排旅游团到旅游定点商店购物，避免安排购物次数过多、强迫游客购物等问题出现。提醒游客不要盲目购物，不要在小摊小贩处购物等。一般每次购物的时间不超过 40 分钟。

(2)客观真实地介绍商品

导游在促销时一定要实事求是，不能怂恿、诱惑、催促购物，也不要帮其挑选或砍价。地陪应客观真实地向游客介绍本地商品的特色及选购方法，突出商品的实用性、收藏性、装饰性和纪念性。对某些价格虚高的商店，应事先提醒游客；对不熟悉的商品和价格不要轻易发表意见。

(3)不强迫客人购物

购物必须遵循游客自愿的原则。导游人员应根据积极自愿的原则，因势利导地促进旅游商品的销售，向旅游商品主管部门反映旅游者的购物特点和趋向。

2. 购买文物

海外游客希望购买古玩或仿古艺术品，导游人员应带其到正规文物商店购买，买妥物品后要提醒其保存发票，不要将物品上的火漆印(如有的话)去掉，以便海关查验。如若游客要在地摊上选购古玩，导游人员应予劝阻，并告知我国海关规定：携带我国出土的文物(cultural relics)(包括古旧图书、字画等)，应向海关递交中国文物管理部门的鉴定证明，否则不准携出，地摊是无法为其提供这种证明的。若发现个别游客有走私文物的可疑行为，导游人员须及时报告有关部门。

3. 购买药材(medicinal materials)

海外游客想购买中药材、中成药时，导游人员应告知我国海关的规定：进境旅客出境时携带用外汇购买的、数量合理的中药材、中成药，需向海关交验盖有国家外汇管理局统一印制的“外汇购买专用章”的发货票，超出自用合理数量范围的不准带出(前往国外的，总值限人民币 300 元；前往港、澳地区的，总值限人民币 150 元)。

严禁携带麝香、犀牛角和虎骨出入境。

案例

谨防游客在购物时受骗

某天，西安的导游人员崔先生带领一个 30 人的美国旅游团去参观兵马俑博物馆。参观完毕，游客们要求在停车场附近的商摊上买些纪念品。崔先生见大家兴致很高，便同意给他们 30 分钟的时间，并拿出几张人民币给大家讲解了面值和区别，嘱咐大家不要上当，随后便陪着一对夫妇去了商摊。那对夫妇看上了一套兵马俑模型，要价 200 美元。崔先生忙问：“管理处允许你们随便收外汇吗?”商贩有些心虚地说：“不清楚。”崔先生见围观的人不少，为了减小影响，不戳穿这把戏，但又不想让自己的客人受骗，所以就告诉商贩说：“外宾最多给你 200 元人民币。”商贩一听就摇摇头表示不同意。崔先生告诉那对夫妇不要用美元买东西后,就去照料其他客人了。他发现有人要用高于原价几倍的价格去购买纪念品,便连忙上前劝阻,而心中暗暗后悔同意游客在此购物。他不断说服游客赶快上车到其他地方去购物,但最后还是比原定的集合时间推迟了20分钟。上车后一看,虽然大部分人买到了价格合理、称心如意的纪念品,但也有人受了商贩的骗,上当购买了高价商品。

实训项目

学习情境:旅游购物促销技巧的训练。

实训目的:熟悉购物促销。

实训组织:向自己的同学讲解、推销某地的旅游纪念品或自己珍藏的宝贝,要正确讲清该产品的特点,以激起大家购买的欲望。

实训内容:练习购物讲解方式。

(七)用餐服务

地陪要提前落实本团当天的用餐,对午、晚餐的用餐地点、时间、人数、标准、特殊要求逐一核实并确认。

1. 餐前准备

(1)提前落实当天用餐

对午、晚餐的用餐地点、时间、人数、标准、特殊要求逐一核实并确认。

(2)处理好用餐与游览的关系

地陪既要考虑保证游客的用餐,又要保证游客的行程。当两者发生矛盾时,要与游客进行充分协商,两利相权取其重,两害相权取其轻。

2. 餐中服务

(1)引导用餐

用餐时,地陪应引导游客到餐厅入座,介绍餐厅的有关设施、饭菜特色、酒水类别等。向领队告知地陪、全陪的用餐地点及用餐后全团的出发时间。

(2)巡视餐厅

用餐过程中,地陪要巡视旅游团用餐情况一两次,解答游客在用餐中提出的问题,并监督、检查餐厅是否按标准提供服务并解决可能出现的问题。

(3)处理用餐个别要求

游客在用餐过程中,常会提出一些特殊的要求,如要求特殊的饮食、要求换餐、要求单独用餐、要求提供客房内用餐服务、要求自费品尝风味、要求推迟晚餐时间等。对于这些特殊要求,导游人员应在导游服务基本原则的基础上,提供必要帮助,使旅游者的旅游活动能够顺利进行。(此部分详见模块五游客特殊要求的处理)

(八)社交活动

1. 会见

旅游团(者)提出拜会有关单位时,要问清前往人数、所谈内容、所需时间,并了解是否赠送礼品,然后转告内勤联络安排。所送物品是我国海关纳税物品时,必须由收礼品单位开具证明，以便出境时检查。旅游者提出会见亲戚时，要首先弄清他们的关系，向有关领导汇报，经同意后，协助会面。

2. 宴请和品尝地方风味

宴请活动的形式多样，包括宴会（banquet）、冷餐会（buffet reception）、酒会（cocktail party）、茶会（tea party）和风味餐（special flavor）等。

（1）宴会

这是比较正式的宴请活动，一般规模小，多在晚间进行，往往有负责人出席。地陪带领旅游者参加宴会要准时，着装要整齐大方或按旅行社的特定着装要求赴宴。入席时，按主人的安排就座。地陪作为翻译赴宴时，不得边翻译边吸烟，要举止得体，从容大方。

（2）冷餐会

冷餐会形式自由，可招待较多的客人，客人到场或退场都比较自由。地陪要提醒客人注意吃多少食物取多少，每次尽量少取一些。

（3）酒会

亦称鸡尾酒会，时间较短，是一种自由的社交活动，备有多种饮料和少量小食品。地陪应组织客人到场自由交流，通过协调尽量让气氛融洽。

（4）茶会

亦称“下午茶”，一般在下午四五点钟举行，以茶水、点心、水果招待客人。导游是否参加可自便。

（5）风味餐

品尝具有地方特色的风味餐，是游客经常参加的宴请活动。这种宴请通常有两种，一种是计划内的；一种是游客自发自费品尝，并邀请地陪参加。无论属于哪一种形式，地陪都要在进餐时向游客介绍风味名菜，并与游客进行广泛的交流。

3. 舞会

在重大节庆活动时，若有关单位组织社交性舞会邀请游客参加，地陪应陪同前往。若是游客自发组织娱乐性舞会，地陪可代为购票，并协助解决交通问题，是否参加自便，即使陪同也无陪舞义务。

4. 观看文娱节目

旅游团观看文娱演出，也有两种情况：计划内和计划外。计划外的文娱活动要在保证可以安排落实的前提下，向游客收取一定的费用，并给游客票据。

旅游团的计划内若有观看文娱节目的安排，地陪应向游客简单介绍节目内容及特点并须陪同准时前往；与司机商定好出发的时间和停车的位置；引导游客入座；要自始至终和游客在一起。演出结束后，要提醒游客带好随身物品。

在大型的娱乐场所，地陪应主动和领队、全陪配合，注意本团游客的动向和周围的环境，并提醒游客不要分散活动。

值得注意的是，导游决不可以带领旅游团涉足一些格调低下甚至色情的表演场所。

（九）送站服务

送别游客是地陪全部接待服务工作的结尾，导游经过几天的紧张工作，在送别阶段容易产生疲劳和松劲情绪，但此时若松懈倦怠，必将功亏一篑，因此工作应加倍认真，应做到使游客顺利、安全离站。旅游过程中若曾出现不愉快之事，地陪应尽量做些弥补工作，多提供超常服务,努力使游客愉快地离站。

1. 送站前的工作

(1)核实、确认交通票据

旅游团离开的前一天,地陪应该核实旅游团离开的机(车、船)票,要核对姓名、人数、去向、航班(车次、船次)、起飞(开车、起航)时间(时间四核实:计划时间、时刻表时间、票面时间、问询时间)、在哪个机场(车站、码头)等。

若是乘飞机离境的旅游团,地陪还应协助领队提前72小时确认机票。

(2)商定出行李时间

如团队有大件行李托运,地陪应在该团离开本地前一天与全陪或领队商量好出行李时间。地陪应先与旅行社行李部联系,了解旅行社行李员(如今非VIP入境团和绝大多数的国内团不派旅行社行李员,而由地陪负责旅行社行李员工作)与饭店交接行李的时间(或按旅行社规定的时间),然后与饭店行李部商定地陪、全陪、领队与饭店行李员四方交接行李的时间,再与领队、全陪商定游客出行李的时间,然后再通知游客。

(3)商定叫醒、早餐和出发时间

鉴于司机比较了解路况,地陪一般应征求司机意见商定出发时间,向司机说明该团是乘国内航班还是乘国际航班离开。为了安排得更合理和尊重游客起见,应及时与领队、全陪沟通,确定后及时通知本团游客。

如果该团乘早班机(火车或轮船),出发时间较早,地陪应与领队、全陪商定好叫醒和早餐的时间,并通知游客;如果该团需要将早餐时间提前(早于餐厅的正常服务时间),地陪应通知餐厅订餐处提前安排(如带盒饭)。

(4)协助饭店与游客结清有关账目

地陪应及时提醒、督促游客尽早与饭店结清与其有关的各种账目(如洗衣费、长途电话费、收费电视节目费用、饮料费等);如果有游客损坏了客房的设备,地陪应协助饭店妥善做好理赔工作。同时,地陪应及时通知饭店有关部门旅游团的离店时间,提醒其及时与游客结清账目。

案例

游客损坏了饭店物品

导游人员小明所带的旅游团住在一家三星级饭店。有一游客在洗完衣服后,把袜子、内裤等晾在房内灯罩上,结果使灯罩上留下了水印,次日就被服务员发现了。服务员叫来主管,主管要求游客赔偿,但遭到游客拒绝,理由是他并非故意而为,且饭店没有说明不可以在灯罩上晾衣服。在相持不下后,饭店方找到小明,要小明出面帮助解决。小明第一次碰到这种情况,他认为游客的这种做法不对,损坏饭店物品应该赔偿。小明做了游客的思想工作之后没有效果。无奈之下,小明找来领队,在领队的协调下,那位游客做了相应的赔偿。

导游服务是一项细致复杂的工作,稍一疏忽就可能出现这样那样的问题。本案例中发生的“纠纷”，如果导游人员小明在游客入住饭店时做个提醒，就完全可以避免。发生此类事情后要赔偿是无疑的，但导游人员处理问题时一定要讲究方式方法。一般做法是：首先，把情况通报给领队，让领队出面找游客，并由领队出面处理。作为导游人员，其立场是不偏不倚。其次，作为导游人员应向饭店和承担赔偿的游客道歉。再次，事后应做好那位游客的“精神补偿”工作。

(5)及时归还证件

一般情况下，地陪不应保管团队的旅行证件，用完后应立即归还游客或领队。在离站前一天，地陪要检查自己的行李物品，看是否留有客人的证件、票据等，若有应立即如数归还，当面点清。出境前要提醒领队准备好全部护照和申报单，以便交边防站和海关检查。

2. 离店服务

(1)交运行李

地陪应事先向游客讲清托运行李的具体规定和注意事项，提醒游客不要将护照或身份证及贵重物品放在托运行李内，托运的行李必须包装完善、锁扣完好、扎捆牢固，并能承受一定的压力。行李件数一定要当着行李员的面点清，同时告知领队和全陪。但如果是行李和游客同车的话，就可以请饭店行李员直接把行李搬进旅游车的行李箱里。

(2)办理退房手续

旅游团离开饭店前，无特殊原因地陪应在中午12:00以前办理退房手续(或通知有关人员办理)。

(3)集合、登车

出发前，地陪应询问游客是否已结清账目，提醒游客不要遗落物品，收集好房间钥匙交到饭店总服务台退房。

集合游客上车，再次清点人数，并提醒游客检查随身携带的物品。

3. 送行服务

如果说接站途中讲解是地陪首次亮相的话，那么送站的讲解是地陪的最后一次“表演”。同演戏一样，这最后一次的“表演”应是一场压轴戏。通过这最后的讲解，地陪要让游客对自己所在的地区或城市产生一种留恋之情，加深游客不虚此行的感受。

(1)致欢送辞(farewell speech)

一次旅游活动结束时致欢送辞，其实也就是对这次活动的总结。语气应真挚、富有感情，地点可选在行车途中，也可在机场(车站、码头)。

欢送辞的内容应包括：回顾旅游活动，感谢大家的合作；表达友谊和惜别之情；诚恳征求游客的意见和建议；表达美好祝愿。

案例

地陪欢送辞1

各位游客朋友：

我们的旅程到这就基本结束了，小张也要跟大家说再见了。这几天我们游览了古老而现代的西安，参观了世界第八大奇迹——兵马俑，挑战了中国“西岳”、奇险天下第一山的华山，更欣赏了中国三大瀑布之一的黄河壶口瀑布……真诚感谢各位在这几天里对我工作的支持和配合！

临别之际没什么送大家的，就送大家四个字吧。第一字是缘分的“缘”，我们能够相识就是缘，人们常说百年修得同船渡，可以说我们是百年修得同车行。这次旅程也是百年修来的缘分啊，现在我们就要分开了，缘分却未尽。第二字就是财源的“源”，也希望各位朋友在以后的日子，财源如滔滔江水连绵不绝！第三个是原谅的“原”，在这次几天的旅程中，小张有什么做得不到位的地方还请大家多多包涵、多多原谅，多提宝贵意见，让我以后的工作能做得更好。最后是圆满的“圆”，朋友们，我们的旅程到这就圆满地结束了。预祝大家在以后工作好、家庭好、身体好、心情好、今天好、明天好、不好也好、好上加好，来点掌声好不好！

谢谢大家！

这是一种普通而常见的致辞形式，既热情又平和，语言真挚朴实。

对于一些文化层次较高或主客关系特别融洽的团队，致辞时注意提高语言的文化品位、增加抒情意味还是必要的。请看一位重庆的地陪在送别一个日本东京汉诗研究团队时所致的欢送辞。

案例

地陪欢送辞 2

朋友们：

在大家的盛情和通力合作下，我们在重庆两天的游览就要结束了，在此谨向各位表示深深的谢意！重庆、东京相距几千公里，但也只不过是一水之隔。“我在长江头，君在长江尾”，我们两国是一衣带水的友好邻邦。当年唐代诗人李白从这里去三峡的时候，有感于亲友不能登舟同行，写下了“仍怜故乡水，万里送行舟”的诗句。今天我也不能登舟随各位远行，就让我的故乡水——长江水，送各位去三峡，经武汉、上海，回东京吧！

中国有句古话：物惟求新，人惟求旧。东西是新的好，朋友还是老的好。这次我们是新知，下次各位有机会再来，我们就是故交了。祝朋友们万事如意，健康幸福，一路顺风！谢谢大家！

(2)进行游客意见反馈

分别前，组织游客对旅游服务过程进行意见反馈，可以通过扫描二维码、点击链接或是发放纸质表格的方式，留下对食、住、行、游、购、娱等方面的意见和建议，便于旅行社优化旅游行程安排，更好地提高服务质量。“旅游服务质量反馈表”以表 2－2 为例。

表 2-2　旅游服务质量反馈表

尊敬的游客：

欢迎您参加本旅行社组织的团队外出旅游，希望此次旅游活动能为您留下难忘的印象。为不断提高我社旅游服务水平和质量，请您协助我们填写此表（在每栏的其中一项打"√"），留下您宝贵的意见。谢谢您！欢迎您再来旅游！

组团社：　　地陪导游姓名：

团号：　　人数：

游览线路：　　天数：

旅游者姓名：　　联系电话：

项目	满意	较满意	一般	不满意	游客意见与建议
咨询服务					
线路设计					
日程安排					
活动内容					
价格质量相符度					
安全保障					
导游服务技能					
导游服务态度					
住宿					
餐饮					
交通					
司机服务态度					
娱乐					
履约程度					
整体服务质量评价					

填表日期：　　年　月　日

（3）提前到达离站地点

地陪带旅游团到达机场（车站、码头）必须留有充裕的时间，具体要求是：出境航班提前 3 小时；乘国内线飞机提前 2 小时；乘火车提前 1 小时。

旅游车到达机场（车站、码头）时，地陪应提醒游客带齐随身的行李物品，照顾游客下车。游客下车后，地陪要再检查一下车内有无游客遗落的物品。

（4）办理离站手续

①国内航班（车、船）离开手续

地陪要向全陪或领队移交交通票据和行李票；按规定与全陪办理好财务拨款结算手续并妥善保管好单据。等旅游团所乘交通工具启动后，地陪方可离开送站地点。

②国际航班（车、船）的出境手续

送出境的旅游团，地陪应和领队、全陪一起（与旅行社行李员）交接行李，清点、核查后协助将行李交给每位游客，由游客自己携带行李办理托运手续；地陪要向领队（或游客）介绍办理出境手续的程序；与全陪办理财务拨款结算手续并妥善保管好单据，将返程交通票据交给全陪。在旅游团进入隔离区后，地陪、全陪方可离开送站地点。

(5)与司机结账

送走旅游团后，地陪应与司机核实用车里程数，在用车单据上签字，并要保留好单据。

（十）后续工作

1. 处理遗留问题

如果旅游团离开后，发现游客遗忘了某些物品，应及时交回旅行社，设法尽快交还失主；如果游客曾经委托地陪办理一些事情，应该向旅行社有关部门反映，尽快帮助游客处理完毕。

2. 工作汇报和总结

带团结束后，结账前，地陪应尽快上交带团工作总结和游客所填写的“旅游服务质量反馈表”，实事求是地汇报接团情况。涉及游客的意见和建议，力求引用原话，并注明游客的身份。

旅游中若发生重大事故，要整理成文字材料向接待社和组团社汇报、反映并提出改进意见。

总结工作无论对旅行社还是对地陪来讲都是十分必要的，它能够帮助旅行社相关人员了解客源地旅游者的兴趣爱好，了解旅游活动的具体状况，特别是存在的问题和旅游者的建议和意见，以利于改进工作。

3. 归还所借物品

地陪带团时所借旅行社的物品如扩音器、导游旗等用完后要及时归还，如有损坏或丢失，按旅行社规定办理。

4. 结账(check-out)

地陪应按旅行社的具体要求并在规定的时间内，填写清楚有关接待和财务结算的表格，连同保留的各种单据、接待计划、活动日程表等按规定上交有关人员并到财务部门结清账目。尽快报销差旅费，领取带团补助。

任务二　全陪导游服务程序与规范

一、全陪导游服务程序

全陪作为组团社的代表，是保证旅游团的各项旅游活动按计划顺利、安全实施的重要方面，全陪应自始至终参与旅游团全旅程的活动，负责旅游团在跨省、自治区、直辖市范围活动各环节的衔接，保证国内各地接待社之间的联络以及旅游活动的连贯性和多样性。

全陪应严格按照导游服务质量标准和旅游合同提供各项服务，开展旅游活动，保障旅游计划正常、有序、顺利地开展。

全陪导游服务的工作程序：服务准备—迎接服务—各站服务—离站和末站服务。

二、全陪导游服务规范

(一)服务准备

准备工作总要求:在接到接待旅游团的任务后至旅游团到达之前,全陪应按相关要求认真做好准备工作,为顺利完成接待工作打下良好的基础。

1. 熟悉接待计划及相关资料

全陪要认真阅读接待计划及相关资料,全面了解所接旅游团的情况,注意掌握该团重点游客情况和该团的特点。不仅要了解旅游团情况,还要掌握行程安排,并记下有关地接社的电话和传真号码,最好是24小时联系电话,便于出现问题后能及时取得联系。

2. 准备带团用品

上团前,全陪要做好必要的物质准备:导游服务用品,如导游证、身份证、边境通行证等;全陪差旅费、费用结算单及支票等;接待计划、行李卡、团队标识、全陪日志、旅游宣传品等。除此之外,全陪还要带好个人生活用品,如换洗衣物、洗漱用品、常用药品、化妆品、护肤品、雨具以及途中饮食等。

3. 准备相关知识

全陪经常要接待其他国家的游客,而且需要陪同游客前往自己不熟悉的地区参观游览,在出发前要注意通过阅读书面材料、网上查询、请教知情者等方式有针对性地进行知识准备,对旅游客源地知识、旅游目的地知识、其他知识如当前热门话题、国内外重大新闻等游客感兴趣的话题、活跃气氛的节目的准备等都应做到心里有数。

4. 与首站接待社联系

根据需要,全陪接团前一天应与第一站接待社取得联系,互通情况,妥善安排好接待事宜。

5. 心理准备和形象准备

和地陪大体相同。特别提示:全陪必须全程陪同游客旅行、游览,工作时间相对较长,应带好足够的换洗衣服,以保证全程陪同期间个人卫生。

(二)迎接服务

1. 入境站接团服务

(1)了解接待社工作安排

(2)提前到达接站地点

在这个阶段,全陪导游针对不同类型的旅游团需要提供不同形式的迎接服务:对于入境旅游团,全陪应与地陪(如是全陪兼地陪,则由全陪单独前往迎接)一起提前半小时到达站点迎接旅游团。对于国内旅游团的迎接工作,全陪提供的迎接服务与入境旅游团有所不同,因为参加国内旅游团的多数旅游者按照事先同组团社商定的旅游计划,在规定的时间从组团社所在的城市或地区汇集到双方同意的地点集合,开始旅游活动。

(3)迎接游客

找到旅游团后,全陪要协助地陪尽快找到旅游团,代表旅行社问候全团游客,向领队进行自我介绍后,立即与领队核实实到人数、行李件数、住房等方面的情况,以及旅游团有无特殊要求、有无需要给予特殊照顾的旅游者。

(4)首站讲解

由于全陪与地陪的工作分工不同,其讲解任务较少,全陪应在为数不多的发言场合中,牢牢把握每一次机会,充分展示自己的才华,做到话不在多,但句句铿锵有力。

全陪首次讲解的内容包括:致欢迎辞;简明扼要地介绍旅游行程,对于住宿、交通等情况,让游客有所了解;介绍注意事项(时差调整、货币兑换、交通情况、安全状况等)。

全陪应代表组团社和本人向旅游团致欢迎辞。欢迎辞的内容与地陪基本一致,但侧重点不同,全陪在致欢迎辞时应努力不与地陪的欢迎辞内容冲突,做到言简意赅。同时不要忘记将地陪介绍给全团游客,并请地陪导游人员为游客提供导游服务。

案例

全陪欢迎辞

尊敬的女士们、先生们:

大家好!首先请允许我代表旅行社欢迎大家从大洋彼岸不远万里来到具有五千年文明史的中国旅游!我姓王,是旅行社的专职导游,很荣幸能做大家此次中国之行的全陪导游人员,和大家一起游览中国的大好河山。

大家在中国停留期间,我将陪同大家一起登上万里长城,爬上巍巍泰山,亲近温柔的江南水乡……朋友们,世界像本书,如果您没外出旅行,您可能只读了其中的一页,现在您来我们这里旅行,就让我们共同读好中国这一页!希望大家在中国停留期间过得愉快,玩得高兴。下面我隆重向大家介绍这位美丽的女士,她是我们此次中国之行的首站——北京站的地接导游李小姐。李小姐带团经验非常丰富,经常接待贵国访华的重要团队,让我们以热烈的掌声欢迎李小姐为我们进行旅程讲解!

全陪在整个旅途中起着穿针引线的作用,应该始终以节目主持人的角色出现,而每一站的地陪与司机则是主持人请出的演员,游客是忠实而挑剔的观众。没有全陪串联的旅程是不完美的,全陪的主持人角色往往起到画龙点睛的作用。

2. 入店服务

入店服务是使旅游团进入饭店后尽快完成住宿登记手续,进住客房并取得行李。当旅游团所乘的汽车到达饭店后,全陪应协助地陪、领队将旅游团带入饭店。在旅游团进入饭店后,全陪应协助有关人员随时处理入住过程中可能出现的各种问题。

全陪应与地陪一起积极主动协助领队办理旅游团的住店登记手续(如无领队,则由全陪办理住店登记手续);请领队分配住房,但全陪要掌握全团游客所住房间号,并与领队互通房号;全陪应与地陪一起热情引导游客进入房间,如地陪不住饭店,全陪要负起全责照顾旅游团,随时处理可能出现的问题,并掌握与地陪的紧急联系方法;全陪应协助运送行李进房,并照顾好旅游团,协调、处理各种问题。

3. 商定日程及核对票据

全陪应与领队核对和商定旅游日程安排,核对和商定应以接待计划为依据,尽量避免较大修改；对领队提出的难以满足的要求，要进行合理解释；对一些有较大变动的要求要立即报告组团社，使领队得到及时的答复。日程商定后，请领队向全团宣布。日程核对和商定一般在下榻饭店后进行。

地陪要与领队核实出境机票，并协助确认游客签证有效期是否与团队在华日期相符合。

（三）全陪各站服务

全陪在旅游各站的服务，应使接待计划得以全面顺利实施，各站之间有机衔接，各项服务适时到位，保护好游客的人身及财产安全，突发事件得到及时有效处理。

1. 抵站服务

团队抵达下一站时，全陪要有序带领旅游团出站；向各站地陪通报旅游团的基本情况，并协助地陪做好各地的接待工作，保证导游服务质量；与地陪、领队一起清点游客行李，移交给旅行社行李员；协同地陪组织游客登上旅游车，负责清点人数。

2. 游览过程中的服务

（1）监督各地计划安排和服务质量

全陪一般是通过向客人了解或自己亲身体验检查各地服务质量。若活动安排与上几站有明显重复，应建议地陪做必要的调整。若发现有降低质量标准，克扣费用，地陪人员有违法违纪情况要诚恳提出，并如实记入“全陪日志”，必要时报组团社。

（2）保护游客安全，预防和处理问题

每次出发、返回、上车、下车时，要协助地陪清点人数，照顾年老体弱的游客上下车；游览过程中，要留意游客举动，防止游客走失和其他意外事故的发生，随时提醒游客注意安全，保管好自己的随身物品，以确保游客的人身和财产安全。全陪带团中如遇突发意外事故，应依靠地方部门妥善处理。游客重病住院、发生重大伤亡事故、发生失窃事件，丢失护照及贵重物品时，要迅速向组团社汇报请示，并请有关单位或部门查找。如确属丢失被盗，应办好有关保险索赔手续。

（3）当好游客的购物顾问

和地陪相比，全陪因为自始至终和游客在一起，感情上更融洽一些，也更能赢得游客的信任。因此，在很多方面，游客会更多地向全陪咨询，请全陪拿主意。在这种时候，全陪一定要从游客的角度考虑，结合自己所掌握的旅游商品方面的知识，为游客着想，当好购物顾问。

（4）协调各方关系

①协调游客之间的关系

全陪要时刻观察游客动向，注意游客之间关系是否融洽，对于团中出现的各种拉帮结派的现象，全陪要认真对待，做好客人的思想工作，妥善处理各方关系，避免出现大的矛盾。

②协调全陪本人与游客的关系

全陪在服务过程中要以真诚的态度对待游客，时时为游客着想，拉近彼此的心理距离，为游客营造一个良好的旅游氛围。

③协调地陪、领队与游客的关系

全陪应多为他们着想，在游客面前给领队和地陪充分的尊重，保证三方旅行社的长期、顺利合作。

④协调领队和地陪的关系

全陪应该充分考虑领队和地陪的立场，争取在公平公正的前提下，照顾双方利益，使事情得到圆满解决。

实训项目

学习情境：各地参观游览服务。

实训目的：熟悉全陪在各站服务中的主要工作任务。

实训组织：10人一组，分角色扮演领队、全陪、地陪、旅游者，教师设计一条线路，要求学生以小品的形式展示全陪在各地游览时的主要任务，包括从即将到达目的地到离开该地区的服务全过程。

实训内容：各地游览服务的实训。

思考问题：全陪和地陪在带团程序上有哪些差异和相似之处？

（四）离站与末站服务

旅游团离开各地之前，全陪应提前提醒地陪落实离站的交通票据及准确时间，若离站时间因故变化，全陪应及时通知或提醒接团社通知下一站，以防漏接和空接事件的发生；协助领队和地陪妥善办理离站事宜，向游客讲清行李托运的有关规定，提醒游客带好旅游证件，认真做好搭乘交通工具的服务；协助领队和地陪清点旅游团行李，与行李员办理交接手续，妥善保存行李票；按规定与接待社办理财务结算手续。

末站服务是全陪服务中的最后环节，要使旅游团顺利离站并给团队留下良好的印象，必须做好下列工作：

1. 当旅行结束时，全陪要提醒游客带好自己的物品和证件，帮助游客捆扎行李，协助游客结清各种账单；

2. 征求游客对整个接待工作的意见和建议；

3. 将旅游者离境时托办的事宜记录在案，视不同情况予以处理；

4. 致欢送辞，对游客给予的合作表示感谢并欢迎游客再次光临。

客人在一国或一地游览介绍时，致欢送辞是不可忽视的一个工作环节。致辞关系到全陪的最后成功与否。好的欢送辞能给客人留下不尽的余味、难忘的印象。

案例

全陪欢送辞1

各位朋友，天下没有不散的宴席，我们相处了20多天，但今天就要分别了。20多天的时间不算很长，但各位由南到北，由东到西，既观赏了一些名山大川，又领略了一些古迹名胜，对中国有了一个概略的印象。这段时间，我的工作得到了大家的协助和配合，旅行进行得十分顺利,对此我由衷地感谢大家。若我有服务不周的地方,请各位多多谅解。我们有幸这次相逢,深信将来还有缘再会。最后,祝大家旅途顺利,身体健康!谢谢!

对一些较为重要的团体的送别,往往要举行仪式或宴会。在这种正式场合致欢送辞,内容要全面,语言也要更加规范。下面是在为一个中美友好协会代表团举行的告别晚宴上的致辞。

案例

全陪欢送辞 2

尊敬的中美友好协会主席、全体尊贵的客人们:

时光飞逝,你们的中国之行即将结束,明晨就要登机离开。此时此刻,我谨代表中国国际旅行社讲几句话。

首先,我要感谢你们的到来,你们在中国两周的停留时间并不算长,但已足以使我们两国人民更进一步地增加了解。代表团在此期间,会见了一些国家领导和普通人民,参观了一些城市以及著名的风景区,有的学者还与中国方面的同行交流了技术信息。所有这些,都必将有利于两国间在经济技术方面的进一步发展与合作。

其次,我想对你们的友好态度表示由衷的赞赏。在中国期间,代表团的所有成员都表现出了极大的耐心、协作和理解,使我们的工作能够顺利开展。

最后,我想请你们在将来的某个时刻能够再次来华访问。这仅仅是我们友谊的开始,相信这种友谊今后将不断加强。

分别是甜蜜的痛苦,但我们必须接受这种痛苦。回美国后请代我向你们的家人、亲朋以及同事们问好。

我提议:为两国人民的友谊、为代表团访华成功,干杯!

记住,致欢送辞千万别说"Good-bye",它是告辞之意,要说"再见"(即"See you again"),这话更符合中国人好客的情调,更富有情感。

旅游团离境后,全陪应认真处理好旅游团的遗留问题,提供可能的延伸服务,对于重大情况,要向旅行社进行专题汇报;认真、按时填写全陪日志或提供旅游行政管理部门(或组团社)所要求的资料;按财务规定,尽快结清旅游团项目;归还所借物品等。

任务三　出境旅游领队服务程序与规范

一、出境旅游领队的定义

出境旅游领队(tour leader/escort)(简称领队)是指依法取得从业资格,受组团社委派,全权代表组团社带领旅游团出境旅游,监督境外接待旅行社和导游人员等执行旅游计划,并为旅游者提供出入境等相关服务的工作人员。

领队是出境旅游的灵魂，在出境旅游团中既代表组团旅行社，又要保护客人的合法权益；既要使团队在旅游过程中尊重所在国的法律、风俗习惯，又要维护祖国的尊严；既要对整个行程的服务质量负责，又要对客人的安全负责，把客人一个不少平平安安地带回来，把本旅行社的良好信誉留给客人。因此，出境旅游对领队有着很高的素质要求。

拓展阅读

改革开放40多年，我国旅游业所走过的道路同世界上其他发达国家有所不同，我国是从优先发展入境旅游开始的，有限的旅游设施优先用于接待海外旅游者，有限的旅游人才优先用于服务海外旅游者。各高等院校的旅游专业对导游人员的培养已具备成熟的经验，在世界上也是走在前列的。但针对领队人员的培训却很少提及。直到1997年7月发布的《中国公民自费出国旅游管理暂行办法》中，"领队"一词才首次在国家旅游行业法规中出现。20多年来，我国旅游业呈现出国内旅游、入境旅游和出境旅游齐头并进的大好局面，出境旅游业的发展正在呈现上升趋势。因此，加强对领队、导游人员的培训工作刻不容缓。

二、出境旅游领队的条件认定及备案

目前，我国对领队管理由资格准入制改为备案管理制，旅游主管部门不再对领队从业进行行政审批。取得出境旅游业务经营许可的旅行社为组织旅游者出境旅游委派的领队，应当取得导游证，具有相应的学历、语言能力和旅游从业经历，并与委派其从事领队业务的旅行社订立劳动合同。旅行社应当将本单位领队名单报所在地设区的市级旅游行政管理部门备案。

（一）关于领队人员学历、语言能力、从业经历条件的认定

1. 大专以上学历

包括普通高校、成考、自考及国家承认的其他形式的具有大专及以上的同等学力。

2. 语言能力

符合下列情形之一：

（1）通过外语语种导游资格考试；

（2）取得国家级发证机构颁发的或国际认证的、出境旅游目的地国家（地区）对应语种语言水平测试的相应等级证书。

3. 从业经历

符合下列情形之一：

（1）两年以上旅行社业务经营经历；

（2）两年以上旅行社管理经历；

（3）两年以上导游从业经历。

（二）关于边境旅游领队、赴台旅游领队的条件

1. 边境旅游领队

从事边境旅游领队业务的人员，应取得导游证，并与委派其从事领队业务的、取得边境旅游业务经营许可的旅行社订立劳动合同，学历、语言、从业经历等条件由边境地区省、自治区结合本地实际另行规定。

2. 赴台旅游领队

从事大陆居民赴台湾地区旅游领队业务的人员，应符合《大陆居民赴台湾地区旅游管理办法》规定的要求，暂不实施在线备案。

（三）关于领队备案、取消备案流程

1. 与出境社、边境社签订劳动合同并通过"全国旅游监管服务平台"完成换发电子导游证的导游，登录自己的平台账号上传本人的学历证书、语言等级证书及劳动合同的扫描件。

2. 出境社、边境社登录"全国旅游监管服务平台"使用"领队备案管理"功能，将符合条件的导游备案为领队。

3. 出境社、边境社取消领队备案的，可登录"全国旅游监管服务平台"使用"取消备案"功能取消领队备案。

领队应当对其填报、提供的学历、语言能力、从业经历等材料的真实性负责，旅行社应当严格审核领队填报、提供的有关材料。不具备领队条件的人员隐瞒有关情况或者提供虚假材料取得领队备案、从事领队业务的，由旅游主管部门对领队依照不具备领队条件从业、对旅行社依照委派不具备条件领队的有关规定予以处理。

三、出境旅游领队的应知应会

（一）手续应知

首先应当掌握护照、签证、体检、黄皮书《国际预防接种证书》的知识，以及如何办理这些手续的知识。

另外，如何接受出入境检查，如何办理住店，如何在海外办理机（车、船）票，这些手续和知识均应当掌握。

（二）交通应知

乘飞机应当注意对号入座，让游客按登机牌上所示座位坐好，不可抢座。游客在国际航班上常出现的问题有大声喧哗、随意拿书刊、更换衣服不到卫生间去、抵达后飞机没停稳便抢着站起来等，当游客出现这些问题时要及时提醒。还应当了解乘船和火车的知识，要把这些知识提前讲给游客们听，以免出差错。

（三）食宿应知

领队应当具有国外饭店、餐馆的知识，学会看饭店服务指南，看会后教给各位旅游者。安排食宿时最好让懂外文的和不懂外文的旅游者相伴，以便相互照料。作为旅游团领队，切忌不懂装懂，而要多问多学。

（四）习俗应知

"千里不同风，百里不同俗"，了解海外习俗是我们出访的目的之一，是旅游畅通无阻、

避免麻烦最为行之有效的办法,也是避免唐突、失礼的必备条件。领队应主动提醒旅游者尊重当地风俗习惯、宗教禁忌。在有支付小费习惯的国家和地区,应引导旅游者以礼貌的方式主动向服务人员支付小费。

(五)特情应知

特情应知就是应当知道一些国家的特殊情况。在荷兰人面前讲勤俭会引起好感,但在美国人看来会认为你"不会享受生活"。同美国人接触,中国人有不少误解,例如有些中国人常讲的"在美国可以谈性,可以骂总统,但千万别谈钱,更不能开口借钱。"其实这句话只对了一半,事实上这三方面最好都不要谈,尤其不要谈钱。

应知特殊情况,更应知对其如何处理。如凡到泰国的旅游者,都要看变性人表演,节目过后,旅游者大都要同表演者合影。在此之前,领队应向旅游者讲清三点:一是要拍照应准备现钱,一般为 10 ~ 20 泰铢;二是千万别露出大面额钞票;三是对于变性人群体,勿多议论,也不要嘲笑,以免引起不必要的麻烦。

四、出境旅游领队服务规范

领队是出境旅游团的领导和代言人,又是出境游组团社委托或雇用的服务人员,起着沟通组团社和接待社、旅游者和导游的桥梁作用:一方面要监督接待方及各接待站点的旅游计划执行和落实情况及服务质量;另一方面要在旅游过程中协助全陪、地陪做好各项工作,共同完成团队的接待任务。

领队服务的工作程序主要包括:服务准备—出境/入境服务—境外陪同服务—返程服务及散团后的工作。

(一)服务准备

1. 熟悉旅游团的情况

了解旅游团成员的职业、姓名、性别、年龄、重点游客、特殊照顾对象及特殊要求。

2. 核对各种票据、表格及旅行证件

(1)核对机票,包括姓名、飞机起飞时间及目的地国家或地区。

(2)核对行程,包括国内段和国际段、日期、航班、各地逗留时间等。

(3)核对游客护照,查验正文页与出境卡项目是否一致,出境卡两页是否盖章,出境卡是否与前往目的地相符,以及签证的有效期、签证水印及签字等。

(4)团队名单的核对,核对实际出境人数与团队名单是否一致。

(5)检查团队的疫苗注射情况。

(6)准备多份境外住店分配名单。

3. 物质准备

(1)准备好导游证、已核对好的票据、证件、各种表格等。

(2)预算旅游团费用。

(3)准备好社旗、社牌、胸牌及行李标签等。

(4)准备好国内外重要联系单位的电话名片等。

(5)随身日用品及常用药品。

4. 召开出境前的说明会

旅游团出境前，领队要组织全体游客召开一次出境旅游说明会，将有关事项告知每一位游客，同时借机让大家相互认识一下，以便以后开展工作。说明会内容包括如下：

(1)代表旅行社致欢迎辞，内容包括：表示欢迎，自我介绍，表明服务意愿，希望予以合作，以及预祝旅游顺利成功。

(2)旅游行程说明，包括：旅游线路、时间、景点，交通工具安排，购物、娱乐安排，说明哪些活动属于自费项目；讲清注意事项；并向游客发放“出境旅游行程表”。

(3)向游客介绍旅游目的地国家或地区的基本情况及风俗习惯等。

(4)向游客提出要求，一切行动听从指挥，强化时间观念，相互之间团结友爱。

(5)落实有关分房、交款、特殊要求等事项。

(6)向游客介绍有关货币携带及汇兑等规定。

(7)提醒注意人身安全。

实训项目

学习情境：课堂组织演练出国说明会。

实训目的：掌握召开行前说明会的流程、方法。

实训组织：10 人一组开展课堂轮流演练。

实训内容：新马泰港澳十五日游出境说明会。

(二)出境/入境服务

1. 出中国境服务

(1)出发前集合

出境旅游领队应当至少比规定时间早 10 分钟赶到出境口岸的集合地点，迅速将组团旅行社的领队旗直立竖起，将手机始终开启。集合的位置应当选择游客容易找到的地方，一般在出国说明会上都已告知游客。如果所带的团是老年团，领队还应更早一点抵达。

领队与游客会合后，应当拿出全团的名单表，为已经抵达的游客画钩签到。在全体团员到齐后，领队应即席发表一个简短的讲话，告知游客下面将要办理登机手续、海关手续以及边防检查手续等，并表达希望全体团员配合。

(2)办理海关申报(customs declaration)

根据我国海关有关规定，除享受免验待遇的人员外，人员出入境时都应填写《中华人民共和国海关进出境旅客行李物品申报单》，并将行李物品向海关交验(现在很多海关对出境旅游团放松要求，不需要申报)。免税行李物品以自用数量为限。

①告知游客中国海关禁止携带出境的物品。

②请携带无须向海关申报物品的游客从绿色通道穿过海关柜台，进入等候。

③出境旅游领队带领携带有向海关申报物品的游客从红色通道到海关柜台前办理手续。游客携带摄像机、照相机、收录机、电脑等个人物品出境并带回国，须据实申报。

游客持填写完的申报单到海关柜台，交验本人护照，经海关人员对申报物品进行实物检验后,盖章准予放行。申报游客应保存好申报单,以便回国入境时交海关查验。

拓展阅读

海关禁止携带的物品有哪些呢?

无论是办理海外移民,还是留学或者是出国旅游,都需要乘坐的交通工具就是飞机。在坐飞机的时候是有一些需要注意的事项的,比如很多违禁品是不能带上飞机的,那么海关禁止携带的物品有哪些呢?

部分限制进出境物品:

烟、酒:香烟不要超过40根,250克酒1瓶(不超过0.75升)。

禁止入境中国的物品:

1. 各种武器、仿真武器、弹药及爆炸物品;
2. 伪造的货币及伪造的有价证券;
3. 对中国国家政治、经济、文化、道德有害的印刷品、胶卷、照片、唱片、影片、录音带、录像带、激光视盘、计算机存储介质及其他物品;
4. 各种烈性毒药;
5. 鸦片、吗啡、海洛因、大麻以及其他能使人成瘾的麻醉品、精神药物;
6. 带有危险性病菌、害虫及其他有害生物的动物、植物及其产品;
7. 有碍人畜健康的、来自疫区的以及其他能传播疾病的食品、药物或其他物品。

禁止出境中国的物品:

1. 列入禁止入境范围的所有物品;
2. 内容涉及国家秘密的手稿、印刷品、胶卷、照片、唱片、影片、录音带、激光视盘、计算机存储介质及其他物品;
3. 珍贵文物及其他禁止出境的文物;
4. 濒危的和珍贵的动物、植物(均含标本)及其种子和繁殖材料。

出境旅客携带哪些物品需要申报?

出境旅客携带下列物品,应在“中华人民共和国海关进出境旅客行李物品申报单”相应栏目内如实填报,并将有关物品交海关验核,办理有关手续:

1. 生物物种资源、金银等贵重金属;
2. 居民旅客需复带进境的单价超过5 000元的照相机、摄像机、手提电脑等旅行自用物品;
3. 人民币现钞超过20 000元,或外币现钞折合超过5 000美元;

4. 货物、货样、广告品；

5. 其他需要向海关申报的物品。

(3)办理乘机手续及行李托运手续

领队要告知游客航空公司对乘机旅客行李的规定：头等舱每件重量不超过40千克(中美、中加航线32千克)、公务舱30千克(中美、中加航线32千克)；经济和旅游折扣票，每件行李重量不超过20千克(中美、中加航线32千克)。

领队要协助游客办理乘机及行李托运：航空公司规定团队游客要到值机柜台的“团队”专用柜台办理。领队应事先收齐全团所有游客的护照、机票到航空公司柜台前交验。但有的时候，航空公司因为方便行李查询等原因，可能会要求乘机旅客必须单独办理托运行李和乘机手续。

集体办理乘机手续后，领队应将游客的证件、机票等返还给每一位游客。所有需要发给游客的物品要逐一发出，如护照、机票、登机卡等。

拓展阅读

Luggage Check-in

(C = Clerk of the Airline; Q = Xiao Wang, the tour leader)

C: Good afternoon, Miss. Can I help you?

Q: Good afternoon. We are a tour group heading to Melbourne. Our Flight No. is QF342 departing at 20:15. Can we check in now?

C: Yes. It's 18:00 now. Can I have your tickets and passports please?

Q: Here you are.

C: Do you have any pieces of luggage to check in?

Q: Yes. Here are 6 bags. Hope they are not overweight. By the way, what's the free baggage allowance to Australia?

C: It's 23 kilos at the most. Is this brown suitcase yours? It's kilos over.

Q: Yes, it's mine. What shall I do then?

C: You have to pay the money for the extra weight or you can take some items out from the bag.

Q: OK. I'll choose the latter. Anyway, I only have one small shoulder bag. I can take one more handbag on board, can't I?

C: Yes, Miss. And do you have any special requirements for seats? Do you want window seats or aisle seats?

Q: Two windows seats for children to enjoy the view.

C: Alright. Here are your baggage claim tags, boarding passes and passports.

Q: Thank you. What is the boarding time? And what is the boarding gate?

C: Usually 30 minutes before the plane takes off. The boarding gate is B12.

Q：I see. Thank you very much.

C：Have a good trip!

(4)通过卫生检疫

出境旅游团如果前往或途经的国家为传染病流行疫区，或者前往的国家对国际旅行预防接种有明确要求，出境旅游领队要带领游客在关口的卫生检疫柜台前，接受卫检工作人员的黄皮书（即“国际预防接种证书”（International Certificate of Vaccination））查验，如游客未办理黄皮书，应按照卫检的要求，现场补办手续。

领队要带领游客如实填写出入境健康申明卡，接受体温测量。

(5)通过边防检查及登机安检

填写“边防检查出境登记卡”。领队可以指导游客自行填写，也可代为填写。

接受边防出境检查。游客需出示本人护照（含有效签证）、国际机票、登机卡（boarding card）及“边防检查出境登记卡”。若是团体签证或免签，领队应出示“中国公民出国旅游团队名单表”及领队证、团体签证（免签国家不用）。

带领出境游客进行登机前的安全检查。

2. 入他国（地区）境服务

到达旅游目的地国家（地区）后，领队带领旅游团办理好卫生检疫、证件查验和海关检查等入境手续。

（三）境外陪同服务

1. 与导游人员密切合作

出境旅游领队与导游人员的良好合作，始于双方的充分沟通。出境旅游领队应尽力配合当地导游人员的工作。

出境旅游领队要以欢迎辞引出导游人员，欢迎辞大致应包括如下内容：代表组团旅行社感谢游客参加旅游团；对游客经历了漫长的旅程顺利抵达目的地表示祝贺并预祝在此地的旅行顺利愉快；表达出境旅游领队本人愿为游客提供良好服务的真诚愿望；向游客介绍导游人员。

出境旅游领队应与导游人员就接待事项进行交流。首先双方应对照所持的行程计划表是否一致，对其中不一致的地方，请导游人员与接待社联系，并对诸多细节进行沟通。

遇有当地导游人员修改日程时，应坚持“调整顺序可以，减少项目不行”的原则，必要时报告国内组团社；当地导游人员推荐自费项目时，要征求全体旅游团成员的意见。

2. 安排游客入住并协同安排用餐

在境外旅游期间，入住饭店办理手续的工作常常由出境旅游领队来承担，导游人员在一旁协助。领队根据分房名单填写房号、分发房卡。领队要对游客可能不熟悉的一些特殊地方进行详细介绍，还应把自己的联络方式、房间号告诉所有的游客，让游客心里感到踏实。

领队要协助导游人员安排用餐。用餐过程当中应随时走动，看游客是否需要添饭、菜量是否足够等。领队还应将国外的一些用餐规矩告诉游客。

3. 带领团队完成购物及观看演出

行程计划中的购物安排，出境旅游领队应当作为出境旅游中的一项重要活动努力做好。领队应当了解目的地国家的退税规定，提前向游客介绍，并提醒游客记住索要发票。如果当地导游人员安排超出计划过多的购物次数或延长购物时间时，领队要及时交涉。

在观看演出过程中，领队及导游人员应自始至终坚守岗位，并将演出场所的限制或要求提前告知游客以便有所准备。

4. 带领团队游览观光

领队和导游人员每天上车后的第一件事就是告诉游客当日行程，并且在一天中还要多次提及。当天游览结束后，还要将次日的全部行程、出发时间和注意事项提前告知游客。

领队还应监督辅助导游人员完成游览计划，必要时进行提醒。

领队在游览中要随时清点人数，以防游客走失；注意周围环境和情况，保护游客安全。

5. 其他服务

领队在境外旅游期间，不能忽略对全团的回程机票进行确认的工作。领队可以自己打电话给航空公司办理确认，也可以请导游人员或境外的接待旅行社代为办理确认。

督促旅游计划的执行是领队的主要任务，领队有权利对境外的旅行社执行接待计划的情况和接待质量进行监督。

境外游览过程中，领队要维护旅游团内部的团结，协调游客关系，妥善处理各类矛盾。

境外旅行期间，领队最好将游客的护照、签证集中保管，并保管好全团机票和填好的各国入出境登记卡、海关申报单等。

（四）返程服务及散团后的工作

1. 离他国（地区）境服务

带领游客办理乘机手续，购买离境机场税，办理离境手续、海关手续、购物退税手续，带领游客准备登机等。

2. 入中国境服务

带领游客接受检验检疫，接受入境边防检查，领取托运行李，接受海关查验等。

3. 散团后的工作

和计调交接，上交“领队日志”“旅游服务质量评价表”；汇报和处理遗留问题；保障和归还物品；与游客保持联络等。

任务四　景点景区导游服务程序与规范

景点景区导游人员又称讲解员，是指受旅游景点景区的委派，在规定景点景区（如博物馆、自然保护区、纪念馆、名人故居等地）为客人进行翻译、讲解和向导服务的专业人员。

一、景点景区导游的工作内容

从导游实际工作来看，景点景区导游的主要工作是解决好三方面问题，即：导什么？怎么导？为什么要这样导？

“导什么”取决于景点景区的特色、游览的具体对象、游览方案的设计、游览季节及天气的各种情况；“怎么导”取决于导游对游览对象的兴趣与爱好的了解，自身所具备的知识含量与技能条件，对景区自然与人文环境、社会时尚的了解等；“为什么要这样导”是围绕某个景区接待旅游团时，对自己初步形成的导游设想采取的一种自查行为，认真考虑自己做出的设想是否合理。

二、景点景区导游的工作程序与规范

景点景区导游服务(lecturer service)的程序虽然没有全陪和地陪导游服务程序那么烦琐,但同样也有相应的程序与规范,其工作程序总体可分为迎客服务、游览服务、送客服务与总结三步。

(一)迎客服务

1. 接待准备

导游面对的游客需求是多样化的,各种临时情况的发生也会使整个接待活动不时面临调整,所以导游人员要想做好接待工作,接团前的准备就显得十分重要。

首先,导游人员应做好知识准备。对于自己所在的景点景区各方面知识要做到了如指掌,尤其是对数字、时间、名人、典故类知识要有充分的准备,能针对游客的各种提问做出及时而准确的回答。

其次,做好充分的物质与心理准备。核对旅程,做好接待计划,准备好与游客互动的问题和游戏及相应的礼品等,这样才能在游览过程中突发状况时,做到不慌不乱、有条有理地解决。

最后,树立良好的导游形象也是十分重要的。景点景区导游人员不但要注意着装、姿态等外在形象,还要注意自己的语言、工作态度、工作安排、工作效率等对游客产生的影响。

2. 致欢迎辞

致欢迎辞切忌死板、沉闷,语言如能风趣、自然,就能很好地调动游客的情绪,很快消除导游人员与游客间初次见面时的拘谨与陌生感,缩短与游客的距离,迅速建立主客双方良好的合作关系。

(二)游览服务

1. 了解团队情况

欢迎辞结束后,要问清团队人数,能随机应变,在活跃的气氛中了解团队的类型、需求、兴趣爱好等,切忌直接发问,以免造成游客产生被调查的不良心理暗示。

2. 提醒游客注意事项

(1)向游客预报天气及旅程总体情况,如地形、线路长短情况等,让游客心里有数。

(2)在游览时遇到珍贵文物时,要特别提醒保护珍贵文物。

(3)提醒游客参观游览途中注意安全,并给予必要的协助,防止游客在游览中走失。

3. 导游讲解

按参观游览路线带领游客进行分段讲解,讲解应视游客的类型、兴趣、爱好等特点有所侧重,引导他们进行游览和观赏,从不同角度接受美的享受。在讲解期间还要结合所处环境,宣传环境保护或文物保护知识;还要注意与游客互动,认真解答游客的问询,在让游客感受景物美的同时,与游客建立良好的协作与信任关系。

4. 游览过程导游服务的注意事项

(1)关于游览设计的注意事项

①线路设计。要做好常规性游览线路和非常规性游览线路两套方案,以备不时之需。

②游览节奏安排。注意把握好整体时间,使参观游览活动有张有弛、有急有缓地进行,这里涉及行进速度、停留时间、介绍详略程度等问题。

③讲解方法设计。把握好讲解时机与地点,做到能让游客充分了解各自感兴趣的景物,这里涉及讲什么、怎么讲、在什么地方讲等问题。

(2)景物讲解时的注意事项

讲解工作是以历史史实及实物为依据,由讲解人员运用讲解技巧、语言艺术和真挚的情感,直接向游客有针对性地传播知识和信息的一种教育活动。

旅游活动中,游客已经十分厌烦简单的说教式讲解,这就要求讲解员在讲解过程中不但要有知识含量,而且要有讲解技巧,必须运用语言技巧和新颖的表现方式,将景物讲解内容用生动的语言表达出来,引起游客兴趣,产生共鸣,从而使其感到美的享受。讲解员应做到以下三点。

①加深对景物的熟悉程度,注重相关知识的综合运用,能及时解答游客的各种问题。充分运用讲解技巧,增强语言魅力,提高游客游览兴趣。导游可运用画龙点睛、制造悬念、设置疑问、巧妙穿插以及含蓄幽默等方法活跃游览气氛,提高游客兴趣。要善于观察游客的神情变化,把游客的注意力引导到特定的导游意境中去,用友好、富有人情味的语言,让游客感到亲切、温暖。

②在讲解的过程中还要注意口头语言和肢体语言的配合,结合讲解内容,注意语音、语调、音量、语速与站姿、目光、表情、动作、时间的配合,同时注意改正常见口头表达的不良习惯,如含糊、啰唆等。

③讲解"四要""四不要"原则。"四要"原则:一要精选内容,突出主题;二要风趣幽默,生动自然;三要详略得当,有张有弛;四要善于倾听,勇于改正。"四不要"原则:一不要面面俱到,主次不分;二不要只讲知识,不讲趣味;三不要大吹神话典故,不讲实在景物;四不要胡乱编造、出语低俗、哗众取宠。

(三)送客服务与总结

整个游览过程结束时,并不等于导游服务已经结束,送客服务也是较为重要的。导游人员要善始善终,认真对待,给游客留下美好的印象,同时总结工作中的得与失。送客服务与总结主要包括致欢送辞和总结工作两部分。

景点景区导游所致的欢送词与地陪、全陪导游大致相同,值得注意的是在表达各种情感时一定要真挚、诚恳。最后可向游客赠送景点景区的有关资料或小纪念品。

在送走游客后,景点景区导游应着手总结本次游览接待工作,注意检查工作中出现的不足之处,认真对待游客所提建议,补足缺点,改正错误,以提高自己的服务工作水平。

项目二　散客导游服务程序与规范

由于交通事业的发展、交通工具的多样化以及预订制度的发展和完善,当今世界上的个体旅游者越来越多。个体旅游者的服务要求有提供交通、住宿、导游(主要是地陪)等。因此,我国的很多旅行社组建了散客部,招徕和接待个体旅游者,也有不少旅行社在各大饭店设立营业点为散客服务,或为其订购机(车、船)票,或临时组团在本地游览或去外地旅游。个体旅游者常常是一人,一家人或几个人一起活动,无领队和全陪。有些散客是预先委托的,大部分则是临时到旅行社委托的,而且往往准备时间短、接待难度很大,所以散客导游服务前必须全面了解散客游的类型特点,提供有的放矢的服务。

任务一　散客旅游服务的类型与特点

散客旅游简称 F. I. T(full independent tour),在国外称为自助或半自助旅游、个别旅游,一般是指由游客自主提出旅游行程安排,零星现付各项旅游费用的旅游形式。

一、散客旅游服务的类别

散客旅游服务主要有单项委托服务、旅游咨询服务和选择性旅游服务等几种类型。

(一)单项委托服务

单项委托服务也称委托代办服务,是指旅行社根据游客的需求所提供的单一服务项目的有偿服务,如代订饭店、抵离接送服务、代办旅游保险等。

随着散客旅游业务的广泛、深入开展,所涉及的单项委托服务范围不断扩大,客人对服务质量的要求也变得更高,单项委托服务变得越来越丰富。各大旅行社也在不断研究市场需求,并有针对性地开发新的服务项目,以满足不同层次游客的需要,如为游客提供自驾车车辆租赁服务、高尔夫服务等。

(二)旅游咨询服务

旅游咨询是旅行社散客部门或门市接待人员向游客提供各种与旅游有关的信息和建议的服务,它是旅游服务中不可缺少的组成部分,但并不向游客收取费用。旅游咨询服务包括的范围极其广泛,如旅游交通、饭店住宿、餐饮服务、旅游景点、旅游产品种类及各种旅游产品的价格等。旅游咨询服务业务形式可分为电话咨询、信函咨询、人员咨询和网络咨询等。

(三)选择性旅游服务

选择性旅游服务又称作小包价旅游,是指旅行社通过招徕,将赴同一旅游线路、地区或相同旅游景点的不同地方的游客组织起来,分别按单项旅游服务价格计算的旅游服务形式。其主要由非选择性部分和可选择性部分构成。

非选择部分是游客必须委托旅行社的项目,主要包括住宿、早餐以及机场(车站、码头)至饭店的接送和城市间的交通服务,费用在旅游前预付。

可选择部分主要包括午晚餐、参观游览、导游服务、欣赏文艺节目、品尝风味及其他项目。费用可在旅游前预付,也可由游客在旅游时现付。

(四)组合旅游服务

组合旅游又称为散客拼团,是旅行社为了推销某个旅游产品,向游客提供的定期、定时间、定地点、固定价格、固定服务标准的一种服务。一般是在旅游市场较成熟的旅游目的地集合组建成团,统一安排游览活动。组合旅游属于散客旅游,又不完全等同于散客旅游,最大的特点是游客易于成行,改变了不足人数不出团的做法,具有较强的灵活性。

（五）散客包价旅游服务

散客包价旅游，指9名以下（含9名）游客采取一次性预付旅游费用的方式，有组织地按预定行程计划进行的旅游形式。散客包价旅游不同于团体包价旅游（10名以上，含10名）的人数，但两者服务项目相同。

（六）定制旅游服务

定制旅游（customer-designed）完全为旅游者量身定制，一人成团，专车专导。旅游者可以自己任意安排出行时间，入住自己喜爱的酒店，乘坐自己喜好的车辆，想去哪就去哪，想吃啥就吃啥，想玩啥就玩啥，只要旅游者有想法，定制游都将竭尽全力满足其要求，真正做到随心所欲。这种服务方式可以很好地满足游客的体验，做到深度游，也是旅游发达国家比较爱好的一种旅游服务方式。

拓展阅读

定制旅游：要不要试试？

当传统的旅游方式难以满足游客多样化的需求时，产品服务升级和旅游企业的转型已经成为一种必然。大众旅游时代，如何让旅游者体验到更多充满个性化、专属化、多样化的高品质旅游，也是旅游供给侧改革中遇到的一个重要问题。

我的行程我做主

五一小长假刚结束，陪父母从台湾旅行回来的林小姐便向同事炫耀起此次出行。仔细一听才知道，原来她尝试了一种新型的旅行方式——定制旅游。

据林小姐介绍，经朋友推荐，她知道了一个名为"××游旅行网"（以下简称"××游"）的定制旅游网站。"出于好奇，我在主页上留下了手机号和旅游目的地等信息。没想到才过了几个小时，就有专门的旅行顾问联系我，然后从启程到返程，按照我的需求制订出了一份出行计划。"

考虑到这种在网上就可以完成查询、签约订单的交易方式非常便捷，再加上以往带老人出游曾遇到各类问题，林小姐决定尝试下这种不跟团、不自助，却全程有保障的旅游新方式。

"开始，只是觉得不用自己做攻略，比较省心。但是旅途中的一些细节，却令我感受到定制旅游其实提供的是一种人性化、个性化、专属化的高品质服务。"林小姐说，出发前，"××游"派专车接送了自己和父母。据她所知，遇有老人腿脚不便，还可以向老人提供轮椅服务。

不仅如此，在台北临时换酒店的经历，更是让她对定制旅游产生了依赖。"在台北的第二天，因为行程有变，我和父母想换一家酒店入住。抱着试一试的心态询问了"××游"的24小时在线旅行顾问，没想到当天更换酒店的问题就被解决，就连一向'苛刻'的父母都不禁为之点赞。"

“我觉得定制旅游,就是可以按照自己的需要,自主选择旅行产品,进行 1 对 1 的量身定制,特别适合现代人对旅游高品质的需求。”林小妞笑着说:“现在很多同事听了我的经历,都吵着也要带父母来一次属于自己的定制游呢。”

多元不多钱

中国社会科学院旅游研究中心主任、研究员宋瑞认为,如果传统的跟团游和自由行是截然不同的两个端点,那么定制旅游则是处于二者之间的一个连续谱。这些连续谱的出现,共同丰富着旅行社对多元化旅游的供给。

记者了解到,除了“××游”这样的在线旅游网站能够提供完全个性化定制旅游外,很多传统旅行社在产品服务升级方面,也做出了改变。例如中国旅行社总社提供的“有服务的自由行”,其实就是传统自由行和定制旅游的结合。而北京凯撒国际旅行社提供的“散客拼团”,与传统跟团游不同,可以说是一种半定制旅游。

“××游”的创始人贾建强告诉记者,游客需求的多元化是定制旅游产生的必要因素。近几年,他发现在一线城市,跟团游的推广已经越来越难,跟团游这种出行方式似乎逐渐被边缘化。“但是,不跟团,选择自由行也有它的缺点。比如制作攻略耗时耗力,以及在旅途中遇到问题无人求助等。”所以,推出介于跟团游与自由行之间的旅行产品,成为诸多业界人士努力的一个方向。

贾建强表示,提起定制旅游,游客第一感觉会是价格不菲,但实际并非如此。“根据‘××游’的统计数据,2015 年,通过定制旅游到日本的游客人均消费为 2 万元,到中国台湾的游客人均消费在 1.2 万左右。所以它的价格其实是和自助游的价格类似,只是追求的层面不同。”

悄然走红

有资料显示,定制旅游在欧美国家流行已久,在我国尚处于初期发展阶段。宋瑞表示,目前,旅游在我国百姓生活中占比逐步加重,旅游者的旅行经验越来越丰富,定制旅游已悄然走红,并将成为大众旅游时代下,产品服务升级和旅游企业转型的一大趋势。

宋瑞说,“定制旅游体现了大众旅游时代,旅游产品供给理念和供给体系的变革。”如果说旅游发展初期,旅行社是靠批量化、标准化、规模化的方式提供产品和服务的话,现在旅行社强调的则是用户主导、需求在先、非标准化的供给方式。

“定制旅游得以发展起来,在于产品层面的创新变革。”用宋瑞的话讲,不论是创业公司,还是传统大企业,都需要有敏锐的市场嗅觉、细致的市场分析、准确的市场定位,通过各个层面的创新满足游客不断变化的需求。

除了创新变革,成熟游客本身也是推动其发展的重要因素。“相比较传统团队游和自由行,越来越多的定制旅游消费者,不仅能够清晰地了解和表达自身的旅游需求,而且在价格与品质、自主与舒适之间可以做出理性的选择。”

(资料来源:https://www.sohu.com/a/74365482_349565)

二、散客旅游迅速发展的原因

自20世纪80年代以来,世界旅游市场出现了“散客化”的旅游潮,欧美各主要接待国的散客市场份额达到70% ~80%,有的甚至达到90%,经营接待散客旅游的能力已成为衡量一个国家和地区旅游业成熟度的重要标志。我国散客旅游的比例虽然低于旅游业发达国家,但近年来发展十分迅速,已近乎成为我国旅游市场的半壁江山,特别是一些大中城市和沿海城市,散客比例更大。散客旅游迅速发展的原因主要可以概括为以下几个方面。

(一)消费特征的变化

21世纪是一个感性消费的时代,人们逐渐由“目的消费”转向“手段消费”,希望通过消费获得人性化和个性化的感受。而传统的规范化的旅游模式恰恰在一定程度上压抑了旅游者在这方面的需求,从而使得越来越多日渐成熟的旅游者加入散客旅游的队伍中来。

(二)出游动机的转变

旅游者的心理需求进入更高层次,出游动机由传统的观光型向多主题型转变,因而我国传统的以观光为主兼有度假休闲的旅游产品结构难于满足旅游者动态多样的心理需求。

(三)现代科技的条件保证

现代通信、交通等科技手段的不断进步为散客旅游提供了便利条件,减轻了游客的依赖心理。旅游配套设施的完备和服务质量的提高,为旅游的散客化提供了有力的物质保障,使旅游者不依赖于旅行社而借助众多的旅游支持手段开展旅游成为可能。

(四)商务游客的增加

国际经济联系的加强,使商务活动日趋频繁。商务游客的增加,也是散客旅游迅速发展的一个重要原因。

(五)长假制度的实施

双休日、“十一”小长假、春节以及带薪假期等休假制度的实施,使得旅游市场异常火爆,必将刺激散客市场的繁荣。

(六)旅游组织形式的转变

公费旅游占比下降,单位或企业在实施奖励旅游时,多将旅游费用的支配权赋予个人,由个人自行选择旅游线路,这就使得旅游市场的重心逐步由单位集体旅游向家庭度假旅游转移。

由此可见,散客旅游的发展是旅游业进入更高层次、更新阶段的产物,也是旅游业发展的必然趋势。虽然由于老弱游客、初次出游者以及语言障碍等因素的存在,团体旅游不可能完全消失,但其规模将会缩小,团体模式也将有所改变。

三、散客旅游的特点

(一)批量小

散客旅游多为个人单独出游或小家庭、亲友结伴而行,同团体游相比,其批量较小。

(二)批次多

散客旅游的迅猛发展使得散客的人数不断增长,市场规模日益扩大,散客旅游形式呈现批次多的特点。

(三)预订期短

散客旅游的决策时间较短,相应地使散客旅游形成了预订期短的特点。散客通常要求旅行社能在短期内为其安排安全、舒适、丰富多彩的旅游线路,并快速地办妥多种旅游手续。

(四)要求多

散客中商务、公务客人占有大量比例,他们是在大量的交际应酬和商务、公务活动之余"忙中偷闲"进行旅游,因此他们的旅游消费水平高且对旅游服务的要求也较多。

(五)变化多

散客因为在旅行前常缺少周密的安排,在旅行过程中经常会出现临时变更旅行计划,提出各种新的要求或在旅行前突然由于某种原因而临时取消旅行计划等变化。

任务二　散客导游服务的类型与特点

散客导游服务就是旅行社按照散客的要求提供各项导游服务,主要是指导游受旅行社的委派向散客提供的接待服务。这种接待服务提供的散客类型一般有两种:一是单个游客;二是一个家庭或几个亲朋好友,或临时组织起来的不足 10 人的散客旅游团。

一、散客导游服务的类型

散客导游服务根据两种不同的标准大致分为两种类型。

(一)按旅游活动方式可分为团体活动方式和零星散客活动方式两种

前者是经旅行社组织,以团队形式出现的散客导游服务。后者则未经旅行社组织,由游客自行向旅行社办理或委托办理单项的导游服务,如请导游接站、送站或带领参观景点并进行讲解服务等。

(二)按付费方式可分为散客包价导游服务和选择性导游服务两种

散客包价游的付费方式与团体包价导游完全一致,提前一次性预付全额团费。选择性导游服务是指旅行社通过招徕,将赴同一旅游线路、地区相同旅游景点的不同地方的游客组织起来,委派导游满足其各种单项服务要求并分别按单项价格计算进行现收的散客旅游形式。

二、散客导游服务的特点

散客导游服务在服务内容和服务程序上与团队包价导游有许多相同的地方,但是因为其服务对象是散客,故有独特的特点,概括如下。

(一)服务项目数量虽少,但服务要求却更高

散客导游服务,除散客包价旅游这一种形式外,总体上服务项目相对较少,更多的是如接站、送站、景点导游等单项服务,这些服务要求往往是游客自身完成难度大或是希望得到更方便、快捷或深层次、高水平的服务而提出的,所以并不意味着服务程序少,服务标准低,

相反有时甚至比包价旅游服务程序更为复杂、要求更高。

(二)服务周期短,人员周转频率高

散客旅游由于服务项目少而单一,所需服务时间短,人员周转较快,同一导游为游客服务的频率较高,即同一导游在同一时期内接待的游客数量多,这样导游更容易感觉到单调、疲劳。

(三)服务难度较大,服务程序相对复杂

散客导游服务由于服务周期短,周转又快,导游几乎每天甚至每小时就要面对面孔陌生、性格各异又短时间难以揣度的游客,服务时需倍加谨慎。即使接待那些参加"一日游"或"数日游"的选择性旅游团,由于不像团队包价旅游那样有领队和全陪,游客之间又互不相识,这种旅游团因是临时组成而缺乏团体意识,因而导游要在较短时间内组织和带领好,其难度也是较大的。对这种临时组成的旅游团和进行委托的散客,导游的服务程序也较为复杂,如出发时间、地点方面,导游要事先一一通知确认,如果游客分住不同的饭店,还需计算好时间,逐个饭店进行接送。同样,接站、送站的散客服务也是如此,如果接送的散客分别下榻不同的饭店,导游就要安排好时间以免造成延误。

(四)游客自由度高,服务要求变化大

散客由于自主性强、兴趣爱好各异,所以不愿意导游在游览中过多干涉其活动自由,在参观景点时,又会根据自己的爱好和环境的转移变化向导游提出一些新的服务要求,如提前或推迟游览时间、咨询相关知识等。

案例

重庆某旅行社导游小王带领散客团队前往××石刻之乡旅游。团队21人,多数是四川、湖北、陕西等协作旅行社发来的零散客人,也有7位是市内门市部在车站、码头收集的散客。团队出发当日,有一胖一瘦两位本地散客异常活跃,经常变换座位与团队其他客人闲聊。由于其年轻时尚,善于交际,渐渐成为团队中的领袖人物,不仅团队成员很快与之熟识起来,而且团队也变得比较团结。

王导为碰上这样的客人感到庆幸,团队的事务也主动与他们商量。当晚安排住宿时,王导本想安排这两位客人住同一房间,但被他们拒绝了,理由是胖子打呼噜太严重。考虑两人的穿着都有些讲究,王导就将他们分别与团队中两位身份地位较高的老总级人物安排同住一屋,客人均无异议。当晚,王导还看见两位客人在其他客人房间打扑克牌,气氛相当热烈。

次日一早醒来,竟有4个客人被盗,分别是与胖子和瘦子同住的两位老总、与胖子和瘦子打扑克的两位客人,其钱夹、拉杆箱不是被掏空,就是被带走,损失达数万元。与此同时,胖子和瘦子也失踪了。后经公安部门查证,胖子和瘦子正是这次偷窃案件的主犯,其参团使用的身份证系伪造。

讨论:结合该案例分析散客旅游团队的特点。

任务三　散客导游服务程序与规范

从目前我国的实际情况来看，散客导游服务主要面向海外游客。他们通过境外旅行社或中国国际旅行社办理各种单项的委托服务。导游则受旅行社的委托接待他们或帮助办理有关委托事项，涉及导游的服务通常有迎接服务、导游服务和送站服务。

一、迎接服务

迎接服务是散客到达旅游目的地之前向旅行社办理的单项委托服务。导游人员的主要任务是按散客的委托要求将其从交通港接送到预订的饭店。

（一）服务准备

导游接受迎接散客导游服务的任务后，应认真做好迎接散客的准备工作，它是接待好散客的前提。

导游人员应明确接待计划：迎接的日期、航班或车次的抵达时间；散客的姓名、人数及下榻的饭店；有无航班（车、船）及人数的变更；提供哪些服务项目；是否与其他散客合乘一辆车至下榻的饭店等。

导游人员要做好出发前的准备：携带好导游证、导游旗、接站牌及散客所需的导游图，检查所需票证、餐单、游览券是否备齐。

联系交通工具。导游要与散客部计调部门确认司机姓名并与司机联系，约定出发的时间、地点，了解车型、车号。

（二）接站服务

接站时要使散客或小包价旅游团受到热情友好的接待，有宾至如归之感。

1. 提前到交通港迎候

导游要提前抵达接站地点。导游若接乘飞机而来的散客或散客团，应提前20分钟到达机场，在国际或国内进港隔离区门外等候；若是接乘火车或轮船而来的散客或散客团，应提前30分钟抵达接站地点。

2. 迎接工作

在交通工具抵达时刻，导游应站在易被发现的位置举牌等候，以便散客前来联系。导游也可根据所掌握的游客的特征主动上前询问。确认接到的散客后导游应主动问候，并做自我介绍，代表自己的旅行社对客人表示欢迎。询问散客在机场或车站还需要办理的事务，并予以必要的协助。询问散客的行李件数并帮助进行清点，提取后引导其上车。

3. 沿途导游服务

在从机场（车站、码头）至下榻饭店的途中，导游人员对散客或散客旅游团应像包价旅游团一样致欢迎辞，进行沿途导游，介绍所在城市的概况、下榻饭店的地理位置和设施，以及沿途景物和有关注意事项等。

（三）入住饭店服务

到达饭店后，导游人员应帮助游客办理入住手续，并记下客人的房间号码。

导游人员要根据“旅游委托书”的要求与客人确认日程安排和相关事宜，在客人确认后，将填好的安排表、游览券及赴下一站的飞机（火车、轮船）票交与客人，并让其签字确认。

导游人员还要协助散客确认机票，并向散客计调部门报告核实确认的航班号和离港时间，以便及时派人派车，提供送机服务，并将收取的费用上交旅行社。

（四）后续工作

迎接服务结束后，导游人员应及时将同接待计划有出入的信息及散客的特殊要求反馈给散客部门。如果发生了费用方面的问题，待查明责任后，按有关规定处理。

二、导游服务

（一）出发前的准备工作

准备好工作必需品和日常个人用品；提前与旅游车司机联系；提前 15 分钟抵达集合地点；引导散客上车，清点人数等。

（二）沿途导游服务

在从机场（车站、码头）至下榻饭店的途中，导游对散客或散客旅游团应像对待团队一样进行沿途导游，介绍所在城市的概况及沿途风光、下榻饭店的地理位置和设施以及到达本地游览的注意事项。

由于散客人数少、服务的距离很近，应采取对话或漫谈形式的导游技法。

案例

导游李小姐：布朗先生，您好！听说您今晚要我陪同去广场看舞龙表演，是吗？

布：是的，我早就听说中国的图腾是龙，特别想在晚上看一下魔鬼跳舞的情景，一定有点可怕！

李：（笑）您误会了。中国传统中的龙和西方神话中的魔鬼是全然不同的。它是温和而威严、能给人带来好运的吉祥物。

布：是吗？

李：是的。远古时，人们就相信龙会在干旱时给大地带来雨露，让人遇难呈祥。因此在中国传统节日里，尤其是春节，舞龙便成了最受中国人欢迎的祈求吉祥的文化娱乐形式。

布：这一定有很长时间的历史了吧？

李：说得对。舞龙的习俗可以追溯到公元前 202 年至公元 220 年的汉朝。不过如今舞龙已不再含有迷信的意义，它已成为婚庆、节庆、开业庆典上进行表演的一种艺术形式。

布：太好了，我一定要好好感受一下。

李：您一定不会失望的，真的很热闹精彩。

（三）现场导游讲解

1. 抵达游览景点下车前，导游应告知客人游览完景点后的上车时间、地点和车型、车号。

2. 散客下车游览景点前，导游应对景点的历史背景、特色等进行讲解，语言力求生动形象。

郑州导游何琳在带领日本客人到郑州黄河游览区后，游览活动开始前就做了这样精彩的景点介绍："……首先请看正面的这条河，这就是中国的第二长河——黄河。众所周知，她发源于青海省巴颜喀拉山，在山东省注入大海，全长5 464千米，流域面积752 000平方千米。据说东京至博多的新干线长1 176千米，那么请你记住，黄河的长约相当于东京到博多两个半来回的距离。黄河的源头是一股清泉，但是由于游经中游的黄土高原，大量的泥沙流入河中，所以到了下游时，竟成了世界上最浑浊的河。'百年待河清'这一日本人也使用的中国谚语，就是比喻黄河水之浑浊的。每年经黄河水流走的泥沙有16亿吨之多，水中含沙量年平均37%，到了雨期，达到60%。如果用这些泥沙修建一个高1米、宽1米的堤防的话，这个堤防可以绕地球27圈！这些泥沙的三分之二流入了大海，三分之一沉淀在下游的河床上，每年将河床抬高3至5厘米。所以，下游的河床已高出堤外的地面，形成了悬河。这就是洪水泛滥的原因，也就是说，下游是这条大河的薄弱环节，这一带的河床也比郑州市内的地面高出7米……"

3. 如果是散客小包价旅游团，导游应陪同旅游团边游览边讲解，随时回答客人的提问，并注意观察客人的动向和周围的情况，以防客人走失或发生意外事故。

4. 如果是单个游客，导游可采用对话或问答的形式进行讲解，更显亲切自然。有些零星散客，有考察社会的兴趣，善于提出问题、讨论问题，导游要有所准备，多向游客介绍我国各方面的情况，从中了解游客的观点和意见。

5. 接待计划规定的景点游览结束后，导游要将客人送回下榻的饭店。

案例

服务欠周到引发的游客投诉

一次，欧美部的英语导游人员小陈作为地陪负责接待一个由选择性旅游的散客组成的旅游团。旅游团共13人，其中8人讲英语，5人讲普通话。在旅游车上，小陈用两种语言交替为游客讲解。到了一游览点时，小陈考虑到团员中讲英语的较多，便先用英语进行了讲解，没想到他讲解完想用中文再次讲解时，讲中文的游客已全都走开了，因而他就没用中文再做讲解。事后，小陈所在旅行社接到了那几位讲中文游客的投诉，他们认为地陪小陈崇洋媚外，对待游客不平等。

这是一次由误会而招致的投诉。由选择性旅游的散客组成的旅游团是指原来分散住在不同饭店，因为目标一致（选择了同一景点或同一线路），而由旅行社门市工作人员临时组织成的旅游团。正因为旅游团是临时组织起来的，因而团员经常是来自不同国家或地区的，互不熟悉，语言不通，行为各异。接待这样的旅游团要比接待团体游客复杂得多、困难得多。本案例中，分析小陈遭受投诉的原因，其实并非他真的崇洋媚外，也并非没有遵照"为大家服务"的原则去做，只是服务过程中工作欠细致、周到而已。

从案例中我们可知，无论是动机上或行为上，小陈都没有不想为这些讲中文的游客做讲解(在车上小陈就是用中英文交替的方式进行讲解的),但是由于他没有与游客讲明自己的服务方式,没有考虑到自己先用英语讲解会给讲中文的游客带来心理上的不平衡,结果导致了游客对他的投诉。消除这种因"误会"而招致投诉的方法其实非常简单,小陈只要事先与游客声明,他将用中英文交替的方式为游客讲解即可;若要完全平等,则可采用转换讲解法,在甲地"此时"英语讲解在先,到了乙地"彼时"则英语讲解在后。

(四)其他服务

1. 购物娱乐服务

导游人员应当好散客的顾问,协助其安排购物或晚间娱乐活动。

2. 参观活动服务

导游人员应进行充分的准备,如设法了解相关单位的基本情况、熟悉行走路线等。

3. 寻访故居、墓地和拜访名人

导游人员应问清事由和寻访墓地,并及时报告旅行社,根据领导的意见进行处理。若领导同意,应事先同有关单位、个人取得联系,按约定的时间陪同客人前往,但要严格遵守国家有关安全保密制度的规定。

(五)后续工作

导游服务介绍后,导游人员应及时将有关情况反馈给散客部,或填写"零散游客登记表"。如在接待过程中有突发事件,应该写出书面报告,上交旅行社。

三、送站服务

送站服务是指散客在结束当地活动之后,委托旅行社派遣导游专门将其送至交通港的服务。导游要使送站服务顺利、安全,使带团工作有一个完美的结局。

(一)服务准备

送站前,导游人员要详细阅读送站计划;与车队联系,确定送站车辆的车型、车号、驾驶员姓名及联系方式,与司机商定送站当天的集合时间和地点;提前一天与散客约定离开饭店赴机场或车站、码头的时间。如果是散客拼团,应告知托运行李的时间,并通知饭店总台安排行李员按时运下行李,装上行李车托运。

送散客抵达交通港的时间分别为:国际航班应提前3小时,乘国内航班应提前2小时,乘火车、轮船应提前1小时。

(二)到饭店接运客人

1. 导游需按与散客约定的时间提前20分钟到达客人下榻的饭店,协助客人办理离店手续,付清账款,交付房间钥匙,清点行李,提醒客人带齐随身物品等,然后照顾客人上车离店。

2. 若导游到达饭店后找不到要送站的客人,应及时到饭店前台了解客人是否已离店,并与司机共同寻找,若超过20分钟仍未找到客人,应向散客部计调部门报告,请计调人员协助查询,并随时与其保持联系。当确认无法找到客人后,经计调人员或有关负责人同意后,方可停止寻找,离开饭店。

3. 若导游送站的散客与住在其他饭店的游客合乘一辆车去机场或车站,要严格按约定的时间顺序抵达各饭店。

4. 如遇严重交通堵塞或其他特殊情况,需调整原约定的时间顺序和行车路线时,导游应及时向散客部、计调部报告,请计调人员将时间的变化通知其他饭店的游客,或请其采取其他措施。

(三)到站送客

在送客人到达交通港的途中,导游人员应致欢送辞,请客人通过扫描二维码、点击链接或是填写纸质表格的方式,留下宝贵的建议和意见;办理登机手续;与游客告别等。

四、后续阶段

导游人员应将客人填写的"游客服务质量评价表"(纸质版或电子形式)如实提交给散客部门;填写有关散客接待表格及结账单;及时结清所有账目;归还所借物品;及时将有关情况反馈给散客部或计调部。

想一想:散客导游服务接待与团队导游服务接待有哪些不同?

项目三　邮轮导游服务程序与规范

搭乘邮轮旅游形同游客得以随身携带住宿的舱房,就像"带着 Hotel 去旅行"一般。每当邮轮巡航停靠各地港湾或者环航地球一周,游客可以自由登岸享受各国风土民情,而无须为住宿不同旅店而搬进搬出。邮轮被称为"浮动的度假酒店",让游客在办妥一次登船手续后,即可全程悠闲享受食住行游购娱等高级享受。因此,邮轮导游服务(cruise guide service)一般分为两种:一种是陪伴游客进行整个邮轮旅游的领队服务,另一种则是邮轮停靠港口后的岸上地接导游服务。

任务一　邮轮领队服务程序与规范

邮轮领队(cruise leader/escort)是经国家旅游行政管理部门批准的国际旅行社委派的带领游客全程进行邮轮旅游的专职服务人员,是导游的一种。从中国邮轮业发展实际来看,经由旅行社参加邮轮旅游是中国的一种"特色"。近些年越来越多的国际豪华邮轮停靠中国母港,但邮轮销售主要采取的是"包船"形式,以旅行社为代表的中间商包下邮轮一定数量的舱位,然后再出售给游客。游客通过旅行社购买邮轮产品,要与旅行社签订合同或协议,制订接待计划,这是旅行社和游客关于邮轮旅游的契约性安排,是领队了解该旅游团基本情况和安排活动日程的主要依据。

相比较而言,长线邮轮旅游又是例外。所谓"长线",是指"飞机+邮轮"的模式,游客乘坐飞机前往境外登船城市,再赶往码头登轮,多为散客出行,他们可以通过旅行社购买,也可以通过网站自行购买。

因此,目前国内的邮轮旅游销售和出行方式大大强化了邮轮领队的用武之地,领队们陪同游客进行全程邮轮旅游,在中国游客的邮轮之旅中有着极其重要的地位。

一、邮轮领队导游服务的工作程序

邮轮领队同游客由居住地出发到登船城市和港口，登船陪伴，再下船与游客一同返回居住地，负责为游客提供生活服务，落实旅游合同执行情况，并协助游客进行岸上游，协助地接导游的工作，共同完成旅游接待任务。

邮轮领队的工作程序大体包括：出发前的准备工作—前往登船港口途中服务—登船服务—船上服务—岸上游服务—下船服务—返程服务。

二、邮轮领队导游服务规范

(一)服务准备

1. 行前业务准备

邮轮领队应在行程开始前详细、认真阅读、熟悉接待计划和有关资料，了解该团的服务项目和要求，重要事宜要做记录。

(1)核对护照与机票。包括中英文姓名，邮轮所经港口及其所在国家的历史、地理、文化、政治、经济等情况，特别是当地的气候与风俗习惯，更需要熟悉。

(2)核对机票与行程。主要包括从客源地前往登船所在国(地区)国际段或国内段行程、日期、航班、间隔时间等。

(3)一一核对护照与"团队名单表"各项，使登轮旅游人数、人员基本信息资料与名单一致。了解旅游团成员的姓名、性别、职业、年龄、联系地址和旅游团中的重点游客、需要特殊照顾的对象及旅游团的特殊要求等情况，并据此制订有的放矢的工作计划。

(4)核对护照内容。包括正文页与出境卡项目是否一致，出境卡两页是否盖章，出境卡是否有黄卡、是否与前往国相符，签证的有效期、签证水印及签字等。

(5)熟悉旅游团的整个行程安排，以便更好地为团队服务，并协调好与邮轮和各停靠港接待社之间的关系。如果旅游团队方面出现人数变动、提出新的要求等情况，应尽早通知邮轮和接待社。游客的岸上游情况变化的可能性比较大，所以很多情况是在船上根据实际情况而定，并需及时与各停靠港口接待社联系。

2. 出团必需品的准备

邮轮领队出团必需准备好下列物品：护照、机票、已办妥手续的团队名单表、团队计划、国内外重要联络电话、客人房间分配表、航班时刻表、游客胸牌、行李标签、旅行社社旗和社牌、名片、客人问卷表、领队日记簿、旅行包(核对该团是否提供)、各国入出境卡、海关申报单、机场税款及团费、随身日用品、常用药品等。

3. 开好出发前说明会

在办理好相关手续后，邮轮领队要召集本团队游客开一次出团说明会，召集时间要根据签证和机票等的办理落实情况确定，一般定于出团前一天至一周内。出团说明会因为要针对团队的行程、注意事项等介绍很多与出团相关的重要事情，因而要求每一位参团游客都参加。

邮轮领队一定要切实掌握出团说明会的内容。

(1)代表旅行社对游客表示欢迎。

(2)向游客发放邮轮旅游行程表、邮轮旅游服务质量评价表、团队标识等。对邮轮旅游行程进行说明(包括出入境手续、登船手续与注意事项等)。

(3)介绍邮轮基本情况和设施、邮轮上的注意事项。介绍邮轮岸上游目的国(地)的基本情况、风俗习惯和相关的法律法规知识,向游客讲明注意事项,提出要求。

(4)告知外币兑换与手续。外币主要用于在邮轮岸上游港口购物。邮轮领队要告知游客岸上游目的国(地)所使用的外币名称、单位,与人民币、美元、欧元等货币之间的兑换汇率,并提醒他们尽早到银行等专业场所办理货币兑换。用不完的货币可以凭兑换单据到指定的银行或机构换回原来的货币。

(5)公布分房名单。邮轮领队最熟悉旅游团队的情况,所以分房的任务当仁不让地由邮轮领队来做。邮轮领队要根据旅游团队中各个家庭和游客性别的情况等,依据游客所购买舱房的等级,合理地分配住房并公布给游客,并把自己的房号告知游客。

(6)告知邮轮旅游的注意事项。邮轮领队要再三强调出发和登轮的时间,讲清如果错过时间误了登船可能带来的严重后果;告知游客如果邮轮旅游过程中突发疾病或遭遇意外事故、中途退团等情况时可能的处理方式等。邮轮领队还要讲明其他与邮轮旅游相关的各种问题,并提醒游客协助和配合。

因为邮轮领队面对游客是第一次亮相,所以务必要以整洁的着装、良好的精神面貌出现,要落落大方地主动介绍自己,给游客以信心。讲话要从感谢游客参团开始,再到感谢游客结束,以礼貌语言贯穿,并希望游客能支持自己的工作。邮轮领队在讲话中要着重强调时间,尤其是出发的时间和各停靠港口回船的时间,并要确认每一位游客都已经明白无误。邮轮领队还要将自己的手机号码告诉游客,以便游客和自己联系,也应在会上将自己的名片发给游客,使游客能尽快熟悉自己。

拓展阅读

坐游轮需要携带什么?

——邮轮旅游出行前准备篇

随着生活水平的提高,人们越来越注重品质生活。越来越多的游客选择搭乘游轮出境旅游。坐游轮需要携带什么?邮轮旅游出行前又需要准备什么呢?

行前物品清单

(一)证件类

1. 护照原件和复印件

护照原件一般会被提前收取,由领队统一带至集合地点发放(确保护照有限期在航程结束日期的6个月之后)。如果自带,请随身带好,同时准备两张护照复印件(岸上观光需要,邮轮码头提供复印服务)。

2. 船票

与护照原件一样,一般由领队统一带至码头。

3. 身份证原件

一般情况下用不到，但建议携带，以备不时之需。

（二）货币类

1. 信用卡

带有 Visa、Master、美国运通卡、JCB 标志的双币信用卡均可。一些邮轮可以使用支付宝支付船上消费，以当天牌价将支付宝余额或支付宝所关联的借记卡中的人民币转换成美元。

2. 少量人民币

足够支付往返码头的交通费，以及其他必要支出即可，不必多带。中国海关规定：出境携带现金限额为每人不超过 20 000 人民币或 5 000 美金。

3. 目的地和船上通用的货币

虽然目的地和船上均提供兑换服务，但汇率较高，建议提前准备，只有岸上观光与船上赌场消费时会用到，如果不打算光顾赌场或者岸上只刷卡，也可不准备。

（三）衣物类

1. 礼服或正装

建议准备礼服（正装），以便参与航行期间的宴会活动，有些活动是有着装要求的：比如，"处女星号"邮轮上的船长晚宴或者到有正装要求的正餐厅就餐。男士建议准备礼服或深色西服，配蝴蝶结或领带、皮鞋；女士则以深色套装、晚礼服为佳。

2. 换洗衣物和鞋

夏季船上室内外温差不是很大，船上室内恒温 25 ℃，多数场合短衣短裤等夏季着装即可满足，同时建议至少带一套长衣长裤以备不时之需，建议自带一双洗澡时穿的拖鞋。

3. 运动服装

邮轮上都设有大量的运动设施，还有海量美食……所以建议携带舒适的运动服，当然一双合脚的运动鞋，也是绝对少不了的。

4. 泳装

泳池是大海、邮轮永恒不变的主题！徜徉泳池，沐浴阳光，你可以彻底放空自己。

（四）日用品类

1. 个人洗漱用品

建议自己准备牙刷、牙膏、剃须刀等，因为有些邮轮上是不提供洗漱用品的，但是诺唯真邮轮不同舱型内都有免费提供的不同知名品牌的洗发水、沐浴露、身体乳以及精华素。具体的可以在预订时咨询。

2. 折叠伞、太阳镜、防晒用品

请根据出游时间和自身情况酌情准备。

（五）其他类

1. 自用应急药品

船上有医务室，备有常用药品（但是收费很高），建议根据个人情况携带常用药，如携带处方药请带好医生处方。

2. 照相机、手机、电脑

请根据自身情况准备,如果携带,请同时带好对应的充电设备,实际上上了船后基本用不到电脑。如需在境外使用手机(岸上观光时),请记得出发前开通国际漫游服务。

3. 多功能转换插座

舱房内插座为欧标(两眼圆孔)、美标(品字形三眼平孔插座,可插国内两眼平孔插头)、额定电压 110 ~220 V 交流电。

(六)特殊情况提醒

如同行的伙伴中有以下情况,建议你额外关注一些物品。

1. 孩子出生证明、授权信

如果有小于 18 周岁且不和父母任何一方出游的游客,请携带(授权信请主动与客服索取)。

2. 孩子常使用的卧具

如果孩子较小,在陌生环境下不易入睡,建议你准备一份孩子平常使用的卧具,比如小毯子或小枕头等,有助于孩子入眠。

3. 孩子惯用的洗护、日常用品

这些物品可以让孩子更好地享受旅行过程。建议让孩子自己准备,让孩子参与到旅行的整个过程中。

4. 老人额外的衣物和用品

虽然船上 24 小时 25 ℃恒温,但考虑夜晚的甲板以及岸上游览时的天气,请参考老人身体状况酌情准备额外的衣物和用品。

(参考:https://www.sohu.com/a/217483798_539771)

(二)前往登船港口途中服务

如果是在国内邮轮母港登船,其服务程序相对来说要简单一些。但如果是在境外登船,要做的工作就要相对麻烦一些。

(1)出发前集合

邮轮领队应充分估计从所在地乘坐交通工具到港口登轮的时间,并留出足够的时间完成这一过程。

邮轮领队应当至少比规定时间早 10 分钟赶到所在地集合地点,将领队旗直立竖起,将手机始终开启,随时准备接听游客打来的电话。与游客会合后,应当拿出全团的名单表,为已经抵达的游客画钩签到。若到了规定的时间还有团员未到,邮轮领队要及时主动电话联系并进行催促。团员都到齐后,邮轮领队应即席发表一个简短的讲话,告知后续的事项和手续,并希望全体团员配合。

(2)途中服务

①全体团员都到齐后,邮轮领队应带领游客赶往所在地机场(车站、码头),带领游客办理各种手续,完成此段从所在地到登船港口的交通过程。

②若是境外登船,邮轮领队还要带领游客办理海关申报、乘机手续及行李托运手续,带领游客通过卫生检疫,通过边防检查及登机安检等。到达旅游目的地国家(地区)后,带领

旅游团办理好卫生检疫、证件查验和海关检查等入境手续。

无论是境内还是境外，邮轮领队带领游客到达后，都应该及时赶往邮轮码头。

如果邮轮旅游团和旅行社的所在地就是游客的上船港口所在城市，以上两步程序可以省略，游客和邮轮领队可以分别自行在指定登船的时间之前抵达码头。邮轮领队只要在规定的时间在码头竖起领队旗等候游客会合，再办理登船手续即可。

如果邮轮旅游团和旅行社的所在地不是游客的上船港口所在城市，但是有些游客想先到登船港口城市游玩一段时间，在时间合理的情况下，允许这些游客先行前往，然后在指定的时间之前到达码头与邮轮领队和旅游团会合，再办理登船手续。这样一方面让游客旅途更尽兴，另一方面也可留出足够的时间，以免个别游客因为时间仓促而误了船。但要提醒游客通信联络畅通，保证随时都能联系得上。

（三）登船服务

登船一般是在中午12点之后用过午饭后。如果登船通道还未开放，可以带领游客耐心等待，并可以先办理登船（check-in）手续。根据出港时间的不同，建议至少提前3个小时以上到达码头办理登船，并在邮轮起航前1小时完成登船手续并登上邮轮，否则可能不被获准登船。

邮轮领队要与船方交涉，领取相关资料，出示游客的船票、护照原件及复印件、签证、身份证件、公众健康调查表、行李条等，换来游客的登轮证。需要船公司托运行李到房间的，提醒游客将要托运的行李贴上行李条交给邮轮公司工作人员。邮轮领队要提醒游客将护照原件、船票及健康表放在手边，以便海关工作人员对条形码进行扫描，并带游客及行李经过安检登上邮轮，按照提前分好的客房引导游客入住，并照顾行李入房。

要注意的是，邮轮旅游时，因为船方会收取护照原件并全程代为保管，邮轮领队要提前收齐交给船方，以便向不同港口机构出示。当游客上岸参加岸上游活动时，可以持护照的复印件以便在停靠国（地）证明自己的身份。当行程结束，与邮轮方结清所有费用后，取回护照还给游客。

游客登船以后，邮轮领队要带领游客办理邮轮卡（cruise card）的注册，多半使用美金和国际信用卡，游客在船上的消费将会直接划账到注册的信用卡账户。邮轮领队要提醒游客妥善保管好自己的邮轮卡，它是游客在邮轮上的身份证明、邮轮消费签账单、船舱钥匙。

（四）船上服务

相比于传统的岸上旅游，邮轮上的生活是非常惬意的，邮轮领队要引导游客融入进去。邮轮旅游产品具有慢节奏的特点，游客可以随意安排自己的游乐时间。游客的一天或许从甲板的晨练开始，或在运动馆做瑜伽，在娱乐室上舞蹈课，之后用早餐。餐后，或许是烹调课，或许是港口讲座，或许还可以选择看一部电影。所有这些活动都不会是被迫的，游客还可以一直睡到中午或躺在甲板上打盹，一切由游客自己做主。在这个过程中，没有特殊事情的话，邮轮领队可以不必再打扰游客，任游客自由自在地享受自己的邮轮生活。

旅游团队中的游客因为所购买的舱位不同，内舱房、阳台房、海景房等分布在不同的甲板，所以邮轮领队无法时刻把游客聚集在一起，但有些活动或服务还是务必要通知或是做到的。

1. 登船说明会

船方将会在登船当天安排登船说明会，向游客介绍有关邮轮生活与服务的细节，如邮轮概况、生活指南、服务介绍、游览行程以及其他的一些重要信息。邮轮领队可以提前跟游客说明登船说明会的大约时间和地点，并提醒游客注意看船上的通知。

2. 紧急救生演习

登船后24小时内，邮轮将会进行一次紧急救生演习，向游客演示在紧急事件发生时如何救生。紧急救生演习强制要求每位游客必须参加，只要有一位游客没有参加，邮轮就不会启航，邮轮领队应向每一位游客强调安全演习的重要性。邮轮领队要告诉游客最重要的两件事，一是救生衣在哪里，二是逃生路线怎么走。通常邮轮上所有客舱内都放置有救生指南，客舱门后还贴有救生通告和指引，安全演习时还会要求每一位游客都亲自前往紧急情况下的集合地点，每间客舱均备有救生衣，每个楼层都会有逃生门。邮轮领队一定要配合邮轮方让游客知道逃生路线怎么走，最好除了安全演习之外，自己也多走几遍。

邮轮领队要提醒游客（无论老幼）务必仔细听船上发出的信号，并按规定做好演习。提醒游客当听到“7短1长”的紧急报警信号时，要穿戴好救生衣前往紧急集合地点（可以在客舱门后找到集合地点号码和位置），船上一切服务设施将暂停使用。提醒游客可在房间内床上找到紧急救生演习卡，所有客人（包括儿童）必须携带红色紧急救生演习卡以及救生衣前往紧急集合站，此卡将在演习集合时被工作人员回收以便确认游客是否参加过紧急救生演习。

3. 做好其他服务

因为游客住得分散，邮轮领队无法随时随地把游客聚集在一起。所以，邮轮领队一定要保持与游客联络畅通，只要游客需要，邮轮领队要尽其所能地为其提供服务，如介绍娱乐项目、帮客人点餐、处理团队内部纠纷、照顾老年人等。

在邮轮上，游客总会遇到一些问题，如设施使用、捆绑信用卡的问题等。首先，船上外籍服务员较多，由于语言和文化不同等因素，游客可能无法得到满意的答复，所以船上通常会设置一个旅行社问询台，由邮轮领队轮流值班专门来解答游客的问题。其次，邮轮领队要通知游客岸上旅游的情况、时间、上下船时的细节、集合地点等。再次，如有的游客晕船、不舒适，邮轮领队也要帮忙解决。总之，邮轮领队要随时与游客保持联络畅通。邮轮上大多时间无信号，每位邮轮领队都会配备一部专门的对讲机，通过此对讲机与游客保持联络，保证每位游客都能找到自己。

案例

感　谢　信

我们是5月30日至6月9日地中海五国邮轮之旅纵健团队队员，且是团队年龄最长的一对老人。

我们一行在纵健领队带队下从北京出发，乘飞机到邮轮住宿、活动、岸上观光。每次出行纵队都不厌其烦，反复提醒、交代注意人身财产证件的安全。纵队与各地的地陪配合极好，景点的人文地理介绍甚详，为我们拍照、摄像，选好镜头，更有针对性、观赏性，起到极好的陪伴作用。在邮轮上纵队几乎每天都给大家介绍娱乐项目，对于剧场的精彩演出节目会建议大家观看，用餐时还帮助大家点菜肴，真是无微不至，那种真诚、踏实让队友们深为感动！

一行20人年龄差距较大，性格各异，不乏争强好胜者，有时为一小事、某一观点引发争端，乃至争执不休，这时纵队都能和平稳妥地解决争端，使事态得到有效的控制，全队和谐共处，在我们长者看来一个年轻人能主动担当，沉着、冷静、智慧地去处理，实属不易，值得学习和借鉴。

此次出游我们二人就特别提醒自己，力争自己的事情自己做。年岁大行动迟缓，我们就笨鸟先飞，早做准备，早起步，尽量不给领队增加负担，不拖团队后腿，尽管如此，也让纵健领队操心不少，让我们满意多多，受益不少，提高了出游的兴趣，今后如有可能还想参加贵公司赴美国、俄罗斯的旅游活动，还愿随纵健领队出行，我们放心、安心、舒心。

最后谨请公司领导转达对纵健领队的谢意和敬意！并建议公司给予表彰。

感谢人：高××　秦××

××××年××月××日

（资料来源：http://www.bjcts.cc/zixun_view.asp? id=311）

拓展阅读

由于中国的邮轮旅游目前主要是旅行社包船的形式，游客通过旅行社上船，这种旅游形式使得游客的邮轮旅游仍然没有摆脱传统的旅游形式。很多游客还是希望领队能够把自己“管”起来，事事依赖领队，以至于不能充分享受邮轮上的休闲生活。这种旅游形式使很多中国邮轮游客不能很好地融入邮轮生活中去，和国际游客相比自然也有一定的差距。所以，为了提高邮轮体验，中国游客有必要转变旅游观念，在船上可以不必完全依赖领队，游客可以随心所欲地享受而不用受到任何拘束。当然，这种旅游形式也从侧面反映了邮轮旅游中领队的不可或缺性，至少目前在中国是这样的。

（五）岸上游服务

旅行社组织的邮轮旅游活动中，岸上游是一个很重要的环节。这时的邮轮领队要尽快做好与各停靠港口岸上地接导游的联络协调工作，并提醒游客带好证件（如护照复印件），以方便游客上下船。邮轮领队还要带领游客从指定地点有序下船并与岸上地接导游会合。

岸上游的时间一般比较短暂，所以必须尽快行动。

1. 让游客清楚了解岸上游的行程并有序下船

在邮轮停靠之前，领队就应将本站的行程计划告诉游客，重点强调下船和返回船上的时间，希望游客配合，并按照分配的下船顺序和时间有序带领游客下船。

2. 辅助岸上地接导游完成游览计划

下船后，邮轮领队应带领团队及时与岸上地接导游会合，并监督岸上地接导游完成停靠站的岸上游工作。在岸上地接导游的讲解过程中，应给予辅助。值得注意的是，中国邮轮旅游团队的岸上游大多是购物游，参观游览相对较少。

3. 带领游客及时返回邮轮

邮轮旅游团结束当天的岸上游活动后，邮轮领队要带领游客及时、顺利、安全返回邮轮，万万不可误了邮轮的出发时间。

拓展阅读

歌诗达邮轮领队攻略

——下船旅游

若是游客想参加歌诗达的岸上游，要在规定时间内到五楼旅游柜台报名，每个地方会有4～5条线路可供选择，价格不一，除非行程里标明含餐，否则餐费自理，一经预定不能退不能改，要事先提醒客人。具体下船方式和所需证件在出发前一天的“Today”（邮轮“活动日志”）上会写得很清楚，报不同线路的人在不同时间、地点集合，凭车票换巴士贴纸，将贴纸贴在身上明显处，一家人一起换票可以坐同一台车，届时工作人员会安排登车次序。岸上地接导游和司机会举巴士顺序号牌迎接游客，上车前导游会把车票的一联撕走，剩余的票自己保存。上了车之后就开始愉快的旅程。

（http://item.tourzj.gov.cn/2012new/ld_article.aspx?Cid=3233da9a-efac-4e37-b0bc-4fa135c09e70）

（六）下船服务

1. 下船说明会

下船日的前一天，邮轮领队要通知游客参加下船说明会，并提醒游客记下相关手续（结算方法、护照、行李标签等）等。邮轮领队也可以提醒游客通过邮轮“活动日志”（如丽星邮轮上的“丽星导航”、歌诗达邮轮上的“Today”等）确认时间、地点，各船舱必须有一名游客参加。

2. 问卷调查

有的邮轮客舱中放有调查问卷。邮轮领队可提醒游客抽时间填写这份问卷，填好后放入咨询台前的箱子里并可以参加邮轮抽奖。

3. 托运行李服务

邮轮领队要提醒游客提早办好行李托运手续。下船用行李标牌通常会在下船前一天放入各客舱中，领队要指导游客正确填写（用罗马字母写入姓名、客舱号、电话号码等），并挂在随身行李之外的大型行李（行李箱）上。提醒游客在离船前一天凌晨1点之前将行李放置在客房外，等候服务员搬运。提醒游客务必将下船日使用的物品、护照、机票、药品、电子产品、贵重物品等放入随身行李中。托运行李必须上锁（邮轮上不接受塑料袋、编织袋、纸袋等包装，以免破损造成物品遗失），行李标牌的颜色各不相同，根据船内报纸通知的下船集合时间、地点进行区分。为了安全起见，行李箱等大型行李勿自行搬运。

4. 退房

邮轮领队要协助游客办好退房手续。提醒游客离开客舱时将钥匙放在客舱内，在离开客舱前，提醒游客务必再次确认没有遗忘东西在房间及保险箱内。下船时必须携带船卡，此船卡可作为这次旅途的纪念品，无须退还。提醒游客务必在船方通知的规定时间之内离开客舱，以便邮轮工作人员进行打扫。

5. 最终离船的集合场所

离船前晚发放的行李标牌的颜色有指定集合地点及时间。开始下船时，船内会播放广播，邮轮领队要在工作人员的指引下带领旅游团依次下船，提醒游客再次确认没有遗忘任何物品。

（七）返程服务

邮轮旅游结束后，邮轮领队要带领旅游团返回客源地。若是境内下船，邮轮领队应带领游客赶往下船地机场（车站、码头），带领游客办理各种手续，并平安返回客源地。若是境外下船，邮轮领队要带领游客办理乘机手续、购买离境机场税、办理离境手续和海关手续等，并带领游客登机。入中国境时，邮轮领队要带领游客接受检验检疫、接受入境边防检查、领取托运行李、接受海关查验等。

回到客源地后，邮轮领队在向游客致欢送辞后就可以解散旅游团了。邮轮领队回社后要和计调交接，上交领队日志、旅游服务质量评价表等，汇报和处理遗留问题，保障和归还物品，与游客保持联络等。

实训项目

学习情境：用邮轮领队的带团程序带领同学模拟游览某邮轮。

实训目的：熟练掌握邮轮领队带团过程中的操作规程。

实训组织：教师事先对学生进行分组，学生以组为单位，进行实训练习。

实训要求：各小组练习完后，选取小组进行课堂演示，其他小组观摩提问题，教师点评。

想一想：邮轮领队服务与普通领队服务有哪些不同？

任务二　邮轮岸上地接导游服务程序与规范

一、邮轮岸上地接导游服务的工作程序

邮轮游上岸观光是邮轮旅行重要的组成部分，了解邮轮所到之处的岸上游内容，合理规划和安排岸上观光，对喜欢邮轮的游客来说是非常重要的。

邮轮游夜晚航行,白天停靠城市。下船,可以自由行,或者参加邮轮公司组织的岸上游活动。如果是后者,邮轮公司一般会和岸上的旅行社有合作。旅行社派车派岸上地接导游,接待下船的游客进行岸上的旅游活动,只要赶在开船前把游客送回船就可以。

尽管邮轮在港口停靠的时间比较短,但由于岸上游经历对游客的重要性,以及邮轮游客接待的特殊性,岸上地接导游必须严格按照导游服务质量标准和旅游合同提供各项服务,开展旅游活动,保障邮轮游客的岸上游计划正常、有序、顺利地开展。

邮轮岸上地接导游的工作程序与普通地陪导游的工作程序非常相似,大体包括:服务准备—接船服务—参观游览服务—送船服务。

二、邮轮岸上地接导游服务规范

(一)服务准备

做好准备工作,是邮轮岸上地接导游提供良好服务的重要前提。

1. 熟悉接待计划

岸上地接导游应在邮轮抵达之前认真阅读接待计划和有关资料,详细、准确地了解该旅游团的服务项目和要求,重要事宜做好记录。

这里要说明的一点是,由于邮轮上参加岸上游活动的游客可能很多,大型邮轮能达到上千甚至几千人。而接待如此多的邮轮游客必然会给接待秩序和岸上各旅游景点的接待能力带来极大的挑战。为了解决可能带来的秩序混乱或者旅游景点的接待过量问题,目前国际邮轮流行的做法是与停靠港的一家或几家旅行社合作,在接船时间、景点分配上都有序错开,以避免上千甚至几千人一下子拥入而导致的接待过量。

岸上地接导游务必要仔细阅读自己拿到的接待计划,明确自己所接团队的团号、人数、姓名、路线、车号、接船时间、送船时间以及领队的姓名等重要信息,以免造成接待失误。

2. 落实接待事宜

(1)落实接待日程安排表

对于所接岸上游旅游团的日期、出发时间、游览项目、特殊项目等,在日程表里都有安排。地接导游应对各项安排逐一核实,若发现不妥之处立即和本社有关人员联系,问清情况后,做必要修订。

(2)落实交通工具

岸上地接导游人员应与旅游汽车司机或车队联系,确认为该团在本地提供交通服务的车辆的车型、车牌号和司机姓名及联络方式,确认旅游车的编号。

(3)落实用餐事宜

邮轮岸上游旅游团通常是早接晚送,游客在岸上的餐饮通常是午餐。岸上地接导游要核实邮轮游客的岸上游是否包含午餐,明确用餐标准、用餐地点以及特殊要求等。

(4)落实相关单位和人员的联络方式

邮轮岸上地接导游应随身携带旅行社相关部门、餐厅、车队、旅游团领队等人的联系方式。

(5)做好物质准备

邮轮岸上地接导游要做好必要的物质准备,穿制服,带好接待计划和导游证,准备游客矿泉水、接站牌、结算凭证等物品。

3. 语言和知识准备

(1)做好语言翻译、导游的准备

由于所接的外籍邮轮游客占了相当大的比例,对导游语言能力的要求比较高。邮轮岸上地接导游应该具备较好的外语表达和沟通能力;对翻译、导游的重点内容,做好外语和介绍资料的准备。

(2)做好客源国知识的准备

邮轮游客来自世界各地、四面八方,不同地区的游客有着不同的文化和地区特点。邮轮岸上地接导游应该熟知所要接待的邮轮游客的价值观、生活习惯、文化传统、风俗禁忌等方面的特点,做好客源国知识的准备。

(3)热门话题、重大新闻和感兴趣话题准备

准备当前的热门话题、国内外重大新闻、游客可能感兴趣的话题等。

4. 心理准备和形象准备

邮轮岸上地接导游的心理准备和形象准备大体与普通团的地陪和全陪相同,此处不再赘述。特别提示一点,邮轮岸上地接导游与邮轮游客的接触时间较短,一定要注意自己的形象,力求给游客留下良好的印象,保证岸上游的顺利、有序进行。

(二)接船服务

在接站过程中,邮轮岸上地接导游应使旅游团在接站地点得到及时、热情、友好的接待,了解在当地参观游览活动的概况。

1. 邮轮抵达前的工作

(1)确定邮轮抵达的确切时间

邮轮岸上地接导游一般应在邮轮预定到达时间前1小时向码头问讯处询问,确认邮轮的准确抵达时间。

(2)与司机联络,提前抵达接站地点

邮轮岸上地接导游应及时与旅游车司机商定接头时间、地点,保证提前半小时抵达码头接站地点,途中要详细告知司机该团的具体安排。到达接站地点后,与司机商定车辆的停放位置。

(3)再次核实邮轮抵达的准确时间

抵达码头后,岸上地接导游要再次确认邮轮抵达的确切时间,确保万无一失。

(4)持接站牌迎候旅游团

邮轮抵达后,岸上地接导游应按照接待计划中标明的接站地点和次序,持接站牌站在醒目的位置,热情迎候旅游团。接站牌上要写清楚团名、团号、领队姓名等。

2. 迎接游客

邮轮抵达后,岸上地接导游要尽快找到旅游团,向邮轮领队做自我介绍后,立即与邮轮领队核实实际人数、餐饮等方面的情况。集合并引导游客有序登车。如与原计划有出入或变化,应及时与接待社联系。

3. 首次讲解

邮轮岸上地接导游首次讲解的内容包括欢迎辞及首次沿途导游等,这与普通旅游团队的地陪工作内容基本一致。欢迎辞应包括对旅游团的欢迎,对旅行社和本人的简要介绍,对司机的介绍,提供服务的诚挚愿望并期望得到游客的配合,预祝旅游愉快、顺利。

4. 商定日程

在做了首次讲解之后，岸上地接导游应该和领队一起核对、商定日程。如有出入，或有新的特殊要求，应协商解决，必要时应及时反馈给旅行社，请领导指示。

（三）参观游览服务

参观游览服务是邮轮游客进行岸上游的主要目的和内容，是其旅游活动的核心。但因为邮轮游客的岸上游活动不同于普通团队的游览，时间非常有限，因此，岸上游的景点必须精心选择，要在时间允许的情况下尽量突出本地具有典型代表性的内容，岸上地接导游必须认真准备、精心安排、热情服务、生动讲解。

1. 途中导游、讲解

在前往旅游点的途中，岸上地接导游要向游客申明当日活动安排，包括午餐的时间、地点，报告到达游览参观点途中所需时间等；要进行沿途风光导游、介绍游览景点，并适当地活跃气氛。

2. 景点导游、讲解

抵达景点时，岸上地接导游要在下车前交代游览注意事项，讲清楚车型、车号、颜色、停车地点，讲明游览路线、所需时间、集合时间和地点等。

抵达景点后，岸上地接导游应对景点进行生动丰富的讲解，注意讲解技巧，充分利用各种讲解方法使讲解的内容形象易懂，让游客印象深刻。

（四）送船服务

邮轮旅游团结束当天的参观游览活动后，岸上地接导游应做到使游客及时、顺利、安全返回邮轮，万万不可误了邮轮的出发时间。

1. 致欢送辞

岸上地接导游致欢送辞可以加深与游客之间的感情。致欢送辞时语气应真挚、富有感情，地点可选在行车途中，也可在码头。

2. 提前到达离站码头

岸上地接导游带团前往邮轮停靠码头必须留出充裕的时间。下车前，岸上地接导游应提醒游客带齐随身的行李物品，照顾游客下车后，再检查一下车内有无游客遗漏的物品。

3. 协助游客登船

带领旅游团队到码头登船服务中心，提醒游客准备好登船所需的证件，协助游客上船，待所有的游客都登上邮轮之后，岸上地接导游才能离开送站地点。

4. 做好后续工作

送走旅游团后，岸上地接导游应与司机结账，在用车单据上签字，并要保留好单据。还需处理遗留问题，归还所借物品，结账等。

New Words 单词

tour guide service skill	导游服务技能
local guide service	地陪导游服务
cruise card	邮轮卡

welcome speech	欢迎辞
farewell speech	欢送辞
special flavor	风味餐
boarding card	登机牌
luggage	行李
customs declaration	海关申报
check out	结账
full independent tour	散客旅游
cruise leader	邮轮领队

Brain

思考与练习

一、选择题

1. 旅游者上车后，导游人员应有礼貌地清点人数，可以采用(　　)的方式进行。

A. 点报客人姓名　　B. 请领队清点

C. 用手指指着客人清点　　D. 默数

2. 带团过程中，接待方导游人员与领队对某些活动安排出现意见分歧时，导游人员正确的做法是(　　)。

A. 据理力争，不惜正面冲突　　B. 当着游客的面质询领队

C. 坚持原则，避免正面冲突　　D. 让游客评判

3. 旅游团抵达一地登车后，地陪要做的第一件事是(　　)。

A. 致欢迎词　　B. 调整时差　　C. 清点人数　　D. 风光导游

4. 在核对、商定日程中，领队提出计划日程与全陪不符时，全陪首先应(　　)。

A. 与地陪协商解决

B. 向领队解释说明日程已定不能改动

C. 请领队征求全团旅游者的意见后合理处理

D. 及时报告国内组团社

5. 地陪在接小型旅游团或无领队、无全陪的散客旅游团时，要在接站牌上写上(　　)，以便客人能主动与地陪联系。

A. 接待社名称　　B. 组团社名称　　C. 导游姓名　　D. 游客姓名

6. 外国旅游团抵达饭店后，分配房间的工作应由(　　)来完成。

A. 地陪　　B. 全陪　　C. 领队　　D. 团长

7. 在接待大型旅游团队的过程中，保障旅游者的(　　)是导游人员的头等要事。

A. 行动自由　　B. 人身安全　　C. 随身物品　　D. 食宿安排

8. 导游人员不要为旅游团代管证件和贵重物品，需要使用时要请(　　)收齐，用毕如数归还，并提醒妥善保管。

A. 团长　　B. 全陪　　C. 领队　　D. 服务员

二、思考题

1. 假如你是一位地接导游，有一天你接了一个律师旅游团，请拟一段欢迎辞。
2. 地陪和全陪的工作程序是怎样的？
3. 出境旅游领队如何带领游客出入境？
4. 邮轮领队的服务程序是怎样的？

三、案例

地陪李小姐负责接待一个来湘的台湾旅行团。在长沙旅游的第三天下午，该团完成当天活动计划后准备返回饭店，傍晚将乘坐17:48的火车前往北京继续旅游。在旅游车上，李小姐与司机商量后说："今天我们的行程很宽松，为了让大家更好地领略湖南风土人情，我特意为大家增加了一个活动项目——前往××作坊参观湖南刺绣。"

刺绣作坊附设有商店，个别游客十分喜爱手工生产的刺绣，却发现这里没有定点商店标志，因而对是否购买犹豫不决。李小姐解释道："这家作坊新开张，还来不及申报定点商店。但产品货真价实，绝对值得信赖！我们在这里必须停留2个小时，大家还是利用这段时间去挑选满意的刺绣商品作为纪念吧。我与店方商量过，为表达对台湾同胞的情谊，各位只要出示我发给大家的购物卡，就可以在原价上打七五折。"在她的劝说下，游客们纷纷购买。

在游客们返回饭店下车时，李小姐说："朋友们请注意，稍晚我们就将前往火车站。各位此行没有要求行李服务，请大家自己将行李准备妥当。各位请下车。"

游客们下车回房后，李小姐核实了离境的车次时间后，与司机商量决定17:00送游客前往火车站。然后，李小姐向饭店前台通报了本团的离店时间，并结算了房费。

离店引导游客上车时，李小姐清点人数无误并提醒游客交还房卡和结清饭店自费账目，经领队和全陪同意后通知司机开车。随后李小姐致了热情洋溢、规范完整的欢送词，博得游客们的掌声赞许。

到达火车站停车场后，李小姐说："朋友们，现在是17:30，大家所乘车次已经开始检票了。请抓紧时间，拿好自己的行李物品进站。再见！"

接下来，李小姐让游客下车并在旅游车门口挥手作别。

思考：请依据导游人员的行为规范和服务规程，指出李小姐的工作中出现了哪些失误？

模块三　导游服务技能

【学习目标】

1. 掌握导游人员的基本带团技能,包括与其他导游人员的协作技能、人际沟通技能等,掌握服务不同类型游客的方法。

2. 掌握中英文导游词的撰写和讲解方法,能够写出生动、幽默、富有内涵的导游词,并能够声情并茂地进行讲解。

3. 增强对祖国大好河山的热爱,学会挖掘大好河山中的中华文化元素、宝贵精神财富,立志并努力成为一名讲好中国故事、传承中华文明的新时代好导游。

【案例导入】

两句话力挽狂澜

背景:5 月 1 日我接到园林的电话,让我“救火”,说是团砸了,投诉车况不好,而且要求换导游,让我第二天冲上去“堵枪眼”——这种郁闷的事情总让我遇到……

事件:哈尔滨团,走千山本溪,由于组团社出票的问题,客人分两批到,早上 4:30 一批,另一批本应该 7:30 到这,不过火车晚点,9 点才到,第一批客人等得火大了。随后车况不好,没空调,晚上 8 点半才回到沈阳,路上客人闹了一路……

这就是事件的背景——客人一肚子火,看谁谁不顺眼,在这种情况下上团,要完成行程,要避免投诉,要让客人的态度来个大逆转。

达到这个效果,我上车用了两句话就搞定了,以至于在后来社里战战兢兢给我打电话问我需不需要加餐什么的补偿一下的时候,我说我已经搞定了,而且就用了两句话。社里计调大惊!

我上车是这样讲的:“昨天的 X 导下岗了,今天我来了,我来干什么呢? 先是给大家赔个礼,道个歉,昨天种种原因吧,没能让大家玩得满意,虽然不是我的责任,但是我也代表我们地接社,代表昨天的导游,向大家道歉,希望能够得到大家的原谅。(第一句,没什么反应)哦? 没反应啊,那就是不原谅了?(半句话之后,由于我表情语气掌握得很好,大家已经不是阶级斗争脸了,而且有几个游客笑了出来)总之,您原谅,我也来了,不原谅我也来了,原谅不原谅,我都带着诚意,扑面而来!(由于我的语气和功夫中的赵本山十分相似,所以第二句话讲完,全场爆笑,搞定了)”

笑过之后就很难再发脾气了,于是我乘胜追击,“您要是不解气的话打我两下——您也下不去手,您骂我两句——您张不开嘴,(笑)对嘛,咱们是出来玩的,也不是出来生气的,新的一天,新的一页……”这时候有的客人插话说:“小伙儿,就冲你这两句话,你就比昨天的那个导游强,不过这车也太差劲了吧,连个空调都没有!”(我感觉他就是我的捧哏,简直是帮助我发挥)“大哥,耽误我们俩感情的罪魁祸首就是这车,今天为了表示我的诚意,我必须当着你的面把它砸碎! 谁都别拦着我!”(车上谁都忍不住了,第一阵掌声)然后我象征性地拍了车座两下,说:“虽然没砸动,但是至少也表达了我的诚意,这车座套就作为我们重归于好的见证,有收藏的没有? 我出一毛!”底下异口同声——“成交!”于是我拿出一毛钱,“我拿一毛钱,这车座套就是我的了,作为我们重归于好的见证,大家能不能大事化小,小事化了呢?”下面一片掌声。

讨论:案例中的“我”是通过怎样的方法化解矛盾的?

【本章导读】

导游人员的服务技能是指导游人员运用掌握的知识和经验为游客提供服务的方式和能力,它是导游人员的核心竞争力。由于导游服务范围的广泛性,导游服务的技能包括多个方面,如人际交往技能、组织协调技能、带团技能、宣传技能、运用语言技能、导游讲解技能、保卫游客安全技能、运用导游器材技能、计算技能等。譬如,导游人员带团到商店购物,一位外国游客看中一种丝绸,告诉导游人员他想买 8 英尺①,导游人员迅速算出是 2.44 米并告诉售货员,这就是计算技能。

导游服务技能主要不是从书本中获得,而是通过反复实践,不断摸索、不断总结逐步形成和丰富起来的。因此,导游人员应在工作中勤学苦练,不断积累,以提高自己的导游服务技能。本模块主要从导游人员的带团技能、导游人员的语言运用技能及讲解技能、邮轮导游服务接待技能三个方面予以介绍。

项目一　导游人员的带团技能

任务一　导游带团的特点、原则及模式

一、导游人员带团的特点

(一)环境的流动性

导游人员的工作环境不是静止和固定的,要随着游客的不同和业务的需要不断改变工作场地,全国各地的风景名胜、文物古迹、宾馆饭店、机场码头、购物场所、娱乐场馆都是导游人员工作的地方。

① 1 英尺 = 0.304 8 米

（二）接触的短暂性

导游人员与旅游团的游客之间通常互不熟悉，仅仅是通过短期的旅游活动才相互有了接触。旅游活动的时间往往不长久，导游人员和游客的接触也多是一种浅层次的泛泛之交。

（三）服务的主动性

导游人员的职责决定了他是旅游团队的焦点，是团队的中心人物。在带团过程中，导游人员肩负组织游客、联络协调、传播文化的职责。无论是哪个环节的工作，都需要导游人员动脑筋、想办法，积极主动地为游客做好服务。

二、导游人员带团的原则

导游人员带团时，一般应遵循以下原则。

（一）游客至上原则

导游人员在带团过程中，需要有强烈的责任感和使命感，工作中要明辨是非曲直，任何情况下都要严格遵守职业道德，遇事多从游客的角度去思考，将维护游客的合法利益摆在首位。

（二）履行合同原则

导游人员带团要以旅游合同为基础，是否履行旅游合同的内容，是评价导游人员是否尽职的基本尺度。一方面，导游人员要设身处地为游客考虑；另一方面，导游人员也应考虑派出企业的利益，力争使游客在合同约定的范围内获得优质的服务，使旅行社获取应得的利益。

（三）公平对待原则

尊重他人是人际交往中的一项基本准则。不论游客来自境外或境内，也不论游客的肤色、语言、信仰、消费水平如何，导游人员都应一视同仁，公平对待。特别是不应对一些游客表现出偏爱，造成旅游团队内部关系的紧张，影响到导游服务的正常进行。

三、导游人员带团模式

日常工作中，有的导游人员以活泼热情受到游客欢迎，有的以严谨细心博得游客赞赏，有的以任劳任怨获得游客支持。一般受旅游计划和游客需要两方面的影响，导游人员带团的模式可大体分为自我中心型和游客中心型两种。

（一）自我中心型

自我中心型的带团模式是指导游人员带团的主要目标是为了完成旅游活动的既定计划。在这种模式下，导游人员的所有工作都以旅行社与游客预定的旅游计划为核心，尽量不做调整，对有可能影响或破坏计划实施的因素坚决予以排除。他们往往很少答应游客计划外的要求，除非万不得已。虽然此种做法可能让部分游客感到旅游的愿望没有全部满足，但由于导游人员注重计划内的服务质量和水平，往往超出游客对服务质量的预期，使游客的情绪和注意力被高度调动起来，从而冲淡了不悦之感，并且大大降低了意外事故发生的可能性。

（二）游客中心型

游客中心型的带团模式是指导游人员带团的主要目标是为了尽量满足游客的需要。在这种模式下，导游人员的工作重点是游客而非旅游计划，他们非常关心游客的感受，尽一切可能满足游客各方面的旅游愿望。他们往往根据游客的特点灵活调整自己的导游服务，注重与游客的情感交流，使游客体会到导游人员对自己的关怀，从而获得精神层面的旅游满足。但由于这种模式容易使游客滋生松懈和依赖心理，往往会提出许多难度过大的要求，从而导致旅游意外事故的发生。

自我中心型和游客中心型并不是对立的，自我中心型的带团模式并不排斥对游客的关怀；游客中心型的带团模式也要求恪守一定的原则。导游人员可根据自己的个性特点和能力水平，融合以上两种带团模式，针对不同的团队进行不同的导游服务。

任务二　导游带团技能

导游带团技能是导游人员基于旅游团的整体需要，并兼顾游客合理的个别需要，熟练运用各种方式、方法和技巧以提高旅游产品使用价值的能力。导游人员带团技能的高低直接影响导游服务的效果。导游熟练地掌握了带团技能，就能与游客友好相处，在旅游团内确立自己的主导地位并具有一定凝聚力、影响力和调控力。

带团技能小口诀：

以我为主，把握全局。

设身处地，弥补缺陷。

机智老练，对付扰乱。

以客为主，灵活控制。

沉着应变，排除故障。

有理有节，处理投诉。

一、确立在旅游团中的主导地位

旅游团队是由素不相识的、各种各样的游客组成的临时性和松散性的团体。导游人员在带团过程中应尽快确立自己在旅游团中的主导地位，这是带好一个旅游团的关键。

（一）以诚待人，热情服务

导游人员与游客接触的时间一般不是很长，多则十天半月，少则只有一天或几天，要想在相对较短的时间内取得游客的信任，真诚热情的对待游客是建立人际关系的基础。导游人员真诚地对待每一位游客，热情周到的服务会让游客的内心感觉到温暖，自然会增进相互之间的感情。反之，如果导游人员对待游客“冷冰冰的”，与游客之间的距离感随之拉远，更加不利于工作的展开。

真诚和热情还可以弥补导游人员工作中的不足。例如一位年轻的导游人员，因为工作经验不足，在工作中出现了一些失误，但是他总是能热情耐心地对待游客，帮助游客解决困难，虽然工作中有些不足，但游客还是被他的真诚和热情打动而不去计较。

（二）换位思考，宽以待客

导游人员在带团的过程中，经常要面对游客的各种需求。在此过程中，导游应将心比心，多站在游客的角度考虑，而不是对游客的要求妄加指责。采用这种思维方式，就更加容易理解游客，对于游客苛刻的要求也能找出合理的原因，耐心宽容地对待。

（三）树立威信，善于“驾驭”

导游是整个团队的领头羊，要想顺利带好团，必须树立威信（prestige）。导游人员的威信不是仅仅用言语来树立的，而是靠实在的行动。导游树立威信首先应提高可信度，不欺骗游客，不取笑游客，具备良好的专业素养，实实在在为游客考虑，冷静娴熟地处理问题，提高游客的凝聚力。其次要多与游客沟通，有些导游以自我为中心，认为游客应当听从自己的指挥，从而忽略了游客的意见和感受，造成游客意见很大。树立威信的前提就是要充分地尊重游客，多与他们沟通，多听听他们的意见，共同完成美好的旅程。树立威信还要依托于导游的个人魅力，导游渊博的知识、文雅的谈吐、高超的导游技能和敬业精神都将深深影响游客，这些都在无形之中帮助导游树立了威信。

二、树立良好的导游形象

（一）重视“第一印象”

人们评价和是否愿意接触一个人，“第一印象”（first impression）占到很大比重，这也就是人们常说的首因效应。如何树立良好的第一印象呢？对于导游来说，首先要精神饱满，充满自信。试想如果游客们见到的导游是一个满嘴哈欠、说话吞吞吐吐的人，游客们自然会对他产生厌烦感。而精神饱满、充满自信的导游让游客眼前一亮，整个氛围一下子活跃起来。其次，对于导游来说，还要注重自身的着装打扮。一个人的穿着打扮一定程度上体现了一个人的品味和文化素养，导游的穿着打扮应当得体，不能过分高调，否则容易引起游客的不满，认为导游是喧宾夺主。女导游应适当化淡妆，不宜化浓妆。

（二）维持良好的形象

形象塑造是一个动态过程，贯穿于旅游活动的始终，游客并不仅仅满足于良好的第一印象，他们会在以后的旅游活动中，对导游进行观察，验证、修正对导游的初始印象。因此，导游人员要时刻保持良好的状态，办事沉着干练、充满自信、精神饱满、知识丰富、语言生动，维护良好的形象。

（三）留下美好的最终印象

人们在旅行结束后，评价和回忆本次旅行时，往往都会对旅途的末尾部分印象最深，这也就是人们常说的近因效应。导游工作时要善始善终，不仅要有良好的第一印象，还要时刻维护形象，给游客留下美好的最终印象（final impression）。或许导游的一段感人的离别感言会让游客铭记于心并深受感动，或许导游对游客的一个细心的举动会让游客满怀感激。因此良好的最终印象也是游客下次旅行选择同样的导游，或者把导游推荐给亲戚朋友的重要因素。

三、向游客提供心理服务

心理服务亦称情绪化服务，是导游人员为调节游客在旅游过程中的心理状态所提供的服务。导游人员在带团过程中，需要根据不同游客的心理变化，有效地向游客提供各类心理服务。

（一）从国籍、年龄、性别和所属阶层等方面了解游客

每个国家、每个民族都有自己的传统文化和民风习俗，人们的性格和思维方式亦不相同。即使是同一个国家，不同地区、不同民族的人在性格和思维方式上也有很大差异。与此同时，游客所属的社会阶层、年龄与性别的不同，对其心理特征和生活情趣也会产生较为明显的影响。导游人员应从这些方面去了解游客，并有针对性地向他们提供心理服务。

1. 区域和国籍（nationality）

首先，从区域的角度看，东方人和西方人在性格和思维上有较明显的差异。西方人较开放、感情外露，喜欢直截了当地表明意愿，其思维方式一般由小到大、由近及远、由具体到抽象；东方人较含蓄、内向，往往委婉地表达意愿，其思维方式一般从抽象到具体、从大到小、从远到近。导游人员在接待西方游客时，就应特别注重细节。

其次，从国籍角度看，同是西方人，在思维方式上也存在着一些差别。如英国人矜持、讲究绅士风度；美国人开放、随意、重实利；法国人浪漫、爱享受生活；德国人踏实、勤奋、守纪律；意大利人热情、热爱生活等。

2. 所属社会阶层

来自上层社会的游客大多严谨持重，发表意见时往往经过深思熟虑，他们期待听到高品味的导游讲解，以获得高雅的精神享受；一般游客则喜欢不拘形式的交谈，话题广泛，比较关心带有普遍性的社会问题及当前的热门话题，在参观游览时期待听到充满故事性的导游讲解，希望轻轻松松地旅游度假。

3. 年龄和性别（gender）

年老的游客好思古怀旧，对游览名胜古迹、会见亲朋老友有较大的兴趣，他们希望得到尊重，希望导游人员多与他们交谈；年轻的游客爱好逐新猎奇，喜欢多动多看，对热门社会问题有浓厚的兴趣；女性游客则喜欢谈论商品及购物，喜欢听带故事情节的导游讲解。

（二）从分析游客所处的地理环境来了解游客

游客由于所处的地理环境不同，对于同一类旅游产品会有不同的需要与偏好，他们对那些与自己所处地理环境迥然不同的旅游目的地往往情有独钟。譬如，我国北方游客喜爱南国风情，南方游客偏好北国风光；内陆地区游客喜欢去青岛、三亚等海滨城市，沿海地区游客向往九寨沟、西双版纳独特的风貌；游人们在盛夏时节去大连、哈尔滨等北方名城，隆冬季节奔赴海南岛和东南亚，这种反向、反季节出游已成为一种普遍的现象，导游人员可通过分析地理环境来了解游客的这些心理活动。

（三）从游客的出游动机来了解游客

人们旅游行为的形成有其客观条件和主观条件。客观条件主要是人们有足够的可自由支配收入和闲暇时间；主观条件是指人们必须具备旅游的动机。

从旅游的角度看，游客的旅游动机一般包括：

（1）观赏风景名胜、探求文化差异、寻求文化交融的文化动机；

（2）考察国情民风、体验异域生活、探亲访友寻根的社会动机；

（3）考察投资环境、进行商务洽谈、购买旅游商品的经济动机；

（4）休闲度假、康体健身、消遣娱乐的身心动机。

导游人员了解和把握了游客的旅游动机，就能更恰当地安排旅游活动和提供导游

服务。

一般说来，人们参加旅游团的心理动机如下：

(1)省心，不必为决策消耗心力；

(2)节省时间和金钱；

(3)有伴侣、有团友；

(4)有安全感；

(5)能正确了解所看到的景物。

导游人员通过周到、细致的服务和精彩、生动的讲解能满足游客的这些心理需求。

(四)从游客不同的个性特征了解游客

游客的个性各不相同，导游人员从游客的言行举止可以判断其个性，从而达到了解游客并适时提供心理服务的目的。

1. 活泼型游客

爱交际，喜讲话，好出主意，乐于助人，喜欢多变的游览项目。对这类游客，导游人员要扬长避短，既要乐于与他们交朋友，又要避免与他们过多交往，以免引起其他团员的不满；要多征求他们的意见和建议，但注意不让其左右旅游活动，打乱正常的活动日程；可适当地请他们帮助活跃气氛，协助照顾年老体弱者等。活泼型游客往往能影响旅游团的其他人，导游人员应与之搞好关系，在适当的场合表扬他们的工作并表示感谢。

2. 急躁型游客

性急，好动，争强好胜，易冲动，好遗忘，情绪不稳定，比较喜欢离群活动。对这类比较难对付的游客，导游人员要避其锋芒，不与他们争论，不激怒他们；在他们冲动时不要与之计较，待他们冷静后再与其好好商量，往往能取得良好的效果；对他们要多微笑，服务要热情周到，而且要多关心他们，随时注意他们的安全。

3. 稳重型游客

稳重，不轻易发表见解，一旦发表，希望得到他人的尊重；这类游客容易交往，但他们不主动与人交往，不愿麻烦他人；游览时他们喜欢细细欣赏，购物时爱挑选比较。导游人员要尊重这类游客，不要怠慢，更不能故意冷淡他们；要主动多接近他们，尽量满足他们的合理而可能的要求；与他们交谈要客气、诚恳，速度要慢，声调要低；讨论问题时要平心静气，认真对待他们的意见和建议。

4. 忧郁型游客

身体弱，易失眠，忧郁孤独，少言语但重感情。面对这类游客，导游人员要格外小心，别多问，尊重他们的隐私；要多亲近他们，多关心体贴他们，但不能过分表示亲热；多主动与他们交谈些愉快的话题，但不要与之高声说笑，更不要与他们开玩笑。

(五)通过分析旅游活动各阶段游客的心理变化了解游客

案例

北京的导游小江接待了一个15人的法国老年旅游团。该团在北京的日程安排得很紧凑:第一天晚上入境后,到饭店休息;第二天上午参观天安门、故宫,下午去颐和园、动物园,晚上吃风味餐、看京戏;第三天上午去八达岭长城,下午去定陵,晚上去王府井购物;第四天上午去天坛、雍和宫,午餐后乘下午的航班去西安。

在第二天游览过程中客人们兴致很高,每到一处他们都拍照留念,认真听导游的讲解。只是在景区内的步行距离太长,团内大部分是老年人,有些人感到很劳累。晚上吃烤鸭的时候,气氛达到了高潮。回来的路上大家对当天的旅游安排非常满意,赞不绝口。

第三天,一些人的疲态便显露出来了,在长城上有人只登上一段路,照了几张相便返回旅游车休息。导游小江只好将疲劳的游客先安顿好,再去为其他人导游。回去的路上有的客人要求先回饭店休息一下再去吃饭、购物。结果再次集合时,只有6个人去吃饭,其他人都想洗澡、休息了。晚饭后只有两个人要求去王府井购物,其他4人坐出租车回饭店。在送购物客人回饭店的路上,姜小姐心里有种说不出的滋味。

第四天上午,游览了天坛后,由于旅游者行动过慢而使时间不够,无法再去雍和宫参观。大家匆匆到指定的餐厅用餐后便赶去机场了。一路上姜小姐征求了客人对此次在京旅游的意见,有人反映,刚开始感觉不错,但越来越感到活动单调,并且有些劳累。对于姜小姐的服务和讲解大家还是感到很满意,但希望根据老年人多的特点,多留出一些放松时间。

讨论:游客在旅游过程中分为哪几个阶段,每个阶段有哪些特点?姜导在哪些方面有不足之处,如何根据游客的特点和状态予以改进?

1. 旅游初期阶段:求安全、求新、求异心理

旅游者初到异地,异常兴奋,但因人生地不熟、语言不通,他们会产生孤独感和不安全感,安全感成了游客在这阶段的主要需求。因此,消除游客的不安全感是导游在这一阶段的主要任务。导游对待旅游者要亲切、友好、真挚、热情,不仅要注意自我外在形象和态度对游客的影响,还要以周密的工作安排、良好的工作效率赢得游客的信任。从机场到饭店的交通工具、行李运送、住房和用餐都应做好妥善安排,迅速地满足旅游者的要求,并注意在细微之处关心旅游者。例如导游人员在接团前记住团里旅游者的名字和特征,接到客人时能叫出他们的名字,旅游者就会尽快消除初到异地的疑虑和不安,增强安全感和信任感。

旅游者刚到一个地方,对一切都感到新鲜、好奇,即使是当地人司空见惯的事情,对旅游者来说可能也是一件新鲜事。对此,导游人员应当多用生动的语言介绍当地的风情和文化,即使有些问题幼稚可笑,导游人员也应当耐心细致地解答,同时,导游人员应抓住这个阶段旅游者对导游人员依赖性强的心理,及时提醒旅游者遵守活动时间、团队纪律,建立良好的秩序,以保证旅游活动计划的顺利实现。

2. 旅游中期阶段:懒散心态、求全心理、群体心理

随着旅游活动的展开,相互接触增多,旅游者之间、旅游者和导游人员之间更加熟悉,旅游者的行为就更加随意,心态也越来越放松,这时旅游者中的个性特点就慢慢暴露出来,比如时间观念差、游览活动中自由散漫、丢三落四,旅游团成员之间的矛盾也开始凸显出来。

这个阶段,旅游者的求全心理也表现得更加突出。旅游者外出旅游往往期望值较高,如果产品和服务达不到他们的要求,他们就横加指责,万般挑剔,甚至产生一些过火的言

行。旅游者在这个阶段提出的问题范围更深刻、更加广泛，有些甚至还会提出一些不友好，甚至挑衅性的问题。

因此，导游人员在这一阶段中的工作最为艰巨，导游人员精力必须更加集中，服务更加细致周到，任何事情不能掉以轻心，讲解更加精彩；要反复向旅游者强调出发时间、游览线路、集合时间和地点，多强调注意事项，提醒游客注意人身和财产安全；导游人员还要精心安排旅游者的生活，特别关照特殊对象，努力保持旅游者的体力和精力；导游服务集体要注意密切合作，遇事多商量，还要与司机配合，注意交通安全。总之，导游人员要全力以赴，保证旅游活动的顺利进行。

3. 旅游后期阶段：忙于个人事务

旅游活动后期，旅游者的心情波动较大，开始忙乱起来，与国内的朋友联系，购买称心如意的纪念品，还要考虑行李是否超重，总之，他们希望有更多的时间处理个人事务。

在旅游活动的最后阶段，导游人员应当努力向旅游者提供更加热情、周到的服务，尤其是多提供一些超常服务，如帮助选购纪念品，捆扎行李等；安排旅游者活动宜精不宜多；做好送行服务，给旅游者留下更深刻的印象。必要时，导游人员可在最后阶段做一些弥补性工作，多与旅游者沟通，尽力消除消极影响。

四、调整游客的情绪

游客在旅游过程中，会因为自己的需要是否得到满足而产生不同的情感体验。如果他们的需要得到满足，就会产生愉快、满意、欢喜等肯定的、积极的情感；反之则会产生烦恼、不满、懊恼甚至愤怒等否定的、消极的情感。导游人员要善于从游客的言行举止和表情变化中去了解他们的情绪，在发现游客出现消极或否定情绪后，应及时找出原因并采取相应措施来消除或进行调整。

（一）补偿法

补偿法是指导游人员从物质上或精神上给游客以补偿，从而消除或弱化游客不满情绪的一种方法。譬如，如果没有按协议书上注明的标准提供相应的服务，应给游客以补偿，而且替代物一般应高于原先的标准；如果因故无法满足游客的合理要求而导致其不满时，导游人员应实事求是地说明困难，并诚恳地道歉，以求得游客的谅解，从而消除游客的消极情绪。

（二）分析法

分析法是指导游人员将造成游客消极情绪的原委向游客讲清楚，并一分为二地分析事物的两面性及其与游客的得失关系的一种方法。譬如，由于交通原因不得不改变日程，或游客要多花时间前往游览地，常常会引起他们的不满，甚至愤怒抗议。导游人员应耐心地向游客解释造成日程变更的客观原因，诚恳地表示歉意；并分析改变日程的利弊，强调其有利的一面或着重介绍新增加的游览内容的特色和趣味，这样往往能收到较好的效果。

（三）转移注意法

转移注意法是指在游客产生烦闷或不快情绪时，导游人员有意识地调节游客的注意力，使其从不愉快、不顺心的事情转移到愉快、顺心的事情上去。譬如，有的游客因对参观什么内容有不同意见而不快；有的游客因爬山时不慎划破了衣服而懊恼；有的游客因看到不愉快的现象产生联想而伤感等。导游人员除了说服或安慰游客以外,还可通过讲笑话、唱山歌、学说本地话或讲些民间故事等形式来活跃气氛,使游客的注意力转移到有趣的文娱活动上来。

五、激发游客的游兴

导游服务要取得良好的效果,需要导游人员在游览过程中激发游客的游兴,使游客自始至终沉浸在兴奋、愉悦的氛围之中。兴趣是人们力求认识某种事物或某种活动的倾向,这种倾向一经产生,就会出现积极主动、专注投入、聚精会神等心理状态,形成良好的游览心境。导游人员可从以下方面去激发游客的游兴。

(一)通过直观形象激发游客的游兴

导游人员应通过突出游览对象本身的直观形象来激发游客的游兴。譬如,湖北通山九宫山喷雪崖,崖顶之云中湖水喷薄而出,直落涧底狭谷,深达70余米。因谷口逼风,跌落之水化成缕缕雾霭,绕崖旋转,色白如雪,如同白雪公主,蔚为壮观。导游人员要引导游客从最佳的角度观赏,才能突出喷雪崖的直观形象,使游客产生美的感受,激起游客强烈的兴趣。

(二)运用语言艺术激发游客的游兴

导游人员运用语言艺术可以调动游客的情绪,激发游客的游兴。譬如,通过讲解历史故事可激发游客对名胜古迹和民间艺术的探索;通过朗诵名诗佳句可激起游客漫游名山大川的豪情;通过提出生动有趣的问题引起游客的思考和探讨。这样营造出的融洽、愉快的氛围可使游客的游兴更加浓烈。

(三)通过组织文娱活动激发游客的游兴

一次成功的旅游活动,仅有导游讲解是远远不够的,导游人员还应抓住时机,组织丰富多彩的文娱活动,动员全团游客共同营造愉快氛围。譬如,在旅游活动开始不久,导游人员请游客们做自我介绍,以加速彼此之间的了解,缓解拘泥的气氛,同时还可以发现游客的特长;如所去景点的路途较长,在返程时,导游人员可组织游客唱歌、猜谜语、做游戏,教外国游客数数、使用筷子、学说中国话等。还可以用"记者招待会"的形式,回答游客提出的各种问题。如果团内有多才多艺的游客,可请他出来主持或表演等。导游人员也应有一两手"绝活",来回报游客的盛情邀请。如有的导游人员会演奏民族乐器,常常着唢呐、笛子上团;有的导游人员会唱山歌,他们常在途中为游客演奏民乐和演唱山歌,使外国游客惊叹不已,对中国民间艺术兴趣倍增。

(四)利用声像导游手段激发游客的游兴

声像导游是导游服务重要的辅助手段,每天去景点游览之前,导游人员如能先为游客放映一些内容相关的幻灯片、录像或光盘,往往能收到事半功倍的效果。有时有些景点因受客观条件限制或因游客体力不支,游客难以看到景点的全貌,留下不少的缺憾,通过声像导游可以最大限度地弥补这一缺憾,给游客留下完整、美好的印象。如果是在旅游车上进行导游讲解,导游人员还可利用车上的音响设备配上适当的音乐,或在讲解间歇时播放一些有着浓郁地方特色的歌曲、乐曲、戏曲等,使车厢内的气氛轻松愉快,让游客始终保持游兴和兴奋、愉悦的心情。

六、引导游客观景赏美

旅游活动是一项寻觅美、欣赏美、享受美的综合性审美活动。它不仅能满足人们爱美、求美之需求,还能起到净化情感、陶冶情操、增长知识的作用。俄国教育家乌申斯基说:“……美丽的城郭,馥郁的山谷,凹凸起伏的原野,蔷薇色的春天和金黄色的秋天,难道不是我们的老师吗?……我深信,美丽的风景对青年气质发展具有的教育作用,是老师都很难与之竞争的。”因此,导游人员在带团旅游时,应重视旅游的美育作用,正确引导游客观景赏美。

(一)传递正确的审美信息

游客来到旅游目的地,由于对其旅游景观,特别是人文景观的社会、艺术背景不了解,审美情趣会受到很大的影响,往往不知其美在何处,从何处着手欣赏。作为游客观景赏美的向导,导游人员首先应把正确的审美信息传递给游客,帮助游客在观赏旅游景观时,感觉、理解、领悟其中的奥妙和内在的美。很难想象在游览武汉东湖时,导游人员介绍“水杉是第四世纪冰川时期遗留下来的珍贵树种”,内行的游客听后会是一种什么感觉。

(二)激发游客的想象思维

插上想象的翅膀之后,游客的思维自然被打开,游客的体验也就更加地深刻和生动。比如,导游在讲解石林景区时,面对奇形怪状的石头,多让游客猜猜这些石头像什么,进而引导游客更加深刻地了解石林景区的喀斯特地貌。游客的想象思维会影响到其他的游客,他们在相互交流自己的想象,在交流之中增进彼此的感情。

(三)帮助游客保持最佳审美状态

游客的想象力和审美情绪必须是在游客良好的状态之中保持的,因此导游人员应当为游客提供热心、周到的服务,让游客满意,满意的游客旅游兴致就会越来越高,他们的审美情趣和审美意愿也会更加强烈。

(四)灵活掌握观景审美方法

游客的审美活动是从感知开始的,也就是说游客看到的、听到的、体验到的对象是审美活动的基础。同样的美景,不同游客的体验是不同的,原因除与游客本身的文化素养、审美素养和思想情绪有关外,还与游客的审美方法密不可分。导游人员可灵活利用各种方法。

1. 设计最佳审美路线

任何美景都有一个总体特征或者艺术主题,在游览的过程中把握这一点,可以达到提纲挈领的作用。比如在欣赏园林时,可以按照欣赏路线和造景者布局一致的原则,这样更加有利于游客理解造景者的意图和美景的精髓。此外,在设计旅游审美路线时,还应当与不同的产品进行交错搭配,这样会让游客更加有新鲜感和差异感,会带来更多的欣赏欲望。

2. 运用动态观赏和静态观赏的手段

俗话说:“动观流水,静观山高”。因此观赏时应当动静结合。静态观赏适合于山上观日出、看云海、站在大海之畔听涛声等,游客静静地欣赏并充满想象地去感受,这种欣赏方法时间较长,感触较深。使用此种观赏方法的关键是选择合适的欣赏位置、适当的观赏距离和角度,还要注意周边环境,尽量远离嘈杂的人群。

动态观赏是让游客步行、乘船或乘车于景物之中,使观赏对象呈现出一种动态的趋势,一步一景，步移景异。例如乘船在江、河、湖、海之上游览，乘缆车观赏山间美景，漫步于园林、古刹之间。这种形式让游客有更深的体验，使人获得流动中的过程美。

导游在引导游客游览，欣赏美景的过程中，要善于引导游客运用动态和静态观赏手段相结合的方式，并且穿插进行，这样更加容易达到良好的效果。

3. 保持适当的观赏距离和角度

距离和角度是两个重要的观赏美景的因素，不同的距离和角度观察出来的事物是不同的。自然美景千姿百态、变换无穷，一些拟人似物的奇峰巧石，只有从一定的距离和特定的角度才能领略其风姿。例如，从长江邮轮上观赏三峡胜景神女峰，远远望去，朦胧中看到的是一尊风姿秀逸、亭亭玉立的中国美女像。然而若借助于望远镜观赏神女峰，却颇让人失望。这就是观赏距离不同造就的不同景观。作为导游人员，必须非常熟悉所游览的名胜古迹，带团时能够适时地指导旅游者从最佳角度、最佳距离去观赏风景，获得美感。

4. 把握准确的观赏时机

观赏美景要掌握好时机，即掌握好季节、时间和气象的变化。光照、气候、时令影响着大自然中的色彩美、线条美、形象美、静态美和动态美。例如清明踏青、重阳登高、春看兰花和秋赏红叶等都是随着时令变化规律形成的观赏美景活动；泰山日出、峨眉金顶佛光和蓬莱的海市蜃楼也都是因时间流逝、光照转换造就的美景；云蒸雾绕的黄山美景，阴晴各异的漓江山水则是变幻莫测的气候景观。因此，观赏美景还必须掌握好时机，有的美景观赏时间很短，稍有疏忽可能就失之交臂，后悔莫及。

5. 掌握观赏节奏

旅游审美者的主要目的是为了获得身心的放松，因此在旅游的节奏上不宜过快，过快的节奏容易让游客产生紧张感，而丧失了审美的情趣。因此，导游在安排活动上必须注意方式、方法，调节观赏节奏。首先，整体旅游活动日程和项目设计应当张弛结合。如果旅游活动的节奏过于松弛，会让旅游者觉得时间没有充分利用而不满意；节奏太紧，会让游客觉得一直在赶进程，游览效果不佳，且容易出现各种事故。因此导游人员应当掌握好旅游团的实际情况，安排有弹性的旅游日程，努力使旅游活动丰富多彩，且松紧相宜。其次，导游人员要掌握好行进速度，把握好游览速度，哪儿该快、哪儿该慢、哪儿少讲甚至不讲，必须要做到心中有数：对于年轻人多讲一些、讲快一些，活动安排得丰富一些；对于老年人则讲慢一些、走慢一些、活动少一些。最后，导游讲解应当导、游相结合，讲解是必不可少的，通过讲解，游客可适时、正确地观赏到美景，但在特定的时间、地点让游客静静地欣赏、领略和体悟景观之美，往往会达到更好的观赏效果。

任务三　导游人员的协作技能

导游工作是联系各项旅游服务的纽带和桥梁。导游人员在带团时离不开其他相关旅游服务部门和工作人员的协作，同时也能够帮助其他相关旅游服务部门和人员的工作。导游工作与其他旅游服务工作的相辅相成关系决定了导游人员必须掌握一定的协作技能。

案例

饭店少给两间客房

导游人员小颜是个从事导游工作时间不长的小伙子，一次旅游旺季时，他任全陪带一个26人的旅游团去黄山。照计划该团在黄山住××饭店，客房由黄山地接社代订。下车进了饭店，小颜把游客安顿在大厅，就随地陪、领队来到总台拿客房。地陪人员刚报完团号，总台小姐就不好意思地跟地陪、小颜及领队说：“对不起，今晚饭店客房非常紧张，原定13间客房只能给11间，有4个游客要睡加床，但明天就可以给13间客房。”山上饭店少，附近没有其他饭店，且此时天色已晚，若下山找饭店，因索道已停开，也无可能。小颜是个急性子，这种情况又是第一次碰到，当确知饭店已不可能提供客房后，他转过身来对着站在自己后边的地陪脱口说道：“你们社怎么搞的，拿客房能力那么差！”地陪也不是个好捏的软柿子，听了这话，起先还一愣，但马上针尖对麦芒地回了一句：“有本事，你们社可以自订啊，何必委托我们订房呢？”说完，就离开了总台，赌气地在大厅沙发上坐了下来。领队看到小颜、地陪闹意见，也没多说什么，拿起11间客房的钥匙，把游客召集到一起把情况和大家摊了牌，然后态度诚恳地说：“各位，情况就是这样，希望大家能相互体谅，也能帮我忙。有愿意睡加床的客人请举手。”说完，领队自己先举起了手，跟着好几位游客都举起了手。领队就这样轻而易举地解决了一个让小颜恼火、让地陪赌气的问题。

思考：全陪小颜的做法有哪些不妥之处？领队的做法对他有何启示？

一、导游人员与领队的协作

领队是受海外旅行社委派，全权代表该旅行社带领旅游团从事旅游活动的人员。在旅游团中，领队既是海外旅行社的代表，又是游客的代言人，还是导游服务集体中的一员，在海外社、组团社和接待社之间以及游客和导游人员之间起着桥梁作用。导游人员能否圆满完成任务，在很大程度上要靠领队的合作和支持，因此，搞好与领队的关系就成为导游人员不能忽视的重要内容。

（一）尊重领队，遇事与领队多磋商

带团到中国来旅游的领队，多是职业领队，他们在海外旅行社任职多年并受过专业训练，对我国旅游业的业内情况相当熟悉，他们维护组团社和游客的利益，深得游客的尊重，他们是中方旅行社长期合作的海外代表，是中国旅行社的重点客户。因此，导游人员应当充分尊重领队，遇事与领队多磋商。旅游团抵达后，地陪要尽快与领队商定日程和安排，如无原则性问题，地陪应当尽量采纳领队的建议和要求。若遇到问题，地陪应当积极主动地请教领队，与领队一起解决困难和问题。

（二）关心领队，支持领队的工作

职业领队常年在外工作，东奔西走，确实非常辛苦。地陪若能时不时关心领队，让他感受到温暖,领队会非常感动。在带团的过程中,若是领队遇到不顺或是得不到游客的理解,地陪应当支持领队的工作,并且帮助领队解决困难,获得游客的信任。当然,地陪应当注意在工作中把握好度,不能与领队的关系过分紧密,事事听从领队的安排,这样容易让游客产生误解,一定程度上也会损害地接旅行社的形象。

(三)多给领队荣誉,调动领队的积极性

要想多获得领队的支持,在带团过程中应当多给领队面子,遇到一些显示权威的场合,应当多让领队出头,如游览行程商定后,地陪应当让领队宣读,这样领队在游客中的权威会更加突出。只要导游人员真诚用心地对待领队,领队自然会理解导游人员,更加配合、更好地协作去完成导游工作。

(四)灵活应变,掌握工作主动权

由于旅游团成员的评价会直接影响到领队,所以一些领队往往在工作中表现非常地主动,抢了地陪导游的"话筒",这样容易让地陪显得较为被动。对于这种现象,地陪不应当听之任之,也不应当马上反抢过来,而是要灵活多变。比如在领队讲解的过程中,地陪可以选择恰当的时机予以纠正,这样让游客感觉到还是地陪讲得好,工作的主动权就争取过来了。

(五)争取游客支持,避免与领队正面冲突

在带团的过程中,地陪导游与领队之间发生意见不合的现象是正常的。遇到意见不统一时,可耐心地向对方解释,争得对方的同意,或者双方达成一个妥协。但是如果遇到固执己见的领队,地陪不宜与其发生正面冲突(straight conflict),而是应当把原因和困难多给游客讲清楚,获得游客的支持,这样工作上会更加主动。在处理问题时,不能让领队丢失脸面,而是要适时给领队台阶下。

二、导游人员与司机的协作

旅游车司机在旅游活动中扮演着非常重要的角色,司机一般熟悉旅游地且经验丰富,地接导游人员与司机配合得好坏,是导游服务工作能否顺利进行的重要因素之一。

(一)及时与司机沟通相关信息

旅游线路有变化时,导游人员应提前告知司机;如果接待的是外国游客,车到达景点时,导游人员用外语向游客宣布集合时间、地点后,要记住用中文告诉司机。

(二)协助司机做到安全行车

一般情况下,旅游车的司机具有丰富的驾驶经验,可以胜任旅游团的安全驾驶。有些时候,导游人员适当给予协助能够减轻司机的工作压力,便于工作的开展,比如帮助司机保持旅游车挡风玻璃和后视镜的卫生;遇到险情由司机保护车辆和游客,导游去求援;不要与司机在行车途中闲聊;提醒司机保证睡眠,切勿饮酒,必要时帮助司机维修车辆等。但也要注意不要过多干涉司机的驾驶工作,以免司机感到被轻视。

(三)征求司机对活动日程的意见

导游人员在旅游过程中应注意倾听司机的意见,从而使司机产生团队意识和被信任感,积极参与导游服务工作,帮助导游人员顺利完成带团的工作任务。

(四)保持良好的心态

在与司机合作的过程中,导游人员要保持良好的心态,要大度,做到"心底无私天地宽"。有矛盾和问题要及时沟通交流,导游人员要多做自我批评。

三、导游人员与全陪或地陪的协作

国内地接与全陪协作成功的关键是把握好自身的角色或位置,要有准确的个人定位。要认识到虽受不同的旅行社委派,但都是旅游服务的提供者,都在执行同一个旅游合同。导游人员与全陪或地陪的关系是平等的。

首先,要尊重全陪,努力建立良好的协作关系;其次,要善于向全陪或地陪学习,有事多请教。再次,要坚持原则,平等协商。如果全陪"打个人小算盘",提出改变活动日程、减少参观游览时间等不正确的做法,地陪应向其讲清道理,尽量说服并按计划执行,如对方仍坚持己见、一意孤行,应采取必要的措施并及时向接待社反映。

四、善于引导旅游团成员之间的协作

由于旅游团是旅游者的群体,是临时性的,旅游者个体之间存在差异,难免会产生分歧和矛盾。导游人员要带好一个旅游团,必须增强旅游团内旅游者的内聚力,促成从众行为。

对于旅游者之间的矛盾,导游人员不宜介入,也不应背后论长论短,可通过领队出面调解,以缓和旅游活动气氛。对于因导游人员工作失误而引起旅游者之间的矛盾,导游人员要给予游客合理的解释,为了避免工作的盲目性,导游人员事先可与领队进行商定。

五、协调好与旅游接待单位之间的关系

旅游产品(tourism products)是一种组合性的整体产品,不仅包括沿线的旅游景点,还包括沿线提供的交通、食宿、购物、娱乐等各种旅游设施和服务,需要旅行社、饭店、景点和交通、娱乐部门等旅游接待单位的高度协作。作为旅行社的代表,导游人员应处理好与旅游接待单位之间的协作。

(一)协调好各环节的工作

导游人员在服务过程中,要与饭店、车队、机场(车站、码头)、景点、商店等许多部门和单位打交道,其中任何一个接待单位或服务工作中的某一环节出现失误和差错都可能导致"一招不慎,满盘皆输"的不良后果。导游人员在服务工作中要善于发现或预见各项旅游服务中可能出现的差错和失误,通过各种手段及时予以协调,使各个接待单位的供给正常有序。譬如,旅游团活动日程变更涉及用餐、用房、用车时,地陪要及时通知相关的旅游接待单位并进行协调,以保证旅游团的食、住、行能有序地衔接。

(二)主动争取协作单位的帮助

导游服务工作的特点之一是独立性强。导游人员一人在外独立带团,常常会有意外、紧急情况发生,仅靠导游人员一己之力,问题往往难以解决,因此导游人员要善于利用与各地旅游接待单位的协作关系,主动与协作单位有关人员配合,争取得到他们的帮助。如旅游团离站时,个别游客到达机场后发现自己的贵重物品遗忘在饭店客房内,导游人员可请求饭店协助查找,找到后将物品立即送到机场。

任务四　重点游客的接待工作

游客来自不同的国家和地区，他们在年龄、职业、宗教信仰、社会地位等方面存在较大的差异，有些游客甚至非同一般，特点尤为突出，导游人员必须给予特别重视和关照，因此称之为特殊游客或重点游客。虽然他们都是以普通游客的身份而来，但接待方法有别于一般的游客。

一、对儿童的接待

出于增长见识、健身益智的目的，越来越多的游客喜欢携带自己的子女一同到目的地旅游，其中不乏一些少年儿童。导游人员应在做好旅游团中成年游客导游工作的同时，根据儿童的生理和心理特点，做好专门的接待工作。

（一）注意儿童的安全

对儿童的安全应给予足够的重视，因为儿童的好奇心比较强，较为好动，并且安全意识较为淡薄，这时导游人员要提醒儿童的家长时刻注意孩子的安全，地陪或者全陪可以用一些精彩的小故事来吸引儿童的注意力，这样他们不至于到处乱跑，并且还会为他们的旅途增添乐趣。

（二）掌握“四不宜”原则

1. 不宜为讨好儿童而给其买食物、玩具。
2. 不宜在旅游活动中突出儿童而冷落其他游客。
3. 即使家长同意也不宜单独把儿童带出活动。
4. 儿童生病，应及时建议家长请医生诊治，而不宜建议其给孩子喂药，更不能提供药品给儿童服用。

（三）对儿童多给予关照

儿童一般缺乏安全感，环境适应能力较差，导游人员在起居方面要给予特别关照。用餐时，导游人员要事先提醒餐厅准备好儿童用椅，以减少用餐时的不便；天气变化时，要及时提醒家长给孩子增减衣服；夏季提醒家长给孩子多喝水。

（四）注意儿童的接待价格标准

在交通、住房、用餐等方面，根据儿童的年龄和身高，有不同的价格收费规定，导游人员一定要区别对待。如机票的购买是根据年龄来进行区分，而火车票、船票和景点门票则大多是按照儿童的身高购买不同的票种，在住房、用餐、用车等方面，儿童是否单独占一床位、餐位和车位，导游人员应当根据合同的约定进行处理。

案例

青少年夏令营

陕西青旅旅游公司(简称陕西青旅)每年暑假都要组织一次青少年夏令营,参加者均为在校中小学生。1997 年暑假期间,陕西青旅接待了一个成都团,共 86 人,组织西安—延安六日游。按照行程安排,在延安停留两天,主要活动包括听老红军做报告,参观王家坪、杨家岭等革命纪念地。第一天早上参观延安革命纪念馆,并在此举行开营仪式,为时三个半小时。回住处后,清查人数,发现少了一个小男孩,老师及陪同全慌了,大家分头去找,结果当地一位好心的老太太把孩子收留了近两个小时,最后被地陪找到,小孩并未有人身损伤或不正常现象,但回住地后却不吭气,此后小孩一直心理状态不佳。在结账时,成都青旅就此事提出赔偿,理由是对小孩造成了负面影响及心理负担。因为确属延安当地导游的失职,陕西青旅赔偿人民币 150 元,即免去了小孩在延安的一切费用。

思考:导游人员在带团过程中对于儿童应当注意哪些方面的问题,若发现儿童走失,导游人员应当如何采取措施?

二、对高龄游客的接待

(一)妥善安排日程

对于高龄游客的日程安排,不应当过于紧凑,这样会让年迈的游客体力不支,旅游体验感逐渐变差。应当尽量安排一些休闲、少消耗体力的旅游活动,多增加高龄游客之间的互动和交流,做好提醒工作。

由于高龄游客记忆力等方面下降,有时候对丁导游要求的事项容易忘记,这时导游要经常提醒他们,要有耐心,不能急躁。比如在途中,提醒游客注意一些标志性的建筑,以免游客在游玩的过程中走失。

(二)注意放慢速度

无论是行进的速度还是讲解的速度,导游人员都应当放慢,不应当为了赶进度带着游客到处跑,这样会让游客觉得被牵着鼻子走,应当多听听游客的建议,特别是针对高龄游客,慢节奏更加适合他们。

(三)耐心解答问题

高龄游客一般在理解力和记忆力上都有所下降,并且有时候老年人的问题也比较多,这时导游人员要有充分的耐心,给予他们充分的尊重。即使是在百忙之中,或者是情绪比较低落时,也要注意控制好自己的情绪,耐心地解答问题。

(四)预防游客走失

高龄游客在旅游途中如果不加注意,有可能会走失。因此,尽量少安排高龄游客单独活动,即使活动,也应尽量由导游人员带队互动,或者至少安排多个游客一起活动。多提醒游客注意路边的标志，以及告知他们万一走失之后应当如何去做。

（五）尊重西方传统

在游客队伍中，中外游客都有。导游人员要充分了解并尊重西方的传统。中西方文化价值的差异问题，导致中西方游客很多观点的不同。导游人员要注意多了解一些西方的文化和传统，以免产生不必要的误解。比如，西方老年人的观点和我国老年人的观点有较大的差异，西方老年人在旅游上更加注重，并且舍得花钱，而我国的老年人在花钱上一般比较谨慎。这时候，导游人员要把握住这一特点，在旅游线路的设计、旅游活动安排上应当有所区别。

三、对身障游客的接待

（一）尊重与关心要注重细节

身障人士（disabled tourists）有较强的自尊心，他们既然愿意出来玩，就不愿意成为别人的累赘。这时导游要充分尊重他们，把他们看作正常人一样对待。服务过程中，要自然地接近他们，适时地询问他们是否需要帮助，以及需要什么样的帮助，但要注意，不要过多地当众关心他们，那样会使他们感到难堪，会引起他们的反感。

然而，身障人士毕竟有很多生活上的不便，这时导游人员要从活动安排到生活细节，充分考虑到他们的生理条件和特殊需求，如在线路选择上，尽量少走或者不走台阶，提前告诉他们洗手间的位置，安排餐厅和客房时尽可能选择方便进出的地方。

（二）不同情况，不同接待

对于听力障碍者，导游人员应当尽量安排他们在靠前的位置，讲解时站在容易被看见、光线充足的地方，并尽量面对他们，适当放慢讲解速度、注意停顿，加大口型变化的幅度；必要时导游人员应当掌握一定的口语，方便为听力缺陷者提供服务，如有手语翻译的旅游团，导游人员应当做好与翻译的配合和沟通。

对于视力障碍者，导游人员应注意在旅游中尽量发挥他们除视觉之外其他感官的作用。能用手触摸的，让他们摸一摸；能聆听的，让他们静静地聆听；能闻的，让他们闻一闻，旅游时越多的感官体验，他们就体验得越丰富。讲解时，力求细致、生动，口语表达准确，细致，讲解速度可以适当放慢。

对于截瘫旅游者，根据计划内容进行分析旅游者是否需要轮椅，如果需要，应提前准备；与计调或者有关部门联系，最好使用方便轮椅上下的车辆；景点和饭店的选择，应注意是否有"无障碍设计"。

案例

北京导游小孙接待了一个来自意大利的旅游团。团队里有一位游客身体残疾，坐着轮椅。在带团过程中，小孙非常热情地为游客服务，尤其对待那位残疾游客更是体贴入微。上下车的时候那位游客优先，游览景点的时候遇到路不太好走，小孙帮忙推一下轮椅，吃饭的时候更是细心地照顾。但是在一次午餐的饭桌上，小孙帮这位客人布菜的时候，那位客人粗暴地拿过盘子，生气地对小孙说："你走开，我自己能行！"弄得小孙不知所措，不知怎么得罪了这位游客。

思考：为什么导游小孙的热情帮助让这位残疾游客发怒？

四、对宗教界人士的接待

（一）注意掌握宗教政策

我国实行宗教信仰自由政策，依法管理宗教事务，坚持自治、自养、自传的原则，积极引导宗教和社会主义相适应。我国不干涉宗教人士（religionists）的国际友好往来，但未经我国宗教团体允许，不得擅自在我国境内传经布道和散发宗教宣传品。对常规的礼拜活动，经上报宗教主管部门同意后，可在指定场所进行。任何人不得利用宗教进行破坏社会秩序、损害公民身体健康、妨碍国家各项制度的活动。

（二）提前做好准备工作

导游人员应当认真分析接待计划，了解接待对象的宗教信仰及职位，应当对接待对象的教义、教规有所了解和准备，以免在接待过程中出现差错，导致游客的不满。了解游客是否需要安排去教堂，对教堂的开放时间、地点等有一定的了解。

（三）尊重并满足游客的特殊要求

导游要充分尊重游客的不同信仰，他们在生活上的一些禁忌和要求，导游人员应当尽量满足。对饮食方面的禁忌和特殊要求一定要提前通知饭店、餐厅做好准备，如伊斯兰教人士用餐时，一定要去有清真标志的餐厅用餐，这时地陪要认真落实，以免引起误会。导游人员在安排日程时要注意宗教界人士的特殊需求，如天主教教徒每天早晨要讲经、做祈祷，应等他们完成这些活动之后，再开始一天的游览活动。

（四）不要多加评论

导游人员在讲解或者交谈时，应注意避免涉及有关宗教信仰的问题，更不要把宗教、政治、国家的问题混为一谈，随意评论。

案例

4月的一个周日，××海外旅游公司地陪李小姐接了一个台湾团。该团刚从机场出口处出来，即引得众人纷纷围观，原因是他们每人胸前都挂着一个济公像，全为清一色的济公信徒。该团此番来杭州的目的是探寻南宋僧人济公的遗迹，主要游览点为与济公有关的飞来峰、灵隐寺、净慈寺、虎跑等地。游客上车后，便直奔济公生前出家地——灵隐，并欲在该寺举行一个多小时的朝拜济公仪式。可到了灵隐寺，当领队与李小姐为此事和寺庙有关负责人商量时，却遭到一口拒绝。原因是寺庙事先没有接到有关方面的通知，再加上灵隐寺游客众多，如许可将影响寺庙正常秩序。领队与李小姐跟寺庙负责人好说歹说，最后只是被允许把济公像摆上大雄宝殿释迦牟尼须弥座供香客朝拜。因为在旅游团计划上没有这方面的特殊要求，又因周日旅行社不上班，有关领导出差联系不上，地陪李小姐无法将这个情况向领导汇报，直到星期一游客离开杭州的那一天，朝拜仪式仍然没能如愿，游客们只好怏怏不乐地前往下一站。

思考：本案例中导致台湾游客没能在灵隐寺如愿举行济公朝拜仪式的原因是什么呢？李小姐和领队应当采取哪些积极的做法来应对此类问题？

项目二 导游语言与导游讲解技能

任务一 导游语言

一、导游语言的定义

导游语言（tour guide language）是导游人员用以做好导游服务工作的重要手段和工具。导游语言，从狭义上说，是导游人员对游客进行导游讲解、传播知识、交流思想和沟通情感的一种富有丰富表达能力的口头语言；从广义上讲，是导游人员在导游服务过程中必须熟练掌握和运用的所有具有一定意义并能实现沟通目的的一种符号。导游语言是每个导游人员必须熟练掌握的工具，导游的服务对象是旅游者，导游工作在这种意义上说是在做"人"的工作，其中最重要的就是交流和沟通，而交流和沟通主要靠语言来进行，所以说导游是"吃开口饭的"。

导游服务工作的特点决定了导游语言具有快、急、杂、难的特性，导游人员往往没有时间字斟句酌，这就需要导游人员具备良好的语言表达能力，掌握运用语言、表情来传递信息的技巧。导游人员掌握的语言知识越丰富，驾驭语言的能力越强，运用得越好，信息传递的障碍就越小，游客就越容易领悟，导游讲解和沟通的效果就越好。

二、导游语言的分类

从语言的表现形式分，导游语言可分为口头语言、态势语言、书面语言。在导游服务中，口头语言、态势语言运用最多，是导游人员用以实现导游服务目的的主要手段。

（一）口头语言（oral language）

导游服务中，口头语言使用频率最高。它的构成应包括语音、词汇、语义和语法，但在口语交流中，语音最富有表现力，它借助音量、语调、语气和语速的变化，使同样的词汇和语法在使用时令对方产生语义理解上的差异。所以，掌握好语音的运用技巧，导游人员的讲解就会对游客产生较强的感染力。

1. 独白式

这是一种语言的单项传递方式，在导游讲解中，主要是导游讲、游客听，如欢迎词、欢送词、景点介绍等。

譬如：

泰山，又名岱山、岱宗、岱岳、东岳、泰岳，为五岳之一，位于山东省中部，绵亘于泰安、济南、淄博三市之间,总面积2.42万公顷①。主峰玉皇顶海拔1 532.7米。

泰山被古人视为"直通帝座"的天堂,是百姓崇拜、帝王告祭的神山,有"泰山安,四海皆安"的说法。自秦始皇开始到清代,先后有13代帝王依次亲登泰山封禅或祭祀,另外有24代帝王遣官祭祀72次。山体上留下了20余处古建筑群,2 200余处碑碣石刻。

2. 对话式

这是导游人员与旅游者之间双向语言传递方式,是导游人员与一个或数个旅游者之间的交谈,可以是问答,也可以是商讨。对话式语言具有应变性、依赖性和反馈及时的特点。

譬如:

导游:你们知道北京最有名的菜式是什么吗?

游客:知道,肯定是北京烤鸭。

导游:那你们知道哪里的北京烤鸭最好吃吗?

游客:听说是全聚德的北京烤鸭最地道正宗。

导游:那你们知道全聚德的来历吗?

游客:不太清楚,你能给我们讲讲吗?

导游:全聚德创始人是杨全仁。他初到北京时在前门外肉市街做生鸡鸭买卖。杨全仁对经商之道揣摩得精细明白,生意越做越红火……

(二)态势语言(body language)

态势语言,又称为身体语言,是以人的姿态、表情和动作等来表示一定语义和进行信息传递的无声语言。虽然它是一种伴随性语言或辅助性语言,但在导游语言中却是一个不可或缺的部分,有时还会起到口头语言不可替代的作用,有利于促进导游人员和游客之间的信息传递和情感交流。

态势语言的划分有多个标准,但就导游语言的运用角度而言,主要包括表情语、服饰语、动作语等。

表情语即通过人体面部肌肉的舒张和收缩来表现思想感情的一种信息。主要有平静、欢笑、哭泣、气愤、紧张、忧郁、迟疑、凶横、傲慢、谦卑等状态。导游人员的表情语发乎自然,用于自然,它与情绪紧密相关。情绪具有一定的扩散作用,对他人有相应的感染力,对自身心境也有持久的影响力。对导游人员来说较为重要的是目光和微笑语。

服饰语是通过服装和饰品传递信息的一种姿态语言。服饰不仅是一个国家、地区、民族的风俗习惯的反映,也是一个人的气质、爱好、文化修养与精神面貌的体现。服饰语的构成要素包括色彩、款式、质地和搭配等。导游人员的服饰也是工作的一部分,总的来说要与职业相衬,朴素大方,便于工作。着装要求整洁,常洗常换,保持清洁无味。服饰的搭配要注意色彩、质地的协调,规格与形体相称。由于导游人员是提供服务的主体,所以服饰还应注意服务性质和工作环境,便于游客认可和识别,便于外出行走和穿着携带。有些地方或旅游企业为导游人员定制职业装,也就是注意到了这一点,使之成为地方或企业形象的一部分。

动作语是通过人体的全身或部分肢体的活动传递思想感情的一种信息。它包括走姿、坐姿、手势、目光、首语(头部的活动)等种类。它们很大程度上体现着一个人的礼仪风貌和

① 1公顷=0.01平方千米

文化修养。由于受长期形成的地方和民族文化习俗的影响,很多动作语已经约定俗成地代表着相应的含义,所以,如果导游人员一知半解或平时不注意留心学习,在接待四面八方的来客时就会闹笑话。例如:点头这个动作在我国和大多数国家表示肯定的含义,但是在印度、尼泊尔等国则表示不同意。

(三)书面语言(written language)

书面语言作为导游语言,主要表现为旅游宣传资料的文字内容,可以帮助游客了解游览目的地的概况,进一步理解和记忆导游讲解的内容,更可作为一种纪念品。书面语言通常较口头语言在语法、结构和词汇等方面来得复杂,表达方式更为优美,但不如口头语直接和通俗易懂。在导游讲解中,很多书面语值得导游人员参考,经过咀嚼、消化,转化为口头语,成为讲解内容的一部分。

三、导游语言艺术与技巧

(一)导游口头语言表达与技巧

人的音质是天生的,很难改变,但运用发声的技巧却是每个人都可以达到的。创造声音表情就是调动语言技巧的综合能力。

1. 口头语言表达的基本要求

(1)达意

达意的意思就是要求导游在讲解中表达准确,使人容易理解,不能过于书面、抒情化。要达到这个要求,必须做到以下几点。

①发音正确、清晰。导游讲解对口齿要求清晰,注意不能念错别字。

②遣词造句准确简洁。导游讲解时应该简单明了,让游客觉得通俗易懂。因此句子不能太长,也不能含含糊糊。

③条理清晰,逻辑正确。导游讲解时忌讳前言不搭后语,同时还要注意避免一些不良口头语,如"这个""嗯""基本""原来"等,这样容易造成含混不清、逻辑混乱的感觉。

(2)流畅

流畅要求一句接一句,尽量少重复,不能过多停顿,不良习惯口头语少用。

①思维清晰敏捷。想得清楚,才能说得明白。

②内容要熟悉。讲解的大忌就是死记硬背,否则一旦忘词也没有办法发挥,所以导游人员讲解好的前提还是要对讲解内容深入了解。

(3)得体

语言运用要妥当,有分寸。要符合导游的身份,不能变成老师训学生或者过于低声下气,让人觉得低人一等。

①称呼要得体。

正式场合:先生、女士、职位称呼。

一般场合:可以根据年纪称呼对方阿姨、叔叔、小朋友、婆婆、大哥、大姐等。

整体称呼:最好不要用"各位游客""各位旅客",显得过于生疏,可以用各位朋友、大家、各位团友,会比较亲切一些。

②说话要婉转,不能太生硬。不用命令性词语和句子,比如:你、那个、不许、不知道、有

什么不懂可以提出来等。

2. 控制语音

(1)掌握语调

任何语言都要用抑扬顿挫、起伏多变的声调和语调来表现和传达自己的情感。导游语言更要善于利用语调的变化。语调平平的讲解,可以听懂,但听起来缺乏生气,味如嚼蜡。在讲解中,高潮时,音色应洪亮些,圆润些;低潮时,音色应深沉些,平稳些。讲解时,声音要富有感情色彩、抑扬顿挫,但不能矫揉造作,声调要适时变化,有节奏感。

案例

意大利影星罗西,有一次出席招待外宾的宴会,客人请他即席表演一段悲剧,他用意大利语说了一段话,客人都听不懂,但听到他悲伤的声调,看到他痛苦的表情,都忍不住流下了眼泪。他的一位朋友却跑到餐厅外偷偷地笑了起来。原来,罗西朗诵的是宴会的菜谱。可见,语调在传情达意方面是多么重要。

(2)调节音量

音量是声音的强弱、大小。要根据游客多少和导游地点、场合调节音量。游客多,室外讲解音量应大些;否则小些。也要根据讲解内容调节音量。主要信息的关键词加大音量,强调主要语义;先抑后扬,造成一种气氛,增强感染力。

(3)控制语速

导游的语速既不能过快也不能过慢,更不能一成不变。语速过快会使旅游者跟不上导游的思维,思维不同步则达不到好的交流效果,使旅游者听完就忘,或印象不深。语速过慢会使旅游者感到厌烦,并造成欣赏时间的减少。导游讲解时始终保持一种速度,像背书一样,不仅缺乏感情色彩,而且使人乏味,令人昏昏欲睡。导游讲解可根据实际讲解内容来调整语速,适当地放慢或者加快语速。

放慢语速:需要特别强调的事情;想引起游客注意的事情;严肃的事情;容易引起厌恶感或误解的事情;数字、人名、地名、人物对话等。

加快语速:众所周知的事情;不太重要的事情;故事进入高潮时。

语速一般是每分钟 200 字为宜。面对老年游客可以放慢一些,以听清为准。

(4)注意停顿

导游讲解中适当的停顿可以使语言流畅而有节奏,收到"大珠小珠落玉盘"的效果。常见的停顿有生理停顿、语调停顿和心理停顿。

生理停顿是指缓气、换气的停顿。

语调停顿是指一句话说完或者一个意思完成后要停顿。

心理停顿是为了使讲解收到心理上的反应效果,突然故意把话头中止,沉默下来,给游客留一点独立思考空间或自由活动时间,或留一点悬念,卖一个关子,引起游客注意,如:"这里现仍然保留用人祭祀河神的仪式,每年都要把一个长得十分漂亮的姑娘投入河中,"这时导游人员故意停顿,引起人们的惊诧,停一会才说:"不过,现在的姑娘是用塑料制作的"。

实训项目

学习情境：导游口头语言的练习。

实训目的：掌握导游口头语言的基本要求，学会流畅表达。

实训组织：教师选择 3 ~4 个小题目，学生上台讲解。

实训内容：学生先准备好讲解的内容。每个小题目讲解时间为 1 分钟，讲解完后，请其他同学按照口头语言的要求给予评价。

（二）态势语言艺术与技巧

导游讲解并不是单纯动口就可以圆满完成的，必须用态势语言来辅助导游讲解。态势语言不仅可以传递有声语言无法传递的信息，还可以起到补充和强化有声语言的作用。巧妙运用态势语言，把站姿、眼神、表情、手势等处理得恰到好处，能收到“此时无声胜有声”的表达功效，也会增加讲解的效果和魅力。

1. 姿态语

姿态语指身体在一定场合中从体态所传递的信息。“坐如钟，站如松”就是指人们在公众场合应有的体姿。导游服务要站有站相，坐有坐相。

（1）站姿

站姿显示风度。导游在景点实地导游时，一般不要边走边讲，讲解时应停止行走，双脚稍微分开（两脚距离不超过肩宽），将身体重心放在双脚上，上身直，双臂自然下垂，双手相握置于身前，表现出谦恭、彬彬有礼，也可将双手置于身后表示轻松。在大中型旅游车上站立讲解时，可倚靠司机身后的护栏杆，但一定要保持上身正直。

（2）坐姿

坐姿优美得体，可以塑造良好的形象。男导游人员应有刚毅之美，女导游人员应温文尔雅。

（3）走姿

导游人员的走姿应大方、得体和灵活，要给人以动态美。注意不要把手插在衣袋中，显得过分自然随便，也不要自顾自闷头走路。

2. 目光语

导游讲解是导游人员与游客之间一种面对面的互动，可以进行“视觉交往”。一是目光的连接，目光要与游客接触，不可低头或翻着眼睛讲，但也不要死盯着一个人讲。二是目光的移动，讲解某一个景物时，首先用目光把游客的目光引过去，然后再收回目光，继续投向游客。三是目光的分配，目光要注意统摄全部听讲游客。四是眼球转动，视线转移，面孔应同时转移，不能只是眼球转动，头不转只有眼球转动令人生厌。

导游人员适合的目光语一般为正式和环视，可以传递平等、自信、坦诚、认真、理智和庄重的信息。

3. 表情语

导游语言是一种工作语言，是导游服务的一部分，所以导游人员要学会控制个人的情绪,保持微笑的表情语,使游客感到亲切和易于接近。在工作中,以游客之忧为忧,以游客之乐为乐,自然的表情才会令游客放松,令自己放松。

目光是表情的一个方面,但从具体表情上来看,一是要有灵敏感,面部表情应随着讲解内容变化而变化,比较迅速敏捷地反映内心情感。二是要有鲜明感,内容明快、沉重、快乐、愤怒,都要有表情。三是要有真实感,表情要真诚,不要虚情假意,故作姿态会引起反感。四是要有分寸感,要掌握好度,既不要缺乏表情,又不能有过分夸张的表演,矫揉造作。

4. 手势语

导游人员讲解时适当使用手势,不仅能强调或解释讲解的内容,而且能生动表达讲解语言所无法表达的内容,使讲解生动形象。

(1)握手语

导游人员与游客初次见面时在谨记握手语礼仪的前提下可以通过握手表示欢迎,告别时通过握手表示欢送。握手时精力要集中,双目注视对方。一般情况下,握手不必用力,握一下即可。尤其男导游在与女游客握手时不能握太紧。

(2)手指语

例如,中国人竖起食指,第一指节向下弯曲,表示数字“九”,但同样的动作,在日本表示“偷窃”,在泰国、马来西亚、新加坡表示“死亡”,在墨西哥则表示“钱”或与钱相关的价格、数量等。另如招手语、挥手语等,在不同的国家也都有不同的含义,导游人员一定要熟悉并理解其在不同国家和情境下的含义,避免闹笑话。

(3)特定手势

情意手势:表现情感的形象化、具体化手势。如在说“中国的明天一定会更加繁荣昌盛!”时配以握拳的手有力地挥动,既可渲染气氛,也有助于情感的表达。

指示手势:指示具体讲解对象。例如:“各位朋友,我们现在来到了青岛的象征——栈桥,……请大家看我手指的方向,栈桥尽头那一座民族形式的二层八角凉亭,那是‘回澜阁’,所谓青岛的美景之一‘飞阁回澜’就出自此了。”

象形手势:用于模拟物体大小、形状等。如,当讲“这么大的鱼”时,可用两手食指比一比。象形手势应视讲解的内容而定。

总之,导游人员在使用态势语言时,一要恰当,尊重游客的民族文化和生活习惯;二要自然,切忌矫揉造作;三要综合使用,以增强语义,强化信息的传递;四要避免和克服某些不良的下意识动作,如耸肩、挠痒、手舞足蹈等一些无意义又会分散游客注意力的习惯。这样,每一种态势语言能同口头语言和谐地融为一体,对游客更有吸引力和感染力。

5. 界域语(boundary language)

界域语是交际者之间以空间距离所传递的信息,它是人际交往的一种特殊的无声语言。每个人周围都有一个属于自己的个人空间,人际交往只有在这个空间允许的限度内才会显得自然。否则,一旦冲破这个限度,就会使交往双方或某一方感到不自在或不安全,从而做出本能的反应。界域语一般可分为三种形式:

亲热界域语:接触性界域距离,如拥抱、亲吻、挽手等。

个人界域语:接近性界域距离,一般为 75 厘米左右,如促膝交谈、握手等。

社交界域语:交际性界域距离,一般距离为 210 厘米左右,如商谈、导游讲解等。

导游人员在导游活动中也应当掌握界域语。导游人员与游客的关系比较特殊,要尽力为游客提供优质服务，但还要掌握“内外有别”的原则。导游人员应根据不同游客（群）、不同的场合，灵活、恰当地使用界域语。

案例

导游人员黄小姐是一位具有东方古典美的女孩，她准确、流畅的英语，和蔼、周到的服务给一批又一批来自异国他乡的游客留下了美好的印象。但是，黄小姐有一个难以诉说的烦恼，就是团里经常有男性游客一再地向她表示爱慕。令她不解的是，她向他们所作解释明确地告诉他们，自己已经有未婚夫——后反而激起他们更热烈的追求。无奈，她只好请赵先生随团观察，帮助她弄清楚这究竟是为什么。

在去长城的路上，黄小姐优美、动人的讲解博得全团一阵又一阵的掌声。刚到达八达岭脚下，就有一位男性游客来向黄小姐表达爱慕之心。赵先生看到，在黄小姐听那位男性游客说话时，两个人之间只有一手臂的距离。接着，赵先生看见黄小姐涨红了脸，向前走了一小步，眼睛盯着对方的脸，小声地说了几句，然后就转身走开。赵先生找了一个机会问黄小姐：“你回绝那位先生的时候，为什么反而向他走近一步，眼睛还老是盯着他？”黄小姐说：“这里懂英语的人很多，他嗓门又大，我怕别人听见了，所以走近一点，让他小声点说。眼睛盯着他看，因为我是近视，又要看清楚这个人是谁，以后好避免他的纠缠。”赵先生说：“我给你出个主意：下一次他再来找你的时候，你再一次告诉他，你已经有未婚夫，要注意的是，把你和他的距离拉开到两米以上，眼睛也不要盯着他看，只扫他两眼就行了。”在“全聚德”吃烤鸭的时候，那位男性游客又来找黄小姐，黄小姐边说边拉开双方的距离，眼睛也只是在他脸上扫了两下。这位先生终于讪讪而去。在以后两天的游览中，这位先生再也没有来纠缠黄小姐。

本案例中，黄小姐在拒绝追求者的同时，却把自己与对方的身体距离拉近到只有一手臂的距离，她的行为引起了对方的误解。导游人员对游客热情是正确的，但凡事都应把握一个度，应注意掌握与客人交谈时的恰当距离。

（三）运用修辞的技巧

在导游语言中，恰当地运用修辞可以使导游语言鲜明生动，具有吸引力和感染力，更趋艺术化，并提高幽默层次，成为真正意义上的幽默，而不是沦为一般性的诙谐和滑稽。下面列举几种常用的修辞技巧。

1. 比喻

比喻就是用相似的事情打比方，可以使抽象变得形象，如姑娘唱歌像百灵鸟的声音；使人物形象鲜明，如亭亭玉立，像一株吐艳的荷花；使想象更加丰富，如天鹅起则如晴天飞雪，落则如素锦铺地。比喻要注意就熟喻生，就近喻远。力求新颖，不落俗套。

2. 夸张

夸张是在客观事实真实的基础上，对事物进行夸大或缩小，即巧妙刻意地言过其实。夸张不同于吹牛，要以客观实际为基础，给人以真实感，掌握分寸。其奥妙在于不似真实胜似真实，要明显，能一眼看出。

如："唱戏吼起来，是陕西十大怪之一，讲的是秦腔的真嗓音演唱，保持了原始、豪放、粗犷的特点。唱秦腔要具备三个条件：一是舞台要结实，以免震垮了；二是演员身体要好，以免累病了；三是观众胆子要大，以免吓坏了。"

3.引用

引用名人名言、典故、寓言、谚语、诗句文章等，能使导游词生动活泼，丰富多彩，增强说服力。如"大漠孤烟直，长河落日圆""天苍苍，野茫茫，风吹草低现牛羊""落霞与孤鹜齐飞，秋水共长天一色"……

4.对比

对比是将不同事物或同一事物不同方面放在一起对照比较。如：云南路南石林和内蒙古赤峰阿斯哈图石林比较，巴林鸡血石同昌化鸡血石的区别，赤峰面积同韩国基本相同。

5.换算

换算是把抽象的数字换成具体可感知的事物。如，故宫的房子9 999间，一个小孩从呱呱坠地开始每晚住一间，一个轮回下来，他已经长成27岁的小伙子了。

6.双关

双关是指利用词语多音或多义的条件，使一语同时有表里两层意思，并以里层意思为表意重点。有谐音、谐意两种。

例如：清朝时，一天和珅（当时和珅为尚书）和一名御史，到纪家看望纪晓岚（当时纪晓岚为侍郎），和珅看见纪晓岚非常喜欢的一条狗，想了想，指着狗说："是狼（意为侍郎）是狗？"御史不明白，纪晓岚马上悟出是在骂自己，接口说："分辨很简单，只看尾巴就行，上竖（意为尚书）是狗，下垂是狼。"随即他又说："是狼（意为侍郎）只吃肉，是狗则遇肉吃肉，遇屎（意为御史）吃屎！"

7.异称

从不同角度对同一对象予以不同的称谓即异称，可增强感性色彩，使人联想丰富，予以深刻的启示作用。如赤峰在有些地方称作乌兰哈达，玉米称作棒子，土豆称作山药蛋。

8.顺口溜

通过民间流传较广或现成的比较整齐押韵的段子，来简练地描述某种现象。

任务二　导游讲解技能

一、导游讲解的原则

（一）针对性原则

到什么山，唱什么歌；见什么人，说什么话。游客有不同的旅游目的，文化修养、知识水平和审美情趣也不同，这就要求导游人员在导游语言运用、服务态度、讲解方法和技巧方面具有针对性，即按游客实际需要有的放矢、因人而异。不看对象的"八股式导游"，不会有好的效果。

1.了解游客动机和目的。游客的动机和目的各不相同，如观光、度假、公出、访友或商务旅游等，根据不同的类别，导游讲解的侧重点应有所不同。

2.了解游客的层次。水平高的游客，要讲得深一些；一般市民，要通俗一些，或穿插一些小故事。

3. 了解游客的地域。地域不同，文化背景、风俗、生活习惯、价值观也不同，不能拿接待北京人的方式接待上海人，不能拿接待中国人的方式接待外国人。

（二）计划性原则

按照游客需求、不同时间、不同地点等条件，有计划安排导游讲解内容，目的性和科学性相结合。

（三）灵活性原则

灵活性就是因人而异，因时制宜，因地制宜。游客的审美情趣不同，而四季更迭，昼夜更替，最佳观赏点也会因季节不同而不同，所以导游讲解要因人、因时、因地制宜。

灵活性还在于能触景生情，随机应变。特别是沿途导游，不能千篇一律，要见物生情，讲解内容随手拈来，即成妙趣，如见商场讲购物、见马路讲交通、见农田讲农业、见酒店讲旅游。

（四）趣味性原则

讲解过程中要合理运用语言艺术和技巧，做到生动、形象、幽默、风趣，增加讲解的吸引力和感染力，才能使游客感到有意思。

二、导游常用讲解方法

导游人员可根据游客的具体情况，有的放矢、因人因地制宜、选择恰当的方法进行绘声绘色、引人入胜的讲解，使游客既了解了景观，又得到了美的享受。

案例

苏州园林世界知名。东北沈阳的周某一行六人到苏州出差，利用空余时间慕名来到苏州园林游览，结果进一个园林失望一次，六人百思不得其解：这么小的一块绿地，里边都是假山假水盆景，有什么好看的？这样的景观到处都可能见到，怎么还收那么贵的门票？还成为世界文化遗产？六人一致认为这一次出游完全物非所值。返回酒店后，他们把自己的想法讲给苏州的朋友听，朋友问了一句“你们请导游没有”？答：“没有”。朋友这才告诉他们，苏州园林有特殊的文化内涵，如果不懂园林艺术，又不请导游讲解，是很难真正理解苏州园林独特魅力的。周某等人这才开始为省了点讲解费却影响了游览效果感到后悔。

生活中并不缺少美，缺少的是发现美的眼光。不是所有人都能轻易理解各类旅游景观的美学价值，尤其文化遗产，常常成为人们审美的障碍。游客的审美行为需要借助导游的正确引导，因此学会审美、学会正确地向游客传递准确的美学信息，让游客达到审美的目的，是导游人员应尽的责任。导游是旅游活动中不可缺少的重要因素，国际旅游界认为，“没有导游的旅游是不完美的旅行，甚至是没有灵魂的旅行”。而导游人员的讲解则是导游过程中的灵魂和核心所在。一名优秀的导游，能成功地引导游客在旅游结束后游兴未尽，流连忘返，给社会带来良好的经济效益。

（一）概述法

概述法（overview）是导游人员在景点导游中常用的一种方法。它有时用于介绍“城市概况”或“沿途导游中对城市的介绍”，但更多地用于导游人员带团进入景点景区后帮助游客更好地理解景点中的景观而做的一种铺设。适用于概述法的地方一般在该景点进门处的“导游图”前。导游人员站在示意图前，一面指点导游图，一面向游客进行该景点的概述，对游客将参观游览的景点做一简洁而全面的介绍，也是游客对景点的一个感性了解与理性了解相结合的过程。这种概述一般包括景点的历史沿革、坐落位置、景物布局、游览路线、集合等车地点等。例如：孔庙建筑是仿皇宫体制，共分九进院落。主要建筑物坐落在南北中轴线上，附属建筑呈左右对称式排列。共有殿阁祠堂466间，54座门房，两千多块碑碣，占地约327.5亩①，建筑面积达1.6万平方米……

（二）分段讲解法

对比较小的、次要的景点可采用平铺直叙法进行导游讲解，但对规模大的重要景点就不能面面俱到、平铺直叙地介绍，而应采用分段讲解的方法。所谓“分段讲解法”（segmented explanation），就是将一处大景点分为前后衔接的若干部分来分段讲解。一般来讲，导游人员在率团游览前先要按功能区或建筑风格将景区进行分区，然后在游览过程中顺次讲解。这样讲解层次清楚、要点明确，客人也容易理解。在讲解这一景区的景物时注意不要过多涉及下一景区的景物，但要在快结束这一景区的游览时适当地讲一点下一个景区，目的是为了引起游客对下一景区的兴趣，并使导游讲解一环扣一环，让景物讲解环环扣人心弦。

（三）突出重点法

所谓“突出重点法”，就是在导游讲解时避免面面俱到，而是突出某一方面的讲解方法，从而做到重点突出、详略得当、疏密有致。导游讲解时一般要突出下述4个方面：

1. 突出大景点中具有代表性的景观

导游要能够确定某一景点中的代表性景观，提前做好讲解计划。所选取的代表性景点景观必须具有自己的特征，对全体景观具有概括性或代表说明性。如岱庙，就应该把重点放在对天贶殿的讲解上。选取大贶殿讲解，它本身的气度就能够较强地吸引游客的关注，使游客自己首先产生很强的了解意愿，突出讲解它的特点、泰山神塑像和《泰山神启跸回銮图》，会给游客留下较深刻的印象。

2. 突出景点的特征及与众不同之处

以宗教建筑为例，有佛教寺院、道教宫观、伊斯兰清真寺等，各具特色。但即使同为佛教寺院，其历史、规模、结构、建筑艺术、供奉的佛像等也各不相同，导游人员在讲解时必须讲清楚其特征及与众不同之处，尤其在同一地区或同一次旅游活动中参观多处类似景观时，更要突出介绍其特征，以有效吸引游客的注意力，避免产生“雷同”的感觉。

3. 突出游客感兴趣的内容

游客的兴趣爱好各不相同，导游人员在研究旅游团的资料时要注意游客的职业和文化层次，以便在游览时重点讲解旅游团内大多数成员感兴趣的内容。投其所好的讲解方法往往能产生良好的导游效果。在游览故宫时，面对以建筑界人士为主的旅游团，导游人员除

---

① 1亩=0.000 667平方千米

一般介绍故宫的概况外，要突出讲解中国古代宫殿建筑的布局、特征，故宫的主要建筑及其建筑艺术，还应介绍重点建筑物和装饰物的象征意义等。而面对以历史学家为主的旅游团，导游人员就不能大讲特讲建筑艺术了，而应更多地讲解故宫的历史沿革，它在中国历史上的地位和作用，以及在故宫中发生的重大事件等。

4. 突出"……之最"

导游讲解应突出景点最值得关注的方面，用最大、最小、最好、最古老、最新鲜等内容吸引游客，激发游兴，这些"之最"可以是世界之最，也可以是中国之最、本地之最，如"北京故宫是世界上规模最大的宫殿建筑群"。如果"之最"算不上，第二、第三也值得一提，例如，"长江是世界第三长河……"。在使用这种讲解时切忌无中生有、杜撰捏造，必须实事求是，不要张冠李戴。

（四）触景生情法

"触景生情法"就是见物生情、借题发挥的导游讲解方法，有两层含义。

1. 导游人员不能就事论事地介绍景物，而是要借题发挥，利用所见景物使游客产生联想。如路经一片新城区，导游人员可讲述城市建设的新面貌和人民居住水平的提高及生活条件的改善；途经一家饭店，导游人员可介绍该饭店的服务水平、餐饮特色及设施情况等。

2. 导游讲解的内容与所见景物要和谐统一，使其情景交融。触景生情贵在发挥，要自然、正确、切题地发挥。

触景生情法要运用得当，讲解要生动自然，不可牵强硬扯；发挥要得体，不能出格，不能为了追求幽默感和生动性而放弃准确性。

（五）虚实结合法

虚实结合法就是导游人员在导游讲解中将典故、传说与景物介绍有机结合，编织故事情节的导游讲解方法，即导游讲解要故事化，从而产生艺术感染力，活跃气氛。"实"指景物的实体、实物、史实、艺术价值等，"虚"则指与景点有关的民间传说、神话故事、趣闻逸事等。"虚"与"实"必须有机结合，以"实"为主，以"虚"为辅，"虚"为"实"服务，以"虚"烘托情节，并以"虚"加深"实"的存在。

在中国，几乎每一个景点都有一段美丽的传说，导游讲解必须取舍得当，切忌滥用。"虚"的选择和搭配要灵活，不能脱离所讲解的景点景物，不能不顾对象。

案例

青岛石老人

石老人位于午山脚下临海断崖南侧，距岸百米处，为一座17米高的石柱，形如老人坐在碧波之中，人称"石老人"。老人以手托腮，注目凝神，每天晨迎旭日，暮送晚霞，伴着潮起潮落，历尽沧桑，不知度过了多少岁月。这个由大自然鬼斧神工雕琢的艺术杰作，已成为石老人国家旅游度假区的重要标志，也是青岛著名的观光景点。

石老人是我国基岩海岸典型的海蚀柱景观。千百万年的风浪侵蚀和冲击，使午山脚下的基岩海岸不断崩塌后退，并研磨成细沙沉积在平缓的大江口海湾，唯独石老人这块坚固的石柱残留下来，乃成今日之形状。从西北方向望去，这块海中奇石极像一位老人，惟妙惟肖，有关这块奇石的一个个美丽动人的传说也吸引了许多游人来此观赏。

相传，石老人原是居住在午山脚下的一个勤劳善良的渔民，与聪明美丽的女儿相依为命。不料一天女儿被龙太子抢进龙宫，可怜的老公公日夜在海边呼唤，望眼欲穿，不顾海水没膝，一直盼得到两鬓全白、腰弓背驼，仍执着地守候在海边。后来趁老人坐在水中拄腮凝神之际，龙王施展魔法，使老人身体渐渐僵化成石。姑娘得知父亲的消息，痛不欲生，拼死冲出龙宫，向已变作石头的父亲奔去。她头上插戴的鲜花被海风吹落到岛上，扎根生长，从而使长门岩、大管岛长满野生耐冬花。当姑娘走近崂山时，龙王又施魔法，把姑娘化作一巨礁，孤零零地定在海上。从此父女俩只能隔海相望，永难相聚，后来人们把这块巨礁称为“女儿岛”。人间自有真情在，石老人一家父慈女孝之情无不引起游人的同情与感叹。人世沧桑，世事全非，如今已不再有为非作歹的海龙王，昔日的荒滩也已变成举世闻名的海上乐园，石老人若心有灵犀，也该舒展愁眉，重新面对美好的未来。

思考：本段导游词用到了哪些讲解方法？

（六）问答法

问答法就是在导游讲解时，导游人员向游客提问题或启发他们提问题的导游方法。此种讲解方法能够活跃气氛，激发游客的想象思维，促使游客和导游人员之间产生思想交流，加深游客对所游览景点的印象。问答法主要有三种。

1. 自问自答法

导游人员自己提出问题，并做适当停顿让游客猜想，但并不期待他们回答，只是为了吸引他们的注意力，促使他们思考，激起兴趣，然后做简洁明了的回答或生动形象的介绍，还可借题发挥，给游客留下深刻的印象。

2. 我问客答法

导游人员要善于提问题，但要从实际出发，灵活运用。希望游客回答的问题要提得恰当，估计他们不会毫无所知，也要估计到会有不同答案。导游人员要引导游客回答，但不要强迫他们回答，以免使游客感到尴尬。游客的回答不论对错，导游人员都不应打断，更不能笑话，而要给予鼓励。最后由导游人员讲解，并引出更多、更广的话题。

3. 客问我答法

导游人员要善于调动游客的积极性和他们的想象思维，欢迎他们提问题。游客提出问题，证明他们对某一景物产生了兴趣，进入了审美角色。对他们提出的问题，即使是幼稚可笑的，导游人员也绝不能置若罔闻，千万不要笑话他们，更不能不耐烦地对待，而是要善于有选择地将回答和讲解有机结合起来，但注意不要让游客的提问打乱导游人员的讲解和安排。在长期的导游实践中，导游人员要学会认真倾听游客的提问，善于思考，掌握游客提问的一般规律，并总结出一套相应的"客问我答"的导游技巧，以随时解答游客的问题。

(七)制造悬念法

导游人员在导游讲解时提出令人感兴趣的话题，但故意引而不发，激起游客急于知道答案的欲望，使其产生悬念的方法即为制造悬念法，俗称"吊胃口""卖关子"。"卖关子"的关口必须选择得当，"卖关子"之前的讲解必须引人入胜，足以激发游客产生强烈的思考意愿，引起游客听下去的兴趣。

制造悬念的方法很多，例如问答法、引而不发法、引人入胜法、分段讲解法等都可能激发游客对某一景物的兴趣，引起遐想，急于知道结果，从而制造出悬念。例如，游览苏州网师园的"月到风来亭"，此亭傍池而建，面东而立，亭后装一大镜，将前面的树石塘墙尽映其中。旅游团到此，导游人员当然要讲解亭子建造之精美、结构之巧妙、安装大镜之匠心。尔后，导游人员可提一句："每当夜晚，皓月当空，在这里可以看到三个月亮。"这一句定会引起游客的好奇心：天上一月，池中一月，怎会有第三个月亮？当游客的脸上露出迷惑不解的表情时，导游人员才点破："第三个月亮在镜中。"游客在恍然大悟，高兴之余定会赞叹大镜安置之妙。

(八)类比法

"类比法"是以熟喻生，达到类比旁通效果的导游方法，可以分为两类。

1. 同类相似类比

将相似的两物进行比较，便于游客理解并使其产生亲切感。如讲到梁山伯和祝英台或白蛇传中许仙和白娘子的故事时，可以将其称为中国的罗密欧和朱丽叶等。

2. 同类相异类比

将两种风物比出规模、质量、风格、水平、价值等方面的不同。例如，在宫殿建筑和皇家园林风格与艺术上，将北京故宫和巴黎的凡尔赛宫相比，将颐和园与凡尔赛宫花园相比等，不仅使游客对中国悠久的历史文化有较深的了解，而且对东西方文化传统的差异有进一步的认识。

正确运用类比法可提高导游讲解的层次，加强导游效果，反之，则会遭到游客的耻笑。这就要求导游人员掌握丰富的知识，熟悉客源国，对相对比的事物有比较深刻的了解。

(九)画龙点睛法

用凝练的词句概括所游览景点的独特之处，使游客领略其中的奥妙并留下鲜明印象的导游手法称为"画龙点睛法"。画龙点睛法可用于总结语，也可以用于引导语，贵在突出景观的精髓。概括前应该有详尽的介绍，以免旅游者感到突兀或遗憾。如，导游在总结青岛风光特色时可用"红瓦、绿树、碧海、蓝天、沙滩"五种景观来概括；河南省的导游用"古、河、拳、根、花、红、绿"作为点睛之笔；云南省的导游用"美丽、富饶、古老、神奇"来概括云南的美丽风光。

(十)引人入胜法

在导游讲解中就所见景物制造意境，使游客产生联想而领略奇妙的技巧即"引人入胜法”。一处名胜古迹,在经过导游讲解和实地观赏之后,游客在思绪中就会产生种种印象和概念,处于将要形成而尚未形成深一层的意境之际,这时导游人员如能予以启发,使游客的情绪进入特定的意境之中,将会收到非常好的效果。

如讲解太湖石的透、皱、漏、瘦等特点,导游人员可以这样说:“假设用一桶水从石顶上浇下来,则水将沿空隙而下,如群龙喷水;若在石下置炉生烟,则烟将从千隙百孔中冒上去,如群龙吐雾,香烟缭绕。”此情此景,尽管虚设,但听者犹如身临其境、亲见其境。

(十一)数字说明法

这是一种引用具体数字精确说明事物具体特征、性能特点和功用大小的方法。例如对崂山风景名胜区的介绍:“崂山风景名胜区位于山东半岛南部的黄海之滨,青岛市区东部,距市中心约40千米。南北最大纵距40千米,东西最大横距46千米(含海域),总面积471平方千米。‘三围大海,背负平川’,山海相连,水气岚光,变幻无穷,灵秀清幽。最高峰叫作‘巨峰’,俗称‘崂顶’,海拔1133米,是我国大陆漫长海岸线上唯一一座海拔超过千米的高峰,可谓是万里海岸线上第一峰,被誉为‘海上名山第一’。”这一连串的数字很好地说明了崂山风景名胜区的面积、位置等基本情况。

数字说明,可以用基数,也可以用序数,还可以用“……之最”之类的词。

(十二)解释说明法

北京为什么叫北京?山东的名称是怎么来的?对某个名称、某种事物、某种说法做进一步的解释说明,这种方法叫作“解释说明法”。解释和说明是为了让游客对名称的产生与由来、说法的含义及演变、事物的本质和特征有一个全面、清楚的了解,以丰富游客的知识、增加旅游的乐趣。

(十三)知识渗透法

导游人员在讲解事物或事件时,可以介绍一些对游客理解讲解对象有帮助的相关背景知识和材料。如在前往崂山太清宫的路上,导游人员可提前介绍中国的道教文化,让游客对太清宫认识了解得更深入。

(十四)科学成因介绍法

导游人员对景观的成因从地理学、环境学、气象学、水文学等科学的角度加以解释,可以满足游客求知的欲望,使游客对景观的认识从现象上升到更高的层次。如冬季,我国以东北为代表的许多地方经常出现雾凇现象,导游人员可对其进行讲解:“雾凇俗称树挂,是在严寒季节里,空气中过于饱和的水气遇冷凝华而成,是非常难得的自然奇观。雾凇非冰非雪,而是由于雾中无数零摄氏度以下而尚未凝华的水蒸气随风在树枝等物体上不断积聚冻黏的结果,表现为白色不透明的粒状结构沉积物。雾凇形成需要气温很低,而且水汽又很充分,同时能具备这两个形成雾凇的极重要而又相互矛盾的自然条件更是难得。”

(十五)创新立意法

导游若能将大家熟悉的景点给予新的解释,会收到意想不到的效果。例如在前往工艺品店的途中:"……那里有许多古代美人的画像,如果哪位先生看中了西施、杨贵妃或林黛玉,就大胆地说,不要不好意思,她们都会毫不犹豫地嫁给你。不过,已经有了夫人的可要谨慎一点呀!"

导游方法虽然很多,但不是孤立的,而是相互渗透,相互依存,相互联系的。导游人员必须形成自己的导游风格和导游方法。

实训项目

学习情境:应用导游讲解方法。

实训目的:学会熟练应用各种导游讲解方法,为讲解锦上添花。

实训组织:

1. 教师选择一篇导游词。

2. 以学生都去过的景点为例。

实训内容:

1. 教师朗读导游词,请同学列出运用到的讲解方法。

2. 要求学生根据教师提出的要求,用某种讲解方法讲解某个内容。

任务三　导　游　词

导游词(tour guide speech)是导游人员引导游客观光游览时的讲解词,是导游人员同游客交流思想、向游客传播文化知识的工具,也是吸引和招徕游客的重要手段。导游词的主要特点是口语化比较突出,此外还具有知识性、文学性和礼节性等。导游人员在跟游客讲解导游词时应和蔼、亲切、自然轻松。

大家来看一段介绍杭州美食的导游词:

白居易说:"未能抛得杭州去,一半勾留是此湖。"他认为,杭州的美妙西湖占了一半,这恐怕是很多人的心声。所谓"天下西湖三十六,就中最好是杭州。"但是,大家可能发现了一个问题:西湖虽好,也只占了白居易的"一半勾留",那么杭州的另一半魅力又是什么呢?

著名的人类学家张光直说:"到达一个文化的核心的最好方法之一,就是通过它的肠胃。"其实,一个城市的魅力,也常常根植在人的肠胃里:那就是它的饮食。杭州的饮食充满了江南独特的文化色彩,它和其他地方饮食最大的不同不是口味,而是每个菜点都有一个充满传奇色彩的传说或故事。于是,品尝者常常分不清自己吃的究竟是食物还是文化。

比如有这么一道菜,据说是受了苏东坡《望江南》词中的一句"休对故人思故国,且将新火试新茶,诗酒趁年华"的启发。古代称寒食之后开火做饭为"新火",时间就在清明前后,人们由此联想到这个季节中的时鲜湖虾,于是将它与龙井新茶一起烹制,这就是著名的"龙井虾仁",它结合了湖虾的鲜美、绿茶的清香,尊重原味、就地取材,体现出杭州崇尚清淡、自然的个性。

在杭州就连一道最普通的点心也有一个有趣的故事。1142年，民族英雄岳飞以“莫须有”的罪名被害于临安大理寺，杭州百姓十分痛恨秦桧夫妇。相传有一天，杭州有一家卖油炸食品的业主，捏了两个人形的面块比作秦桧夫妇，将它们揿到一块，用棒一压，投入油锅里炸，嘴里还念道：“油炸桧”。这就是油条的来历。后来又在此基础上发展为杭州风味小吃：葱包桧。这道点心体现的是杭州人最质朴的民族感情和善恶观念，也为杭州这个柔美的城市添上了阳刚的一笔……

这段导游词的语言表达层次分明。首先从白居易的诗引出杭州的饮食文化，再通过“龙井虾仁”与苏东坡《望江南》诗句的联系，普通点心因杭州百姓十分痛恨秦桧夫妇的原因起名“油炸桧”“葱包桧”，佐证了杭州的美食充满了江南独特的文化色彩。导游词生动形象，有逻辑性，引发了游客对杭州探索的欲望和兴趣。

一、导游词的功能

（一）引导游客鉴赏

导游词的宗旨是通过对旅游景观绘声绘色地讲解、指点、评说，帮助旅游者欣赏景观，以达到游览的最佳效果。

（二）传播文化知识

传统文化知识即向游客介绍有关旅游胜地的历史典故、地理风貌、风土人情、传说故事、民族习俗、古迹名胜、风景特色，使游客增长知识。

（三）陶冶游客情操

导游词的语言应具有言之有理、有物、有情、有神等特点。通过语言艺术和技巧，给游客勾画出一幅幅立体的图画，构成生动的视觉形象，把旅游者引入一种特定的意境，从而达到陶冶情操的目的。

此外，导游词通过对旅游地出产物品的说明、讲解，客观上起到向游客介绍商品的作用。

二、导游词基本要求

（一）重科学、显特色

一篇优秀的导游词必须强调知识，突出科学性。必须有丰富的内容，应融入各类知识并做到旁征博引、融会贯通、引人入胜。导游词的内容必须准确无误，令人信服。同时，导游词的内容要有特色、新颖并深刻，这样会提高导游词档次水准，给游客一种新颖的思考，并有助于提高导游质量。

（二）讲究口语化

导游语言是一种具有丰富表达力、生动形象的口头语言，所以导游词要注意多用口语词汇和浅显易懂的书面词汇，以便讲起来顺口，听起来轻松。但强调导游词口语化，不意味着忽视语言的规范化，必须注意语言的品位。

（三）突出趣味性

导游词可以穿插编织故事情节，但选用的传说故事必须是健康的，并与景观密切相连；

语言要生动形象，用词丰富多变；要恰当地运用修辞手法；要富有幽默风趣的韵味；并要情感亲切。

（四）突出重点

导游词必须在照顾全面的情况下突出重点，应有一根主线贯穿整个讲解，以便给游客一个鲜明的印象。

（五）要有针对性

导游词必须是从实际出发，因人、因地而异，要有的放矢，即根据不同的游客以及当时的情绪和周围的环境进行导游讲解。

（六）重视品位

导游词要强调思想品位，弘扬爱国主义精神；要讲究文学品位，适当地“引经据典”；要体现“玩”的品位，在知识的选取和“传授”上，要注意寓教于乐，在“玩”中传播知识与文化。

三、导游词的基本结构

（一）引言与结束语

每一篇导游词，或每一次导游的开始或结束，都应该有框架式的引言和结束语，如正式游览前导游人员要致“欢迎辞”，游览结束时要致“欢送辞”等。引言中常见的内容包括问候、介绍及相关要求；结束语中通常包括总结、回顾、感谢和美好祝愿。

（二）整体介绍

整体介绍即概括介绍，首先对所参观游览的目的地整体内容用精炼的语句做整体介绍，让游客对景物初步了解，知道如何游览；其次是对行进路线做介绍，不能漏掉精品景点和景物，避免在游览中发生游客走失等事故；对游览时间做出安排，有助于游客合理调配体力，保持游兴。

（三）重点讲解

由于时间等客观原因，在导游词中，对景观、景物的介绍要舍得“放弃”一些非主流景观，集中精力利用有限的时间重点讲解、介绍景区中最具有代表性的景点和景物，即对主要游览内容进行详细讲述，这也是导游词最重要、最精彩的组成部分。

四、导游词示例

因为本书第二章已经有了欢迎辞和欢送辞的示例，本节中以青岛栈桥为例，着重做整体介绍部分和重点讲解部分的示例介绍。青岛栈桥的导游词，应包括栈桥本身、栈桥尽头的回澜阁以及栈桥周边的景观等，但需做整体介绍与重点讲解的区别，并且适当穿插必要的引言与结束语。

（一）整体介绍示例

在游览栈桥的时候，应先对栈桥做一整体的介绍，让游客对栈桥的历史、特点等有个整体的了解。

各位团友：

大家好！很高兴能作为大家的导游带领大家进行青岛海滨游。我们今天游览的第一站是栈桥。栈桥是青岛的象征，是青岛人的骄傲。它位于中山路南端海滨，青岛湾北侧，与小青岛隔海相望。栈桥全长440米，宽8米，由海岸前伸入海。享誉海内外的青岛啤酒的商标就是以栈桥为图案设计而成。栈桥见证了青岛百余年的发展，在20世纪30年代，栈桥曾被誉为“青岛十景之首”“青岛二十四景”之一。并且在2001年包括栈桥在内的海滨风景区，被国家旅游局评为首批AAAA级风景区。

栈桥有着100多年的历史，她既目睹了青岛的沧桑岁月，也见证了青岛的成长历程。1891年，清政府下诏书在青岛(时称胶澳)建置。1892年，清政府派登州总兵章高元带四营官兵驻扎青岛，为便于部队军需物资的运输而建了两座码头，其中一座就是现今的栈桥，当时的栈桥长200米，宽10米，而且称谓不一，有海军栈桥、前海栈桥、南海栈桥、李鸿章栈桥、大码头等叫法。另一座位于总兵衙门前方的“衙门桥”长100米，宽6米，也叫“蜗牛桥”。这两座码头都是中国工程师自己设计的，是青岛最早的码头。由于栈桥是当时唯一的一条海上“军火供给线”，地理位置显得非常重要。1897年，德军以演习为名，从栈桥所在的青岛湾登陆，武力占领了青岛，因此，栈桥成为德军侵占青岛的见证。德帝国主义侵占青岛后，于1901年5月将原桥北端改为石基，水泥铺面，在南端钢制桥架上铺设木板，并建轻便铁轨，将桥身延长到350米，仍为军用码头。1904年大港第一码头建成后，栈桥逐渐失去它作为军用码头的历史使命，开始向游人开放。

第一次世界大战期间，日本从崂山仰口登陆占领青岛后，在此举行阅兵式，以此证明其对青岛享有“充分主权”，栈桥也因此成为日军侵华的见证。1922年，青岛被中国北洋政府收回后，中国水兵在此阅兵。

1931年，南京国民政府出巨资由德国信利洋行承包重建，桥身加长到440米。桥南端增建了箭头型的防浪堤，并在防浪堤上修建了具有民族风格的回澜阁。整个工程至1933年4月竣工。栈桥从此成为青岛第一景。

中华人民共和国成立后，人民政府多次拨款对栈桥进行维修，1985年青岛市又对栈桥进行了大规模的全面整修，两侧围以铁索护栏，12对欧式桥灯相峙而立，外铺花岗岩石台阶。

1998年底至1999年6月，市政府再次拨款对栈桥进行了大规模整修，此次维修既达到防风浪、防腐蚀，保持原有风韵的要求，又与两侧护岸设施相匹配，增加了美观效果，使整个桥体焕发了青春。

2013年5月27日，百年栈桥因遭暴风雨袭击而局部坍塌，主要是由于海水长期冲刷掏空内部砂石叠加风暴潮剧烈冲击所致。为避免此类情况再次发生，2013年的大修先拆除原有浆砌蘑菇石及堤心内部砂石，再按照浆砌蘑菇石内衬混凝土的结构进行堤坝修复，增强实体段桥体稳定性。

站在栈桥桥头，前面这片波光荡漾的海面被称为青岛湾。游人站在太平路上，凭栏远眺碧海之中的栈桥，栈桥犹如一条彩虹横卧在波涛之中。站在栈桥上回望岸边绿树婆娑、楼台林立的岛城美景，映入眼帘的则是一幅幅充满浪漫欧陆风情的城市画卷，康有为先生当年被青岛的美景所陶醉，充满诗意地把青岛美景概括为“碧海蓝天，红瓦绿树”，大文豪梁实秋觉得游人至此，可以“观壮阔波澜，当大王之雄风”。

（二）重点讲解示例

做完了栈桥的整体介绍，就应该对其上建筑及其周围景观做介绍，其中回澜阁当之不让地成为需重点讲解部分。

各位团友：

请大家随我手指的方向看，栈桥尽头那一座民族形式的二层八角凉亭，就是“回澜阁”。“回澜阁”仿佛飘浮在大海之上的璀璨明珠，尽显“长虹远引”“飞阁回澜”的秀丽风姿。

回澜阁始建于1933年，其外形是“双层飞檐八角亭阁”，阁顶覆以黄色琉璃瓦，周围有24根圆形亭柱，阁占地151平方米，总建筑面积340平方米。阁心有螺旋形楼梯，楼上四周为玻璃窗，进入回澜阁内眺望周围的景色，既可欣赏到“一窗一景，一景一画”的神奇与美妙，又能全方位地看到美丽的青岛湾和周围的各个景点以及著名建筑。

“回澜阁”这三个字，最初是由当年的青岛市市长沈鸿烈题写的，但在日本第二次占领青岛期间匾额被掠往日本，作为侵华战争的“功绩”而放在日本东京陆军博物馆内。现在的“回澜阁”三个字为当代著名书法家、原中共山东省委第一书记舒同所写。

现在请大家看回澜阁的左对面，那就是有着“琴岛”之称的小青岛……

除了对回澜阁做重点讲解，导游人员还可以从不同的方位对栈桥周边的景观如小青岛、海军博物馆、海上皇宫、中山路等，做详略得当的导游讲解。

最后，以适当的语言来对导游讲解做总结。

“好，谢谢大家，我的讲解到此结束了。但愿后会有期，我能再次为您服务。愿青岛海滨一行留在您美好的回忆中。”

拓展阅读

Qingdao, What a Beautiful City!

Qingdao, a beautiful seaside city, is located in the southeast part of Shandong province. To the east, a short distance across the Yellow Sea, lie to Korea and Japan, making Qingdao an important city for international trade.

For thirty three years, up to 1949, Qingdao was a colony of Germany and Japan. Thus, Qingdao has a great deal of European architectures. This foreign architecture—a remnant of the colonial past—now beautifies this seaside city.

The red roofs, green trees, blue sea, and azure sky form a bright and colorful picture of Qingdao. The city is sometimes known as the Switzerland of the orient.

Surrounded by the sea on three sides, Qingdao attracts many tourists with its charming seascape. Sights like the Eight Passes Villas, the Zhanqiao Pier, Wusi Square as well as Laoshan Mountain will help you remember Qingdao. Just walking on the sand and listening to the surf breaking on the beach becomes enjoyable.

Qingdao offers food with distinctive flavors—especially seafood. So take this chance to enjoy the delicious seafood of Qingdao. Also, Qingdao is the home of the famous Tsingtao Beer. Have a bottle of pure Tsingtao Beer right here in Qingdao!

The Qingdao Municipal Government recognizes the importance of the tourism industry and has further plans to develop tourism in Qingdao. To enhance the tourism industry, Qingdao now sponsors the Qingdao International Beer Festival, the Qingdao International Sea Festival, the Beach Culture Festival, the Sea Affection Festival and the Summer of Qingdao Festival.

In cooperation with the Beijing Olympic Games 2008, Qingdao held the Sailing Competition in the Olympic Games in 2008. In 2018, Shanghai Cooperation Organization Summit was held in Qingdao. In 2019, the naval Parade was held in Qingdao. These great events brought great opportunities for this charming city to build its bright future.

Since the first Korean companies began doing business in Qingdao in 1988, Korean people have lived here. Thousands of Korean people now live and work here, which makes Qingdao become the city with the most Korea investment enterprises in China. And Qingdao also has the largest Korean population in China. With years of cultural exchange, they have established deep, close friendships and mutual trust with the native Chinese people.

以上是青岛的一段英文导游词介绍，请熟读并努力背诵下来，并尝试在班级同学面前进行展示。

实训项目

学习情境：学生模拟导游大赛自选景点导游环节进行导游词讲解。

实训目的：学会导游词的创作和讲解。

实训组织：以 5 ~ 8 人为一组，课前小组成员根据选题范围准备一段导游词和相应的 PPT 资料（所选的景点必须为国家 AAAAA 级旅游景区或世界遗产地），推选一名成员用中文或英文进行模拟导游讲解。

实训要求：每组讲解时间为 5 分钟，该环节总分 20 分。教师作为评委，4 分 30 秒设置时间提醒，不足 4 分 30 秒扣 2 分，5 分钟到叫停。

项目三　邮轮导游接待技能与话语模式

任务一　邮轮导游接待技能

邮轮导游不同于一般意义上的导游,他们工作之中接触到的外界环境既相似又有所区别。本节主要针对邮轮导游的某些工作特质进行分析。

一、处理好与游客之间的关系

邮轮导游接待的游客来自世界各地,他们的生活方式、生活习俗、价值观念等方面有着较大差异,而且中国游客和国外游客对邮轮旅游的看法和体验方式也有着不同之处。在邮轮旅游发展较早的国家,游客体验邮轮旅游追求的是一种自由和放松,获得的是内心的一份宁静和安详,可以离开喧嚣的环境,静心地享受自我。这时,邮轮导游就需要对他们提供更多个性化的服务。针对他们的需求,不宜过多干扰他们的生活,而是能够在他们有需求的时候及时出现,与游客的关系不宜过于亲近,也不要过于疏远。中国的邮轮旅游处于发展的初步阶段,游客对邮轮旅游的认识和体验了解不多,他们大多时候仅仅是把邮轮看成是一个交通工具,而且习惯了大众旅游方式的他们,希望领队和导游能够帮助安排好一切。这时,邮轮导游就不宜逃离在游客的视线之外,这样容易引起游客的不满与投诉。因此,邮轮导游如何处理好与游客之间的关系是一门学问,邮轮导游需要提前做好功课,能够"因材施教",而不是千篇一律地去对待游客。

二、处理好与邮轮港口之间的关系

邮轮港口是邮轮的必经之地,也是游客登上邮轮的入口。邮轮港口管理停靠的邮轮,同时管理着进出邮轮港口的游客。游客必须从邮轮港口通关,必须符合邮轮港口的检验检疫的要求。游客在通关的过程中可能会出现这样或那样的状况。出现问题时,游客首先想到的是领队,而领队就需要拿出解决的措施和办法。领队要熟悉邮轮港口的相关要求,以及一些突发状况的处理措施,因此与邮轮港口良好的关系将有利于领队尽快地解决问题。

三、处理好与旅行社之间的关系

邮轮导游受到旅行社的管理和派遣,旅行社是他们的雇主,因此,邮轮导游要按照旅行社的要求开展导游活动。邮轮导游在带团的过程中,遇到一些突发的重要状况,要及时与旅行社联系,不能擅作主张。邮轮导游在处理与旅行社的关系中要掌握好分寸,不必事事报备,也不能事事自身定夺。

四、处理好岸上地接导游与邮轮领队之间的关系

与一般的导游一样,岸上地接导游(tour guide on land)与邮轮领队之间要处理好彼此的关系。岸上地接导游要帮助邮轮领队在游客中树立威信,给予领队充分的尊重,邮轮领队

也要认真配合岸上地接导游的工作。另外,邮轮领队也要尊重当地的风俗习惯。

五、处理好与邮轮公司的关系

邮轮公司是邮轮的经营者,离开了邮轮公司的经营与管理,游客也就无法实现邮轮之旅。邮轮领队带领游客进行邮轮旅游,要经常和邮轮上的员工打交道。游客在邮轮上发生问题,邮轮员工和领队通常需要通力协作。邮轮领队也是旅行社和邮轮公司之间的桥梁,在一些问题上,执行者通常是邮轮领队。比如,因为一些不可抗力的因素,邮轮公司需要改航,游客对此表现出极大的不满,而他们的发泄者往往就是领队,这时候,领队就要充当斡旋者的角色,在邮轮公司、旅行社、游客之间平衡关系,平息中间的矛盾。

案例

“智慧邮轮”时代已来临,你准备好了吗?

在家动动手指,提前通过支付宝“在线值船”功能采集护照信息,到邮轮码头后只需要在自助值船机上扫一下护照,两三秒后就能拿到机器吐出的船票、通关条形码和行李托运“三码合一”的凭证,并凭此顺利登船。2019 年 11 月 13 日,从上海吴淞口国际邮轮码头出发去日本的歌诗达“威尼斯号”邮轮上,1 200 名乘客率先尝鲜这一数字化值船手段。从 2019 年 11 月 17 日起,该体验将全面开放。

“又快又方便!”“节约了和领队对接的时间和联络环节!”2019 年 11 月 13 日上午的吴淞口国际邮轮码头出发大厅内,几十台自助值船机器一字排开,一部分尝鲜游客将护照在机器上扫描后,很快就能拿到登船需要的所有条形码,并省去了原本需要在登船环节需要进行的信息核对、照片采集环节。今天,乘坐“威尼斯号”邮轮的部分乘客率先尝试了这一全新手段,颇受好评。

有邮轮游爱好者比较后发现,以往排队通关走传统人工窗口核验,客流高峰期登船可能需要 1.5 ~2 个小时不等,现在通过支付宝上的“在线值船”小程序,即可凭护照在手机上自助登船,将整个登船时间减少到 30 ~45 分钟,切实解决了以往登船通关流程复杂、耗时长的痛点。江苏中旅领队彭宁告诉记者,传统值船程序下,领队要为游客发放纸质船票、行李托运码、核对信息等,通常一个团忙下来前前后后也需要一两个小时的时间。自助值船实行后,领队在这方面的工作可以精简不少,也能为绝大多数游客节约登船时间。

相比以前初次上船不熟悉情况,需要自己四处转悠摸索,“在线值船”小程序还能手机上提前预览,让船上吃喝玩乐一目了然;预约船上客房服务,送餐、打扫、送吹风机等各种需求都可以动动指尖解决,船上餐厅的扫码点单也能减少老年人对邮轮上外籍服务语言不通的担心。另外,通过支付宝的免密支付技术,乘客一家在船上的多单消费只需随身一张房卡,无须次次扫码,当日即可一次性结账。

数据显示,2000 年以来,中国邮轮旅客运输量年均增长 40% 以上。目前,中国正在使用的国际邮轮港口有 15 个,2018 年接待邮轮 976 艘,接待出入境邮轮旅客达到 488.7 万人次,中国已成为全球第二大邮轮客源市场。在第二届进博会国际邮轮服务贸易高峰论坛上，中国商务部服务贸易和商贸服务业司副巡视员朱光耀指出，未来10年中国有望成为全球最大的邮轮旅游市场之一，越来越多的国际邮轮公司会将最新、最好的邮轮布局到中国市场。

上海正在打造智慧邮轮港的进程中。据悉，从2019年11月17日起，包括在线值船、扫码点单在内的“智慧邮轮”解决方案将从上海开始，率先全面覆盖歌诗达旗下的4条中国母港出发邮轮。根据在沪试点情况，还将有望逐步登陆国内其他城市母港以及其他邮轮航线，令更多乘客的海上出境游体验更“智慧”。

思考：你对智慧邮轮旅游有哪些了解？打造智慧码头对于提升邮轮旅行体验有哪些重要意义？作为邮轮领队，针对智慧邮轮、智慧码头，需要做好哪些功课？

任务二 邮轮导游话语模式

一、邮轮导游话语模式概念

邮轮导游话语模式包含邮轮导游在接待游客的过程中所采用的说话方式、说话技巧、说话内容、与游客的互动方式等。邮轮导游的话语模式直接关系到导游与游客关系的好坏，一个合格的邮轮导游应当能够抓住游客的心理，针对不同的游客对象采用的话语方式应当有所区别。

二、邮轮导游话语模式存在的问题

（一）导游接待语言缺乏灵活性，不能与游客形成良性互动

参加邮轮接待的导游人员在培训过程中会统一使用由旅行社提供的行程讲解资料，多数导游人员只能去死记硬背导游词，不能以材料为依托进行适度发挥，导致在游客心目中的第一印象不是很理想，甚至由此导致行程不能顺利进行。

（二）未能选择最佳的障碍处理互动语境下的英文导游人员话语模式

接待过程中紧急情况的处理能力是衡量导游服务水平的重要标准。部分导游人员由于平时缺乏相关方面的训练和应变能力的培养，导致在接待过程中遇到紧急情况不能妥善处理。在大连的国际邮轮接待中几乎每次都会出现因为障碍处理过程中的不当话语模式导致游客投诉。诸如，交通堵塞、游客用餐、旅游车辆突发故障等问题，极大地影响了旅游服务质量的提升和游客的满意度。

（三）未能选择最佳的欢送互动语境下的导游人员话语模式

欢迎词通常是导游接待中较为关注的环节。相比之下，欢送词的表达环节被大多数导游人员忽略，甚至认为欢送环节致辞是可有可无的。这种片面的服务思想导致在此环节中游客对导游人员的服务印象大打折扣，导游人员也认为游客对其服务的评价已经形成，欢送环节的服务已经没有意义了。因此，大多数游客认为导游在接待之初的服务和送站服务过程中的表现判若两人，为此也引发了多起投诉。

三、邮轮导游话语模式的选择对策

（一）选择最佳的欢迎互动语境下的英文导游人员话语模式

"称谓语""问候语""欢迎语"和"自我介绍语"四项信息内容缺一不可，共同构成了一份完整的导游欢迎词。其他称谓诸如寒暄语、祝愿语和承诺语可以适当增减，但一定要注意欢迎词的简洁性，同时注意遵守旅游服务礼仪。尤其是在涉外接待过程中还要了解并能适当运用涉外接待中的接待技巧，通过肢体语言与语言本身的有机结合给予游客尊重，为其提供优质的服务。

（二）选择最佳的障碍处理互动语境下的英文导游人员话语模式

在障碍处理情境下主要有被动障碍处理和主动障碍处理两种话语模式。其中，导游人员主动障碍处理话语模式有可能给游客带来较高旅游体验，这一点在涉外接待中尤为重要。相反导游人员通过话语或者对障碍进行忽略或者和游客攀关系，这种被动处理话语模式直接影响到游客的旅游体验质量，很容易对其产生负面影响。旅游者在邮轮旅游过程中的主观能动性十分突出，他绝不会用物理的眼光将旅游体验的客体肢解成破碎的断片，因为那不是旅游的目的之所在，也不是旅游的意义之所在。

（三）选择最佳的事先提示互动语境下的导游人员话语模式

在历次的邮轮接待中中老年游客在游览过程中跌倒、摔伤的事件时有发生。从这个角度来说邮轮接待中事先提示词变得尤为重要。事先提示词是指导游人员在可能性事故发生之前对游客的一种告诫、叮嘱和劝说，目的在于避免事故发生，保证游客安全，顺利完成旅游项目。主要包括"正面提示"话语模式和"直话曲说"话语模式。导游人员对游客直陈道理，再讲道理时要因势利导，层层深入，一步一步逼近主题。但是基于文化差异，英文导游人员在掌握事先提示互动语境下的话语模式外更应灵活把握语言的技巧，针对其文化特征语境特点适度应用事先提示语境。

（四）选择最佳的欢送互动语境下的导游人员话语模式

由于语言的障碍，在整个游览过程中并不能保证所有游客都能对所游览景点有一定的印象，这也是当今包价旅游、大众旅游所体现的较为明显的弱点。因此，在行程即将结束的时候致一份精致的欢送词成为邮轮接待的主要环节，而往往在接待过程中此环节又成为容易被忽视的地方。道歉语和总结收获语虽然不是导游欢送辞的核心类属，但是二者的使用具有重要意义。由于游客旅游体验是一个复杂的心理过程，导游很难做到十全十美，使所有游客满意，在游客在旅游目的地的旅游行程即将结束的时候，导游人员真诚地道歉，容易得到客人的谅解，从而弥补游客心中的不足。

案例

各位游客朋友们：

我们此次邮轮之行首先抵达迪拜，可参观七星帆船酒店，还可参加非常刺激的沙漠冲沙，越野吉普车带您走进金色的沙漠，这里有阿拉伯风情的骆驼农场，在沙丘顶峰停留片刻，可欣赏到充满异域风情的沙漠日落。之后在迪拜登船，此次行程乘客乘坐的是皇家加勒比邮轮公司精心打造的90 090吨豪华邮轮“海洋光辉号”，于傍晚时分起航。首先抵达的是马斯柯特，这里作为中东最古老的城市之一，它的历史可追溯到公元二世纪，但在近几十年才对游客开放，在这里可欣赏到风景别样、规划良好的公园，不受破坏的沙滩和一直环绕该处的石壕。此次行程还可抵达阿布扎比，这里是阿联酋中最大的酋长国，这里汇集了宁静的沙滩和沙漠绿洲，以及所有酋长国中最具活力的城市。令人难以置信的是，阿布扎比在多个世纪以前只是个安静的小渔村，但石油的大量开采已使该城变成了世界上最富裕最安全的旅游胜地之一。

之后此次行程中还将在海上举行盛大的宴会，从早晨到午夜连续不断供应的各式美味大菜，让游客享尽口福，永远不会忘记此行的精美膳食，即便是同样的地方，邮轮旅游带给您的是全新的体验。

思考：该邮轮领队的导游词介绍有哪些值得借鉴的地方和需要改进的地方？

New Words 单词

oral language	口头语言
written language	书面语言
first impression	第一印象
final impression	最终印象
nationality	国籍
straight conflict	正面冲突
tourism product	旅游产品
disabled tourist	身障游客
religionist	宗教界人士

Brain

思考与练习

一、选择题

1. 桂林以其独具一格的“山青、水秀、洞奇、石美”的自然山水风光成为观光旅游的胜地。这句导游词中运用的导游讲解方法是(　　)。

A. 画龙点睛法　B. 角色导引法　C. 制造悬念法　D. 突出重点法

2. 导游人员在讲解时避免面面俱到而突出某一方面的讲解方法是(　　)。

A. 问答法　B. 类比法　C. 突出重点法　D. 分段讲解法

3. 在带(　　)游览时,导游人员要注意控制节奏,放慢速度,讲解也应适当放慢语速,加大音量,吐词要清晰,必要时可多做重复。

A. 青少年旅游团　B. 公务旅游团　C. 老年旅游团　D. 摄影旅游团

4. 导游讲解古建筑中的"实"是指有关建筑物的(　　)。

A. 历史沿革,名人逸事　B. 建筑布局,风格特点

C. 形状结构,名人逸事　D. 神话故事,民间传说

5. 导游人员讲解时注视游客的目光应该以(　　)为宜。

A. 正视和平视　B. 正视和环视　C. 正视和仰视　D. 正视和俯视

6. 下列关于导游人员在和司机合作的说法中,错误的是(　　)。

A. 线路变化时及时告诉司机　B. 告诉司机不要干预旅游活动

C. 与司机共同研究日程安排　D. 尽量为司机争取舒适的食宿

7. 带团过程中,接待方导游人员与领队对某些活动安排出现意见分歧时,导游人员正确的做法是(　　)。

A. 据理力争,不惜正面冲突　B. 当着游客的面质询领队

C. 坚持原则,避免正面冲突　D. 让游客评判

8. 旅游过程中,领队经常为讨好游客而"抢话筒",表现自己知多识广,使地陪的工作甚为被动。如果你是地陪,较合适的做法是(　　)。

A. 对领队的行为表示抗议

B. 任凭领队表现自己

C. 心里反感,但表面上笑脸相对

D. 有礼有节指出其行为不当,不让领队牵着鼻子走

二、思考题

1. 游客在旅游活动的不同阶段表现出什么样的特点?

2. 如何从游客的不同个性特征了解游客?

3. 对于儿童游客的接待应当掌握哪些方面的原则?

4. 导游人员在讲解的时候,应注意哪些体态方面的技巧?

5. 常见的导游讲解方法有哪些?

模块四　旅游中事故的防范与处理

【学习目标】

1. 掌握旅游中事故的防范与处理方法,包含旅游安全事故、漏接、空接、错接事故、游客遗失财物、游客走失、患病、死亡等事故的应对。

2. 掌握邮轮导游在应对游客误船、游客滞留事故、邮轮公共安全事件的应对方法。

3. 培养良好的心理素质,临危不乱,能够冷静地处理和应对突发事件。

【案例导入】

防止游客的物品被盗

某年9月的一天,北京的导游人员张小姐带一个旅游团去天坛游览,她正在天坛的圜丘坛上给客人讲解时,忽然看见有四五个形迹可疑的人围住了一名客人,那客人正靠在白栏杆上,面对祈年殿的方向拍照,没有发觉这几个人。张小姐立刻感到这几个人可能有问题,于是以导游的口吻,用手指着那位拍照的客人的方向说:"请大家往那边看,在那里,可以拍照天坛的全景。"全团客人的视线一下子都集中到那个客人的方向,那位客人以为她要讲解什么也转过了身来。这时客人背的旅游包已被那几个人拉开了拉链,客人自己也发现了。那几个人一看事情败露,迅速抽身逃离。由于旅游团中的游客年龄较大,腿脚不大方便,周围又没有年轻力壮的游人,所以张小姐并没有叫人抓贼,而是叮嘱客人注意自己的贵重物品和钱财,并请那位客人仔细检查一下自己的包,有没有丢失东西,然后找到公园的保卫人员,向他们反映了情况。张小姐运用自己的机智,防止了客人的物品被盗。

【本章导读】

游客高高兴兴外出旅游,接待旅行社应为他们提供高质量的导游服务,让他们高兴而来,满意而归。但是,在接待游客的过程中,往往会出现一些不尽如人意之事,有游客的要求得不到满足而造成的不满,有某一方面服务的缺陷引起的困难,甚至还会出现危及游客生命财产安全的不测事故。导游人员要熟练掌握各种事故的防范与处理方法,尽量把事故的损害降低到最小程度。

所谓事故,是指在接待游客的过程中,因为主观或客观的原因而造成的一些故障,包括人身安全或财产安全事故、业务事故等。发生事故的原因主要有两个方面,一个是主观方面的原因,一个是客观方面的原因。主观方面的原因来自旅游活动的组织者或游客自身,客观方面的原因来自意外事故的发生,如自然灾害、交通故障等。

任何事故,一旦发生,都是不幸的。它所造成的不仅是受害者自身的损失和痛苦,还会破坏社会秩序的稳定,使潜在的游客闻而却步,苦心经营的旅游品牌毁于一旦。2021 年 5 月 2 日,山东临沂,某 5A 级景区内,一名男性游客不顾景区安全提示,翻越护栏发生意外,不幸失足,从游步道护栏外坠落,送医抢救无效后死亡。惨痛的教训提醒我们一定要树立安全意识,牢记安全底线,做好事故的预防和应对。

项目一　事故预防处理概述

任务一　事故的预防

尽管很多事故的发生与导游人员无关,但导游人员身在第一线,必须参与事故的处理。事故处理的好坏又是衡量导游人员组织能力和独立工作能力的标尺。为了把事故发生的可能性减少到最低限度,导游人员应事先做好预防的思想准备和物质准备,以免临时措手不及。因此,预防事故必须做好充分的思想准备,这是旅游成功的基础,怎么强调也不过分。准备工作做得越好旅游就越顺利。

一、回答游客可能提出的各种问题的思想准备

带团出发前,导游人员要从旅行社有关部门了解旅游团的详细情况,包括成员的年龄结构、性别比例、宗教信仰、知识层次等,还要详细了解旅游目的地的历史沿革、文物古迹、风俗民情、土特产品、餐馆、夜总会以及其他娱乐活动的情况。游客希望确切及时地提供这些情况。如果导游能够回答他们提出的各种有关问题,其导游地位便会自然确立。

二、预防游客越轨行为的思想准备

一般来说,游客主动犯罪的情况较少见,但也不排除流窜作案的出行动机,如对旅游资源和设施的破坏等。为了预防游客的越轨行为,导游人员对有关的法律条文必须了解。2013 年 10 月 1 日开始实施的《中华人民共和国旅游法》是中国第一部综合性的旅游大法,另如《中华人民共和国海关法》《文物保护法》和《风景名胜区管理暂时条例》等都涉及游人的行为准则,必须遵照执行。同时,各省市的旅游管理条例纷纷出台,其中有涉及游客行为准则的,都具有法律效力。

三、避免出现责任事故的思想准备

责任事故是指由于接待方的疏忽、计划不周等原因造成的事故。导游人员是接待工作的一线劳动者,游客预定的各项服务与节目要通过导游的联络和安排才能顺利完成。所以,一个旅游团组织的成功与否,在很大程度上取决于导游人员的责任心和服务水平。为了避免出现责任事故,导游人员必须对旅游合同中旅行社的义务有所了解,处理问题要做到心中有数。

任务二　事故的处理

导游人员虽然采取各种积极措施，极力避免事故的发生，有时候还会出现防不胜防的情况。所以必须随时做好应变的准备，一旦事故发生，要沉着、冷静，在各方配合下，力争妥善处理，把事故造成的损失减少到最低限度。

一、处理事故的原则

（一）“宾客至上”的原则

“宾客至上”（guests first）是服务行业的座右铭，也是旅游业的服务宗旨，导游人员的行动指南和处理问题的出发点。它要求导游人员为游客提供真诚的超常服务，热忱的微笑服务，使他们一踏上中华国土就有“宾至如归”的感觉。

（二）“服务至上”的原则

“服务至上”（service first）是导游人员的一条服务准则，一项最基本的道德规范，也是处理问题的出发点。它要求导游人员处处考虑游客的利益，而不要过多地强调自己的困难和旅行社的得失，更不能以任何借口拒绝游客的合理要求。

案例

真诚化解矛盾

时值美丽的秋日，红叶谷将“大实惠超级市场”的员工吸引到了“红叶度假村”。在旅行社的精心安排下，全天的活动紧张有序，大家非常开心。当天晚上，当大家兴致勃勃地从红叶谷回来用餐时，一位员工发现餐厅所上菜肴中有一条虫子。顿时一桌游客食欲全无，有的还感到恶心。游客们当即找到此次旅游活动的全陪导游小李，气愤地说：“马上给我们大家换家餐馆用餐。”面对愤怒的游客，导游人员小李首先代表旅行社和饭店向全体游客表示歉意，然后很快找来该饭店餐饮部经理，向他反映了情况，并提出解决问题的建议。餐饮部经理代表饭店向游客作了诚恳道歉，同时，让服务员迅速撤走了这盘菜，为了表示歉意，还给游客赠送了一道当地风味特色菜。面对导游人员小李和餐饮部经理真诚、积极的态度，游客们谅解了饭店餐厅的失误，也不再提出换餐馆的要求了。

（三）AIDA 原则

AIDA 是商界的市场推销原则，它由四组英文词的首字母组成：

A——Attention，（通过有趣的、尽可能具体的形象介绍）引起谈话对方对所推销商品的注意力；

I——Interest，（通过进一步展开已经引起对方注意的谈话）引起谈话对方对商品的兴趣；

D——Desire to act，促使谈话对方希望进一步了解情况，获得启示，激起对商品的占有欲望；

A——Action，继续努力，促使谈话对方采取占有商品的行动。

各国导游人员已将这一原则运用到导游服务中，在不得不改变游览活动内容时，运用这个方法使游客乐意接受替代项目。在调节游客的情绪，创造旅游团的友好气氛时，这个原则也往往起重要作用。

（四）“合理而可能”的原则

游客从自身利益出发，希望自己的旅游能够得到圆满成功，对旅游活动的要求可能会过高。导游人员分析游客的意见和要求，要在合情合理的情况下，尽量满足游客的需求，如果实在有困难，通过实事求是、合情合理的解释，取得游客的谅解。

二、处理事故的依据

上述四原则是导游人员处理问题的指导思想，对事故的具体处理还必须有明确的依据，而最重要的依据是有关法律条文和旅游合同。

（一）法律依据（law basis）

今天，“依法治旅，依法兴旅”已成为管理业界的共识。我国已有了一个全国统一的《中华人民共和国旅游法》。《中华人民共和国旅游法》对于指导游客行为、旅游工作人员行为、处理事故提供了一定的依据。此外，2009 年 5 月 1 日起施行的《旅行社管理条例实施细则》，对规范旅行社的行为有着很强的指导意义。此外还有一些相关的法规，这些法律法规都有很强的针对性，对解决纠纷有很强的指导作用。

（二）合同依据（contract basis）

旅行社组织旅游，应当与游客签订合同，关于旅游行程安排、旅游价格、违约责任等内容，都应在合同中有明确规定。如果旅行社因自身过错未达到合同约定的质量标准，给游客造成了经济损失，旅行社应承担赔偿责任。

拓展阅读

《旅行社管理条例实施细则》部分条款

第三十五条 旅游行程开始前，当发生约定的解除旅游合同的情形时，经征得旅游者的同意，旅行社可以将旅游者推荐给其他旅行社组织、接待，并由旅游者与被推荐的旅行社签订旅游合同。

未经旅游者同意的，旅行社不得将旅游者转交给其他旅行社组织、接待。

第三十六条 旅行社及其委派的导游人员和领队人员的下列行为，属于擅自改变旅游合同安排行程：

（一）减少游览项目或者缩短游览时间的；

（二）增加或者变更旅游项目的；

（三）增加购物次数或者延长购物时间的；

（四）其他擅自改变旅游合同安排的行为。

第三十七条 在旅游行程中，当发生不可抗力、危及旅游者人身、财产安全，或者非旅行社责任造成的意外情形，旅行社不得不调整或者变更旅游合同约定的行程安排时，应当在事前向旅游者做出说明；确因客观情况无法在事前说明的，应当在事后做出说明。

第三十八条 在旅游行程中，旅游者有权拒绝参加旅行社在旅游合同之外安排的购物活动或者需要旅游者另行付费的旅游项目。

旅行社及其委派的导游人员和领队人员不得因旅游者拒绝参加旅行社安排的购物活动或者需要旅游者另行付费的旅游项目等情形，以任何借口、理由，拒绝继续履行合同、提供服务，或者以拒绝继续履行合同、提供服务相威胁。

第三十九条 旅行社及其委派的导游人员、领队人员，应当对其提供的服务可能危及旅游者人身、财物安全的事项，向旅游者做出真实的说明和明确的警示。

在旅游行程中的自由活动时间，旅游者应当选择自己能够控制风险的活动项目，并在自己能够控制风险的范围内活动。

第四十条 为减少自然灾害等意外风险给旅游者带来的损害，旅行社在招徕、接待旅游者时，可以提示旅游者购买旅游意外保险。

鼓励旅行社依法取得保险代理资格，并接受保险公司的委托，为旅游者提供购买人身意外伤害保险的服务。

第四十一条 发生出境旅游者非法滞留境外或者入境旅游者非法滞留境内的，旅行社应当立即向所在地县级以上旅游行政管理部门、公安机关和外事部门报告。

第四十三条 旅行社及其委派的导游人员、领队人员在经营、服务中享有下列权利：

（一）要求旅游者如实提供旅游所必需的个人信息，按时提交相关证明文件；

（二）要求旅游者遵守旅游合同约定的旅游行程安排，妥善保管随身物品；

（三）出现突发公共事件或者其他危急情形，以及旅行社因违反旅游合同约定采取补救措施时，要求旅游者配合处理防止扩大损失，以将损失降低到最低程度；

（四）拒绝旅游者提出的超出旅游合同约定的不合理要求；

（五）制止旅游者违背旅游目的地的法律、风俗习惯的言行。

项目二　常见事故的防范与处理

任务一　旅游活动计划和日程变更的处理

一、旅游团（者）要求变更计划行程

旅游过程中，旅游团（者）提出变更路线或日程的要求时，导游人员原则上应按合同执行，若有特殊情况应上报组团社，根据组团社的指示做好工作。

二、客观原因需要变更计划和日程

旅游过程中，因客观原因、不可预料的因素，如因天气、自然灾害、交通问题等原因需要变更旅游团的旅游计划、路线和活动日程时，一般会出现三种情况：缩短或取消在一地的游览时间；延长在一地的游览时间；在一地的游览时间不变，取消某一活动，由另一活动代替。

（一）导游人员可采取的一般应变措施

1. 制定应变计划上报旅行社

导游人员要认真分析形势，对问题的性质、严重性和后果做出正确判断，分析游客因情况变化可能出现的心理状态和情绪，然后迅速就以上情况制定出应变计划上报旅行社。

2. 做好旅游者的工作

地陪、全陪应首先就有关问题进行协商，取得一致意见，然后找准时机向领队及团中有影响的游客实事求是地说明困难，诚恳地道歉，以求得谅解。并将应变计划安排向他们解释清楚，争取他们的认可和支持，最后分头做游客的工作。

3. 适当地给予物质补偿

必要时经领导同意可采取加菜、加酒、赠送小纪念品等物质补偿（material compensation）的方法，或请旅行社领导出面向游客表示歉意。

（二）导游人员可采取的具体措施

1. 延长在一地的游览时间

旅游团提前抵达或推迟离开都会延长在一地的游览时间，地陪应采取的相应措施如下。

（1）与旅行社有关部门联系，重新落实该团用餐、用房、用车的安排。

（2）调整活动日程，酌情增加游览景点；适当延长在主要景点的游览时间；晚上安排文体活动，努力使旅游内容充实。

（3）在设计变更旅游计划时，地陪要征求领队和全陪的建议和要求，共同商量，取得他们的支持和帮助。在变更旅游计划确定之后，应该与领队、全陪商量好如何向团内游客解释说明，取得他们的谅解和支持。

案例

游客遇不可抗力的事件

××年12月20日至26日，小陈等15人参加了A市某旅行社组织的“云南六日游”。12月25日这天，原计划乘飞机从西双版纳抵达昆明，但因大雾，预定航班取消。A市某旅行社和西双版纳地方接待社商量后决定旅游团改乘旅游车到昆明，并给予游客一定的物质补偿。但小陈等游客坚持要求按原约定，乘飞机赴昆明，最后导致旅游团滞留西双版纳四天。行程结束后，小陈等游客遂向旅游质监所投诉了A市某旅行社，要求承担违约责任，偿付滞留期间的食宿费及误工费等。

讨论：对于小陈等游客的投诉，旅行社该承担责任吗？

2. 缩短在一地的游览时间

旅游团提前离开或推迟抵达都会缩短在一地的游览时间，地陪应积极做好如下工作。

（1）尽量抓紧时间，将计划内的参观游览安排完成；若确有困难，应有应变计划；突出本地最有代表性、最具有特色的旅游景点（tourist attractions），以求游客对本地的旅游景观有基本了解。

（2）向旅行社领导及有关部门报告，与饭店、车队联系，及时办理退餐、退房、退车等事宜。

（3）如系提前离开，要及时通知下一站（也可提醒旅行社有关部门与下一站联系）。

（4）可给予游客一定的补偿，必要时经旅行社领导同意可采取加菜、风味餐（special dishes）、赠送小纪念品等物质补偿的方法；如果旅游团的活动受到较大影响，游客损失较大而引起强烈不满时，可请接待社领导出面表示歉意，并提出补偿办法。

案例

一个晚上的行程

20世纪80年代，西安中国国际旅行社地陪导游赵宏接一个美国团，但是此团却比原定计划推迟两天才到达西安，该团次日早上离陕赴沪的机票已买好，无法更改，原计划在西安停留两天半的日程，一下子变成了一个晚上，怎么办？赵宏当机立断：用自己的诚恳态度和超常服务来赢得客人的谅解，把损失减小到最低限度。当晚恰是中秋节，地陪请餐馆为客人准备了可口的饭菜和月饼，又为他们讲述了中秋节的由来。当客人正高兴时，地陪和领队将该团在西安只能停留一晚上的情况告诉了大家，外宾先是惊讶，后是议论，经商量，陪同带外宾连夜赶往兵马俑博物馆。在月光明媚，一片沉寂的气氛中，陪同用风趣、幽默的话语打动了客人的心弦。他们不再闷闷不乐，而是格格地笑了起来。陪同抓住机会，讲述了秦始皇扫六合、筑长城、修陵墓、建阿房宫的故事，又讲述祖国特别是西安的变化，以及城乡人民生活富裕和我们的方针、政策，并回答他们提出的各种问题，外宾情绪逐渐高涨起来。兵马俑馆专门为外宾开了馆，在展厅，陪同又详细地讲解秦俑发现展出的始末。外宾高兴极了，他们忘却了日程变化带来的不快，激动地说："只有在中国，在赵先生这样精明能干的导游帮助下，我们才能在夜里看到我们想看到的东西。"

3. 被迫改变部分旅游计划

（1）抓紧与领队、全陪制订新的旅游方案，找准时机先向旅行团中有影响力的游客实事求是地说明困难，诚恳地道歉，以求得谅解，并将变更后的安排向他们解释清楚，争取他们的认可和支持，最后分头做其他游客的工作。

（2）以精彩的讲解、热情的服务激起游客的游兴。

（3）按照有关规定做些相应补偿，如用餐时适当地加菜，或将便餐改为风味餐，赠送小礼品等。必要时，由旅行社领导出面，诚恳地向游客表示歉意，尽量让游客高高兴兴地离开。

案例

被迫改变行程

1998 年 7 月，武汉××旅行社导游人员小池任一个台湾团的全陪，旅游团游览线路是杭州—武汉—宜昌—三峡—重庆。该团在杭州前后有三天的行程，第二天的游览结束回到饭店时，小池收到旅行社发来的一份传真急件，大意是因长江发大水，游船一律停开，要求小池与领队协商，并劝说游客改走另外的线路。看了传真后，小池立即给旅行社经理打了一个电话，详细询问了有关情况又商量了对策。尔后，他来到领队自己的客房，与领队协商。此时，领队也正想找小池商量对策，因为他已经从电视上得知，因长江发生几十年未遇的洪灾，游船停开的消息。小池和领队一合计，很快取得了一致的意见，决定改道走杭州—绍兴—宁波—上海—黄山这一条线路。

新线路商定后，小池又和领队一块分析了旅游团中各位成员的情况。他们知道，如果把这一行程直接对所有的游客宣布，大家一定意见不一。于是，他们又根据这两天与游客的接触，列出了旅游团中重点游客的名单，然后，领队用电话把这些游客一一召集到了领队客房。游客到齐后，小池首先开了口："各位贵宾，打搅各位的休息，非常抱歉。晚上把几位召集到这儿来，是想和大家商量一件重要的事情。现在，杭州是烈日炎炎，但有一个地方却是洪水滔滔，那就是我们要去的长江。长江正遭受几十年未遇的洪灾。刚才我已与旅行社通了电话，确认了因为受这次洪灾的影响，长江所有游船都已停开。我们都是慕名来做长江游的，但我们现在不能照原计划进行，我和我们旅行社都为各位感到遗憾。"小池停了一会儿，环视了大家一眼，在场的游客都默不作声。

小池理解游客此时的心理活动，他们都为这突如其来的消息而感到惊讶，但这又不是人为造成的，是自然的原因。对于天灾，人们又怎么奈何得了呢？小池接着说："我与公司商量了一下，刚才也和领队做了一番斟酌，为了使我们的旅游行程继续下去，现在唯一的方法只有改变我们旅游的路线。"听说要更改行程，游客们的思维一下活跃了，纷纷提自己想要去的游览胜地，有人说去黄山，有人说去上海，有人说去泰山，还有人说为避洪水干脆往南方走，去海南游览，众口不一。此时，领队发话了，领队似乎已被这些"骨干"游客的"善解人意"所打动，他声音低沉，一字一句很有情感地说："感谢各位贵宾的理解。长江的这场洪灾是我们在出来之前预料不及的，现在既然碰上了，那我们只有避开它。但我作为一个领队，我有责任带领各位一块来，一块回去；同时，我有责任推荐新的旅游线路给各位。我和全陪小池经过商量，也考虑到我们各位贵宾乐山乐水的性格，我们设计了这样一条线路。我们从杭州出发，下一站去绍兴，然后到宁波、普陀山，再坐海轮到上海，尔后上黄山，最后从黄山飞广州，由广州出境。"讲到这里，小池立刻接过了话题，小池说："我们之所以选择这条线路，一来如同刚才领队所说，各位贵宾乐山乐水，二来这样的行程安排刚好和我们原先的行程安排时间吻合，三是这样安排团费上虽比长江游贵了些，但超过部分我公司和领队旅行社还能承担得起。”接下来，小池详细介绍了这条线上的旅游名胜。听了小池的介绍，这些骨干游客基本认同了这条旅游线路，末了，小池又说：“承蒙大家合作，并十分地感谢各位，同时也请大家等会儿回去后向其他贵宾做些力所能及的说明和解释工作”。

翌日早上，用完早餐后，小池带游客来到了车上，当小池和领队把洪灾情况及更改行程的设想告知全体游客时，游客们都已知长江发大水及长江之行落空的消息，并且已知新的行程安排。虽然仍有个别游客想去别的地方，但因为没有人附和，再加之小池和领队做工作，也只好随大流而作罢。

讨论：通过以上案例，你从小池和领队对本次行程更改的处理中得到了什么启示？

任务二　漏接、空接和错接事故的防范与处理

一、漏接事故

漏接（guide-absent）是指旅游团（者）抵达一站后，无导游人员迎接的现象。

案例

地陪没有来迎接旅游团

某年，小蔡做全陪带团到达 C 市。当飞机抵达后，他就带着旅游团到机场出口处。不一会儿，其他的旅游团纷纷被地陪接走了，环顾四周，就剩下自己所带的一个旅游团。等了好一会儿，仍然不见自己的地陪前来迎接。小蔡想，接待计划是早已制定并给地方接待社的，地方接待社已有回执，行程也无更改，地陪怎么会不来接呢？又过了几分钟，还是不见地陪来接。小蔡着急起来，他跟领队讲了几句，到电话亭给地方接待社打电话。因是周末，地方接待社值班人员只是回答说，今天是有这个团。小蔡想，不能再等下去了，否则游客一定有意见。他把自己的设想与领队讲了之后，就来到民航停车场，找来了一辆大客车，把游客带往饭店。途中，小蔡还拿起话筒，承担起了地陪的讲解任务。

（一）漏接的原因分析

1. 导游人员的主观原因造成漏接

（1）导游人员未按规定的时间抵达接站地点。

（2）导游人员工作疏忽，将接站地点搞错。

（3）由于某种原因，班次变更，旅游团提前抵达，但导游人员没有认真阅读变更后的计划，仍按原计划去接团。

（4）新旧时刻表交替，导游人员没有查对新时刻表，仍按照旧时刻表时间接团。

（5）导游人员错接其他旅游团而漏接。

2. 导游人员的客观原因造成漏接

(1)原定交通工具班次或车次变更,旅游团提前抵达,但本站接待社未能及时接到变更通知。

(2)本站接待社接到上一站变更通知但没有及时通知该团导游人员。

(3)由于交通堵塞或其他预料不到的情况发生,未能及时抵达机场(车站),造成漏接。

(二)漏接的预防

1. 认真阅读计划

导游人员上团前应该仔细阅读接待计划,熟悉团队抵达的准确日期、时间、接站地点,并经常询问该团是否有变更通知。

2. 核实交通工具到达的准确时间

旅游团抵达的当天,导游人员应与旅行社有关部门联系,弄清班次或车次是否有变更,并及时与机场(车站、码头)联系,核实抵达的确切时间。

3. 提前抵达接站地点

导游人员应与司机约定出发接团的时间,留出充足的行车时间,保证至少提前半小时抵达接站地点。

(三)漏接的处理

1. 主观原因造成漏接的处理

导游人员应实事求是地向游客说明情况,诚恳地赔礼道歉,用自己的实际行动来取得游客的谅解。另外,还可采取弥补措施,高质量地完成计划内的全部活动内容。

2. 客观原因造成漏接的处理

导游人员应立即与旅行社有关部门联系以查明原因,并耐心解释,同时应尽量采取弥补措施,努力完成接待计划。必要时,可请旅行社领导出面赔礼道歉,或酌情给予游客一定的物质补偿。

二、空接事故

所谓空接(visitor-absent)是指导游人员按照接待计划书的要求去接团,但实际上未能接到旅游团(包括散客)。

(一)空接事故产生的原因

(1)由于天气原因或某种故障,旅游团仍滞留在上一站或途中,上一站旅行社并不知道这种临时变化,而全陪或领队又无法及时通知地接社。

(2)班次变更后,旅游团推迟到达,接待社有关部门由于没有接到上一站旅行社的通知,或接到了上一站的通知而有关人员忘记通知该团导游人员等,都会造成空接问题的出现。

(3)导游人员看错或者记错时间,提前许多时间到达机场、车站、码头。

(二)空接的处理

(1)导游人员应立即与饭店联系,核实旅游团(者)是否已自行抵达饭店或改乘了其他航班(车次、船次)提前抵达。

(2)立即与接待社有关部门联系,查找原因。

(3)旅游团(者)如果是入境首站,应马上到有关航空公司驻机场办事处查阅乘客名单,查清旅游团(者)是否登机,然后与接待社有关人员联系。

(4)经过核实,若旅游团(者)推迟抵达,地陪要听从接待社有关部门的安排,问清楚是否需要等下一航班(车次、船次),或是需要再等多长时间,以便重新安排接团事宜,不可擅自行事。

(5)经核实,该旅游团(者)确实因故不能到达后,导游人员应立即通知接待社有关人员取消一切预订,如退房、餐、车、交通票等,并通知接待社有关人员将情况及时通知组团社及下一站接待社。

(三)空接后续工作的处理

当游客终于到来时,导游人员应热情欢迎并对游客道声辛苦,让游客感受到旅行社的关心和期盼,及时调整行程,尽量把计划内的行程全部游览完毕;如确系时间原因不能完成行程计划,应先游览当地具有代表性的景点。

三、错接事故

错接事故(visitor-erred cases)是指导游人员接了不应该由他接待的旅游团队(者)。错接属于责任事故。

案例

导游人员错接了旅游团

4月的一天,导游人员小汪按照旅行社的安排去机场迎接一个20人的旅游团。班机准时抵达。人数、团号、国籍一一对上号后,小汪就带着这些游客上车。当车子到达游客入住的饭店门口时,领队突然提出了疑问,说他们要入住的饭店不是这一家。小汪不明白,心想,自己的计划怎么会和领队的不一样呢?当领队拿出计划和自己的对照后,小汪才知道自己接错旅游团了。原来这是公司系列团中的一个,境外旅行社今天发给自己的旅行社有两个团,团号、人数都一样,但有A、B团区分,所住饭店也不一样。而原本由小汪接的团则被旅行社的另一名导游人员接走了,幸好都是自己公司接的旅游团。最后,经请示旅行社领导后,此团也就由小汪"将错就错"地带下去。虽然这不算什么大差错,但旅游团中的领队却有些不满,因为在他看来,发生这种问题至少说明了导游人员工作不细心、责任心不强。

(一)错接事故产生的原因

出现错接的原因也是多方面的,主要原因有:导游人员工作不认真、马虎;接团时没问清游客的情况,凭经验和印象办事;旅行社布置的接待内容含糊、不规范;旅游旺季团队多,容易混淆。

（二）错接的预防

1. 提前抵达接站地点

地陪应该提前抵达接站地点，严格按照团队接待操作程序站在明显位置出示接站牌等标志。

2. 接团时认真核实相关事务

地陪尤其应该增强责任心，接到旅游团时认真核实组团社名称、旅游团代号、游客人数、领队或游客的姓名、下榻的饭店等细节。如果接待的是散客，也要逐项核实，以防差错。

3. 提高警惕

导游在任何情况下都要提高警惕，防止其他人员错接自己的旅游团。

（三）错接的处理

一旦发现错接，地陪应当立即采取的措施如下。

1. 报告领导。发现错接后马上向接待社领导及有关人员报告，查明两个错接团的情况，再做具体处理。

2. 将错就错。如经核实，错接发生在本社的两个旅游团之间，两个导游又同是地陪，那么可以将错就错，两名地陪将接待计划交换之后就可继续接团。

3. 必须交换。如经核实，错接的团分属于两家接待社接待，则必须交换；如错接的两个团属同一旅行社接待，但两个导游中有一名是地陪兼全陪，也应交换旅游团。

4. 地陪要实事求是地向游客说明情况，并诚恳地道歉，以求得游客得谅解。

实训项目

学习情境：模拟地陪导游接错团后的处理。

实训目的：掌握对于不同错接形式的预防及处理方法。

实训组织：学生以6～8人为一组，以组为单位，对不同的错接进行实训练习。

实训要求：各小组练习完后，选取小组进行课堂演示，其他小组观摩提问题，教师点评。

任务三　误机（车、船）事故的防范与处理

误机（车、船）事故是指因故造成旅游团（者）没有按原定航班（车次、船次）离开本站而导致暂时的滞留。

误机（车、船）属于重大事故，它不仅给游客带来许多麻烦和经济损失，还会使旅行社蒙受经济或其他方面的损失，严重影响旅行社的声誉。因此，导游要高度认识误机（车、船）的严重后果，尽量杜绝此类事故的发生。

一、误机（车、船）的原因

产生误机（车、船）事故的原因很多，但基本上可分为两类。

（一）客观原因

由于游客走失、不听安排或者由于途中遇到交通事故、严重堵车、汽车发生故障等突发情况造成延误。一般为非责任性事故。

（二）主观原因

由于导游人员或旅行社其他人员工作上差错造成延误，如导游人员安排日程不当或过紧，没有按规定提前到达机场（车站、码头）；导游人员没有认真核实交通票据；班次已变更但旅行社有关人员没有及时通知导游人员等。

二、预防措施

（一）提前落实好离站交通票据

地陪、全陪要提前做好旅游团离站交通票据的落实工作，并核对日期、班次、时间、目的地等。如果交通票据没落实，带团期间要随时与旅行社有关部门联系，了解班次有无变化。

（二）合理安排离站前的行程

临行前不安排旅游团到范围广、地域复杂的景点参观游览，不安排旅游团到热闹的地方购物或自由活动。预留充裕的时间去机场（车站、码头），保证旅游团按规定时间提前到达离站地点。

三、误机（车、船）事故的处理

导游在旅游接待服务中，无论已预知将会出现事故，或已经出现事故，都必须全力以赴做好补救工作，努力将各方面的损失减到最低程度。

（一）将成事故的处理

导游已知旅游团（者）不能按有关交通部门规定时间抵达机场（车站、码头），误机（车、船）事故即将成为事实，叫作将成事故。此时，导游应：

1. 立即与机场（车站、码头）调度室联系，请求等候，讲明延误情况、该团名称和人数、所乘航班、现在何处、大约何时抵达机场（车站、码头）；

2. 接着向有关部门、有关人员（诸如海关、交通队、行李员、旅游车司机等）讲清旅游团（者）将误机（车、船），请求协助，并讲明请求协助的事项。若导游自己忙不过来，可请内勤或其他人员协助办理；

3. 向旅行社领导汇报将要误机（车、船）情况时，应首先请示领导，并获得领导协助处理；

4. 事后写出事故报告，以及处理结果。

（二）已成事故的处理

当旅游团（者）误机（车、船）已成为事实，导游应立即着手做好以下几件事情。

1. 与民航（车站、码头）等有关交通部门及时联系，协商补救办法。例如，当天是否还有去同一目的地的飞机（火车、轮船），有无座位及其数目等。

2. 立即向旅行社领导汇报，并按领导指示做好事故补救工作。补救工作包括重订机（车、船）票或包机（车、船），安排全团滞留期间的食宿、游览等事宜。

3. 向游客赔礼道歉，稳定游客情绪，安排好他们滞留期间的食宿及游览事宜。

4. 及时通知下一站，对日程的相应的调整。

5. 写出事故报告，查清事故的原因和责任，责任者应承担经济损失并受政纪处分。

案例

某年12月中旬，兰州的导游李小姐连续接了两个旅游团。第一个团是从香港来的英国客人。她想帮客人确认机票，但客人讲，他们自己到饭店后打电话确认。第二天，李小姐问客人机票的确认情况，客人说已经打电话确认过了。她又核对了计划和客人机票上的时间，一切没有问题，客人顺利离开兰州。

第二个团是从日本过来的美国客人。导游李小姐对他们说让他们自己打电话确认机票，客人答应了。第二天她带客人旅游参观，忘记了机票的确认情况。第三天，李小姐想起来问客人时，客人说忘记了。她让客人把票拿出来看，发现是Open票，没有确定日期和座位。她赶紧为他们确认机票，但那天是星期天，办事处没有人接电话，一直到下午才联系上，办事处值班小姐告诉李小姐，由于不是旺季，所以还有位置，否则过了当日就没座位了。

任务四 旅游安全事故的防范与处理

凡涉及游客人身、财产安全的事故均为旅游安全事故。旅游接待过程中可能发生的旅游安全事故主要包括交通事故、治安事故、火灾事故、食物中毒等。

一、旅游交通事故(tourism traffic accident)

旅游交通事故是旅游活动各环节中影响最大、发生频率最高的不安全事件之一，一般分为道路交通事故、水难交通事故、空难交通事故三种类型，而道路交通事故是最常见的表现形式。交通事故一旦发生，轻者有惊无险，重者人员伤亡，带来极大的损失和伤害。

案例

旅游车与其他车相撞

清晨，天空飘着蒙蒙细雨。××旅行社的导游人员小吴带着一个旅游团赴千岛湖游览。车子走的是104国道线，虽路况不错，但小吴仍委婉地提醒司机放慢车速。日野汽车的车速始终在每小时六七十千米左右。然而，意料不到的“灾难”还是碰上了。当旅游车开到桐庐境内靠山的一个拐弯处时，由于视线受影响与对面飞速驶来的一辆小型货车“吻”上了，只听一声巨响，旅游车前面的挡风玻璃全被撞碎，司机当场昏迷过去。坐在驾驶员旁边座位上的小吴的头也被撞起了一个“大包”，手臂被玻璃扎破，鲜血直流；游客中也有几位受了伤。面对这种惨象，小吴顾不得剧烈的疼痛，他一边立即用手机拨通了旅行社的电话，简要地向领导报告了发生的情况,一边拦车将司机及几位受伤游客送往附近的医院。半小时后,旅行社联系的地方接待社的一辆车子和导游也到了。依照旅行社指示,小吴先安排没有受伤的游客乘坐这一辆车到桐庐县城一家饭店暂时休息,尔后自己才去了医院包扎伤口。

(一)旅游交通事故多发的原因

1. 低价团必然导致高风险,一些旅行社为了拉拢顾客,采取低团费、零团费、负团费的形式吸引顾客。零团费、负团费的存在必然导致接待旅行社通过降低服务质量、安排低档次接待设施、雇佣非专业司机、强制游客购物、不购买保险等方式来赚取利润,因而低价团必然导致旅游者个人安全风险的增加。

2. 市场的爆发性增长带来大量安全隐患。在市场爆发式增长的大背景下,一些旅行社为了获取利益,抢占份额,雇佣不合规的导游和司机,加上相关部门监管不严,监管责任没有落实,管理混乱无秩序,导致旅游事故的发生。

3. 旅游者安全防范意识不强。旅游者普遍存在安全防范意识不强、追求低价产品、忽视旅游保险等问题。旅行社购买责任保险,但有些游客图便宜,不愿意购买旅游意外险,一旦发生事故,将无法得到充分的赔偿,给事故的善后处理带来很大困难。

4. 部分旅游线路道路艰险、行车条件恶劣。我国西部许多热点旅游线路的旅游交通条件还有待改善,大量风景秀丽的地方往往道路崎岖、悬崖峭壁、行车条件较为艰难。经验不足或疲劳驾驶的司机一旦碰上危险的随机事件,容易引发旅游交通事故。如 2004 年 10 月 10 日在四川省平武县古城镇发生一辆旅游车坠入涪江事故、2006 年 4 月 30 日在云南迪庆藏族自治州香格里拉市发生一辆旅游车与一辆轿车相撞后翻入路边 100 多米落差的谷底事故,都是由此造成的。

(二)交通事故的预防

1. 加强对旅游产品要素的安全评估

旅行社是组织旅游产品的龙头,要对所采购的食、住、行、游、购、娱六要素产品进行安全评估,并将评估资料备案上报,严禁采购不合格、没有资质、明显存在安全隐患的要素产品。

2. 加强对旅游者的安全教育(safety education)

以零团费、负团费的危害为主题对旅游者进行全国性的大规模案例教育,使旅游者认识到零团费、负团费将给自身造成的风险与伤害,扫除零团费、负团费生存的土壤。

3. 加大旅游保险投保力度

进一步推动旅行社责任险的统保工作力度,积极引导游客购买旅游意外保险,增强旅游安全的保险保障能力。

4. 在旅游旺季(tourism-peak season)进行旅游交通事故的专项治理

在我国,旅游运营车辆管理不规范、司机疲劳驾驶、不规范操作、危险路段等是造成旅游交通事故的主要原因。要排除以上安全隐患,应该向欧洲学习,对旅游车、旅游司机的准入资质进行严格的规范和监管,同时对旅游司机的单次行车时长、特定旅游线路的行车资质等进行限定,并积极鼓励游客对旅游司机和车辆进行安全投诉。

5. 严厉打击零、负团费等恶性经营行为

对零团费、负团费的操作者和所涉及的旅行社，取消其相关的旅游资质，强化旅行社之间的连带监管。

6. 加强旅游合同管理

对旅游格式合同进行严格监管，要求组团单位将旅游要素，尤其是旅游购物点、购物次数、发生额外行程的违约责任等条款内容明确列入合同，以提醒旅游者谨慎购买旅游产品，慎防陷入低价陷阱。

7. 建立旅游暗访制度

通过暗访调查旅游企业的经营情况，对违反旅游相关法规和国家安全法规的旅游企业进行严厉的制裁与处罚，发现一家查处一家，规范和调整旅游行业的经营模式。

（三）交通事故的处理

在行车途中突然发生交通事故，如撞车、翻车等，导游如果未受重伤，就应立即采取各种有效措施，冷静、果断地处理，尽自己的最大努力，减少人员伤亡和财物损失，并做好善后工作。

1. 立即组织抢救

发生交通事故出现伤亡时，导游应立即组织现场人员迅速抢救受伤的游客，特别是抢救重伤者，就地采取应急措施，如止血、骨折包扎等，并尽快让游客离开事故车辆。立即打电话（医疗急救电话120）叫救护车或拦车将重伤员送往最近的医院抢救。如有游客死亡，可按有关规定处理。

2. 保护现场，立即报案

交通事故发生后，导游一定要头脑清楚，不要在忙乱中破坏现场，并尽快通知公安、交通部门（交通报警电话122），请求派人速来现场处理事故，导游还要注意采取措施，防止肇事司机逃脱。

3. 迅速向接待社报告

导游应迅速向旅行社报告交通事故的发生和游客受伤情况，请求派人前来帮助和指挥事故的处理，并要求派车把未受伤和轻伤的游客接走，送至饭店或继续旅游活动。

4. 做好游客的安抚工作

交通事故发生后，导游应努力做好旅游团内其他游客的安抚工作，稳定他们的情绪，继续组织好参观游览活动。用餐时适当加菜加饮料，多提供超常服务。事故原因查清后，导游要向游客说明情况，求得他们的谅解。

5. 开具证明

请医院开出诊断和医疗证明书，并请公安局开具交通事故证明书，以便向保险公司索赔。

6. 写出书面报告

交通事故处理完毕后，导游应写出事故报告，其内容包括：事故的原因和经过、抢救过程、处理的经过和结果、事故责任及对责任者的处理、游客的反映和对处理的看法等。报告内容力求详细、准确、清楚（最好和领队联名报告）。

二、火灾事故(fire accident)

在旅游活动中有时也会出现火灾事故,导游人员要时刻注意火灾事故的预防和处理。

案例

饭店发生了火灾

某年10月的一天,全陪小王带一个旅游团住在A城××饭店。深夜,饭店突然发生火灾。由于时值秋季,天气干燥,很快整个饭店已被笼罩在烟雾中,到处都是喊叫声、哭泣声。小王是较早得知饭店发生火灾的,他赶紧跑到游客客房,逐个通知他们迅速带上行李物品离开客房。好在小王的游客是住在饭店三楼,因此得以迅速撤离,虽经消防人员奋力扑救,但大火仍烧了三个多小时,整个饭店被烧得断垣残壁。旅游团没有发生人员伤亡事故。

(一)火灾事故的预防

1. 做好提醒工作

在旅游活动中,为了防止火灾事故的发生,导游人员应提醒游客不携带易燃、易爆物品,不乱扔烟头和火种,不要躺在床上吸烟。向游客讲明交通运输部门的有关规定,不得将不准作为行李运输的物品夹带在行李中。

2. 熟悉饭店的安全出口和转移路线

导游人员必须熟悉楼层的太平门、安全出口、安全楼梯的位置,并提醒游客进入房间后,看懂房门上贴的安全转移路线示意图,掌握失火时应走的路线。

3. 牢记火警电话,掌握游客房间号码

牢记火警电话119,掌握领队和全体游客的房间号码。

(二)火灾事故的处理

1. 立即报警,组织撤离

一旦发生火灾,导游人员要立即报警,要保持头脑冷静,有条不紊地指挥游客疏散。

2. 判断火情,引导自救

如果情况危急,导游应稳定游客,引导大家自救。

(1)被浓烟包围时,用湿毛巾捂住口、鼻,身体重心尽量下移,使面部贴近墙壁、墙根或地面。

(2)必须穿过浓烟时,可用水将全身浇湿或用浸湿的衣被捂住口鼻,贴近地面蹲行或爬行。千万不能让游客搭乘电梯或慌乱跳楼。尤其是在三层以上的游客,切记不要跳楼。

(3)若身上着火了,可就地打滚,将火苗压灭,或用厚重衣物压灭火苗。

(4)大火封门无法逃脱时,可用浸湿的衣物、被褥将门封堵塞严,或泼水降温,等待救援。

(5)当见到消防队来灭火时,可以摇动色彩鲜艳的衣物为信号,争取救援。

3. 协助救助受伤人员

游客得救后,导游人员应立即配合救援人员抢救伤员,将重伤者立即送往医院。若有人死亡,应按有关规定处理。

4. 报告领导

立即通知旅行社领导和有关人员,做好善后的准备工作。

5. 做好善后事宜,写出书面报告

设法稳定游客的情绪,设法解决因火灾所造成生活上的各种困难,设法让旅游活动继续进行。火灾过后,导游人员应将火灾的全过程写出详细的书面报告。

三、治安事故(public security accident)

在旅游活动过程中,遇到坏人的骚扰、行凶、抢劫、偷盗、诈骗,导致游客身心健康及财产受到不同程度的损害,统称治安事故。

案例

游客被诈骗

某年11月的一个晚上,××旅行社地陪小周接待了一个境外旅游团。旅游团入住一家四星级饭店。第二天一早,当小周刚到饭店时,就有一位女游客神情懊丧地对小周说,她昨晚在饭店外面跟外汇"黄牛"换美金,结果被诈骗了,不但所换人民币金额缺了很多,且有好几张100元是假币。听了游客的叙述,再看看她后悔的神情,小周表示这样的事情他爱莫能助,只能表示同情。

(一)治安事故的预防

导游人员在接待工作中要时刻提高警惕,采取有效的措施防止治安事故的发生。

1. 提醒游客不要将房号随便告诉陌生人;不要让陌生人或自称饭店的维修人员随便进入房间;出入房间要锁好门,尤其是夜间不可贸然开门,以防止意外;不要与私人兑换外币等。

2. 进住饭店后,导游人员应建议游客将贵重财物存入饭店保险柜,不要随身携带或放在房间内。

3. 离开饭店后,导游人员要提醒游客随身携带证件或贵重物品。下车后,导游人员要提醒司机锁好车门、关好车窗。

4. 在旅游景点活动中,导游要始终和游客在一起,随时注意观察周边的环境,发现可疑的人或者人多拥挤的地方,要提醒游客看管好自己的财物,如:不要在公共场合拿出钱包,最好不要买小贩的东西(防止物品被小贩偷去),并随时清点人数。

5. 汽车行驶途中,不得停车让无关人员上车;若有不明身份者拦车,导游人员要提醒司机不要停车。

（二）治安事故的处理

1. 全力保护游客

若歹徒向游客行凶、抢劫财物，在场的导游人员应毫不犹豫地挺身而出，勇敢地保护游客，并立即将游客转移到安全地点，协助在场群众、当地公安人员一起缉拿罪犯，追回财物。切不可鲁莽行事，要以游客的安全为重。

2. 迅速抢救

如有游客受伤，应立即抢救，或送伤者去医院。

3. 立即报警（报警电话 110）

治安事故发生后，导游人员应立即向当地公安部门报案并积极协助破案。报案时要实事求是地介绍事故发生的时间、地点、案情和经过，提供作案者的特征，受害者的姓名、性别、国籍、伤势及损失物品的名称、数量、型号、特征等。

（三）善后事宜

1. 及时向接待社领导报告

导游人员要及时向旅行社领导报告治安事故发生的情况并请求指示，情况严重时请领导前来指挥、处理。

2. 安抚游客

治安事故发生后. 导游人员应采取必要措施稳定游客情绪，努力使旅游活动顺利进行下去。在领导的指挥下，准备好必要的证明、资料，处理好受害者的补偿、索赔等各项善后事宜。

3. 写出报告

事后，导游人员应按照有关要求写出详细、准确的书面报告，包括案件整个经过及案件的性质、采取的应急措施、受害者及其他游客的情况等。

四、食物中毒事故（food poisoning accident）

凡是吃了含有某些毒素或被细菌污染的食物而引起的疾病，称为食物中毒。其特点是：潜伏期短，发病快，且常常集体发病，若抢救不及时会有生命危险。

案例

一次，导游人员小饶作为全陪带领一批 S 市的游客赴 Q 市游览，旅游团坐的是 21:50 的火车。第二天凌晨，当火车停靠在一县城车站时，两位游客因吃了当地小贩的快餐，结果没过多少时间就出现了腹痛、腹泻、头晕的症状。小饶束手无策，连忙叫列车员帮忙。列车员通过列车广播站，在乘客中找到了医生及药品。在做了一番处理后，患病者的病情终于得到了缓和。

（一）食物中毒的预防

1. 严格执行在旅游定点餐厅用餐的规定。

2. 提醒游客不要在路边小摊上购买食物。

3. 用餐时若发现食物、饮料不卫生，或有异味等情况，立即提出更换，并要求餐厅负责人出面道歉，必要时向旅行社领导汇报。

（二）食物中毒的处理

一旦发现游客出现上吐下泻、腹痛等食物中毒症状，导游首先应立即让游客停止食用可疑食物，同时拨打120。在急救车到来之前，可采取以下自救措施。

1. 催吐：对中毒不久而无明显呕吐者，可以饮用5 000～8 000毫升的温清水，饮用后立即实行抠喉的催吐方法。催吐时要尽量避免逆行性呛咳，而且要尽量避免误吸，要尽量多催吐几次，使胃肠道内的呕吐物排出时尽量呈无色无味澄清状，以减少毒素的吸收。经过大量温水催吐后，呕吐物已变为较澄清液体时，可适量饮用牛奶以保护胃黏膜。如在呕吐物中发现血性液体，则提示可能出现了消化道或咽部出血，应暂时停止催吐。

2. 导泻：发生中毒后，如果游客进食时间已经超过2个小时，但精神状态较好，此时应选择导泻的方法，即服用泻药，促使受污染的食物尽快排出体外。泻药的种类和用量要根据患者的年龄不同而有所区别。

3. 保留食物样本：由于确定中毒物质对于治疗来说至关重要，因此，在发生食物中毒后，要保留导致中毒的食物样本，以提供给医院进行检测。如果身边没有食物样本，也可保留患者的呕吐物和排泄物，以方便医生确诊和救治。

4. 处理事故的同时也应及时将情况报告给旅行社，并追究餐厅的责任。

五、溺水事故（drowning accident）

溺水又称淹溺，是指人淹没于水中，由于水吸入肺内（湿淹溺90%）或喉挛（干淹溺10%）导致窒息。

案例

致敬他们：青岛海上救援队

栈桥是青岛最受欢迎的打卡地之一，每年要接待海内外大量游客，暑假正是旅游旺季，很多游客都选择去拍照打卡。一天，一名六十多岁的游客，在回澜阁附近落水，幸亏被金山栈桥码头的工作人员，及时发现并营救上岸。

“快救人啊，有人落水了”，8月11日上午10时13分左右，摩托艇驾驶员刘亮听到栈桥上传来呼救声。循声望去，他看到一名六十多岁的大姨落水。“当时我刚刚将客人带回码头，发动机处于开启的状态，听到呼救声我迅速赶了过去。”刘亮告诉记者，大姨落水的地方位于栈桥东侧，距离码头有20多米远。几秒钟的工夫他就驾驶摩托艇赶到了。但是由于海浪的原因，落水者被海浪卷到了栈桥下面，十分危险。情急之下，他跳入水中，游到栈桥下面救人。一只手拖着落水者的头部，另一只手拖着她的腰部，将落水者从桥底下带了出来。此时，另一艘金山快艇加入营救，工作人员合力将落水者救上快艇，随后送上岸边，落水者意识清楚，但是情绪有些激动。110、120随后赶到现场，将落水者送往医院。

每年，意外落水或被困礁石的情况都时有发生。为了及时救助遇险游客，青岛金山海上旅游开发有限公司总经理郭友忠带领员工和志愿者成立了青岛红十字金山海上救援队，每当有险情发生，他们都会驾驶快艇第一时间赶到现场救援。“我们与110报警平台进行联动，利用在海岸线工作的地理优势，配备先进的设备、技术，快速参与到救援中来。”郭友忠说，目前海上救援队的救助范围从崂山流清河至青西新区金沙滩沿海50公里。成立5年来，青岛红十字金山海上救援队救助近237起。他们先后多次获得“市南区见义勇为先进单位”“青岛市海上搜救先进单位及个人”“山东省海上搜救先进单位及个人”“青岛市精神文明先进单位”等多项荣誉称号。

思考：如何预防溺水事故？青岛海上救援队如何救助溺水者？

（一）溺水事故的预防

为防止溺水事故的发生，导游要做到以下几点。

1. 劝阻游客独自在河边、海边玩耍。

2. 劝阻游客，请他们不要前往非游泳区游泳。

3. 劝阻不会游泳者，使其不要游到深水区，即使戴着救生圈也不安全。

4. 提醒游客在游泳前要做适当的准备活动，以防抽筋。

（二）溺水时的自救方法

1. 不要慌张，发现周围有人时立即呼救。

2. 放松身心，让身体漂浮在水面上，将头部浮出水面，用脚踢水，防止体力丧失，等待救援。

3. 身体下沉时，可将手掌向下压。

4. 如果在水中突然抽筋，又无法靠岸，应立即求救。如果周围无人，可深吸一口气潜入水中，伸直抽筋的那条腿，用手将脚趾向上扳，以缓解抽筋。

（三）发现有人溺水时的救护方法

1. 可将救生圈、竹竿、木板等物抛给溺水者，再将其拖至岸边。

2. 若没有救护器材，可入水直接救护。接近溺水者时要转到他的髋部，使其背向自己然后拖运。拖运时通常采用侧泳或仰泳拖运法。

3. 特别强调：未成年人发现有人溺水，不能贸然下水营救，应立即大声呼救，或利用救生器材施救，救人也要在自己能力范围之内。

（四）岸上急救溺水者方法

1. 清除口鼻堵塞物：让溺水者头朝下，撬开其牙齿，用手指清除口腔和鼻腔内杂物。

2. 人工呼吸：对呼吸及心跳微弱或心跳刚刚停止的溺水者，迅速进行人工呼吸，同时做胸外心脏按压。

3. 脱下外套：如果溺水者身上穿着外套，要尽早脱下，湿漉漉的外套会带走身体热能，产生低温伤害。

4. 经现场初步抢救，若溺水者呼吸心跳已经逐渐恢复正常，尽快联系急救中心，送溺水者去医院。

六、意外伤害事故(unintentional injuries)

意外伤害是指在旅游活动期间因为某种原因而突然受到的伤害,有跌伤、摔倒、碰撞、蜂蜇、海难等。

案例

面对受伤的游客

例1:山西某旅行社组织一旅游团出游时有游客出于习惯将胳膊伸出车窗外,导游未做警示和制止。适逢汽车爬一山坡,司机因意外急刹车,一游客伸出窗外的手臂撞上了山岩,严重擦伤。

例2:某旅行社组团去华山,在临行前,旅行社已向客人对去华山可能出现的危险做了明确的说明,并为客人办理了意外保险,客人欣然接受,于是组团顺利出行。到了华山,在游览过程中,一位客人不慎摔伤,造成右脚腕骨粉碎性骨折。

例3:某旅行社导游带团过程中,游客洗澡时在饭店浴池中跌倒,把头摔裂。据查,该饭店为三星级,但浴缸底部确实较滑,饭店正从顶层向下更换浴缸,而该游客所住的楼层还未更换到。

例4:一旅游团乘汽车前往陕西翠华山旅游。行至途中,突然有一个鸡蛋大小的石头飞入车内,击中一游客前额致伤,击伤部位有一处长3厘米的口子。

例5:某年10月,天津某旅行社组织一旅游团在野三坡风景区旅游,有一项目是蹦极。导游再三强调有心脏病、高血压病史的客人不要参加这个项目。但一位患有高血压的游客隐瞒实情,参加了这项游乐,由于过度刺激血压骤增而送医院抢救。

讨论:以上事故的发生责任在谁?旅行社该如何处理?

(一)意外伤害的预防

1. 导游人员在引导游客游览过程中,应具高度防范意识。提醒游客有危险的地方不能去。

2. 水上项目时,要穿好救生衣,划船、游泳、潜水一定不能超越警戒线,不要远离人群,并听从救生员的指挥。参加活动一定要量力而行。

3. 注意恶劣天气。

4. 乘坐交通工具要注意遵守交通规则。如坐车时头、手不要伸出窗外;上下车和过马路时要注意安全。

5. 入住饭店要提醒游客注意楼层安全通道的位置,洗澡时要小心防滑。

(二)意外伤害的处理

游客出现意外伤害事故,如骨折、摔伤时,导游人员要进行应急处理,包扎伤口,并尽快送医院,全陪或地陪应陪同游客到医院救治。医院诊断、治疗后再与有关单位商讨索赔,并写出书面报告。

任务五 游客患病、死亡的防范与处理

由于气候变化、水土不服、旅途劳累、餐饮不惯和起居不适等多种原因,少数游客特别是年老体弱的游客常会感到身体不适,甚至患病。在旅途中,游客不幸患病,甚至发生病危或死亡的事情也时有发生,不仅给游客造成痛苦,而且也给导游的工作带来了一定的压力和麻烦。遇到这类事,导游必须冷静对待、谨慎从事、认真处理,尽量不让事态扩大,努力使旅游活动继续进行。另外,导游必须掌握一些晕机、晕车、中暑、蚊叮虫咬、跌打损伤的简单急救知识。

一、游客患病的预防

(一)详细了解团队情况

导游可以通过多方面了解本团游客的健康状况,做到心中有数。接团前,导游应认真阅读接待计划,了解本团成员的年龄构成;从接到旅游团时起,导游可从领队处了解团内有无需要特殊照顾的患病游客;在游客之间进行了解;通过察言观色对身体肥胖或瘦弱、走路缓慢、费力、面部表情和举止异常的游客多关心,预防突发疾病的发生。

(二)合理安排活动

若旅游团中老弱病残者占的比重较大,导游制订计划和安排游览活动日程时应留有余地,动静结合,活动节奏不要太快,做到劳逸结合;体力消耗大的项目不要集中安排;晚间活动安排时间不宜过长。

(三)提醒游客注意饮食卫生

提醒游客不要随便在地摊上吃东西,不要喝生水,野外游览时不要随便采摘野果吃。

(四)及时报告天气变化

导游应注意气候变化,做好天气预报工作,每天提醒游客及时增减衣服,携带雨具,走山路要劝游客穿胶鞋或运动鞋。

(五)提醒游客自备常用药

提醒患有慢性病的游客,如高血压、心脏病、糖尿病等的患者,应在出行前准备好常用药品,旅游中防止剧烈运动或暴饮暴食。

提醒游客自备常用药(commonly used drugs),如感冒药、晕车药、创可贴等,一旦出现身体不适,可以及时用药。

二、游客患病的处理

(一)游客患一般疾病的处理

旅游期间,游客所患一般疾病主要有感冒、发烧、中暑、腹泻、便秘等。对这类疾病,导游应该做如下处理。

1. 劝其及时就医并多休息。游客患一般疾病时,导游要劝其尽早去饭店医务室或医院

看病，并留在饭店静养；如需要，导游应陪同前往医院就医。

2. 严禁导游擅自给患者用药。

3. 关心游客的病情。如果游客留在饭店休息，导游要尊重其意见，要主动前去询问身体状况，并在必要时为其提供送餐服务。

4. 向游客讲明费用自理，并提醒其保管好诊断证明和收据。

想一想：为什么导游不能擅自给患者用药？

（二）游客突发重病的处理

遇到游客在旅途中、在饭店、在旅游车上突然患病或突患重病时，导游人员应全力以赴，采取措施积极抢救。

1. 在前往景点途中突然患病

游客在旅游景点的途中突然患病，导游应当做到以下几点。

（1）在征得患者、患者亲友或领队同意后，立即将患重病的游客送往就近医院治疗，或拦截其他车辆将其送往医院。必要时，暂停中止旅行，用旅游车将患者直接送往医院。

（2）及时将情况通知接待社有关人员。

（3）一般由全陪、领队、病人亲友同往医院。如无全陪和领队，地陪应立即通知接待社请求帮助。

2. 在参观游览时突然患病

（1）不要搬动患病游客，让其坐下或躺下。

（2）立即拨打电话叫救护车（医疗急救电话：120）

（3）向景点工作人员或管理部门请求帮助。

（4）及时向接待社领导及有关人员报告。

3. 在饭店突然患病

如果游客在饭店休息时患重病，导游人员应立即与饭店有关部门联系，组织抢救，并尽快送往医院，同时报告旅行社。

4. 在向异地转移途中突患重病

在乘飞机、火车、轮船前往下一站的途中游客突患重病：

（1）全陪应请求乘务员帮助，在乘客中寻找医务人员；

（2）通知下一站旅行社做好抢救的各项准备工作。

案例

游客突发心肌梗死病

时值中秋，N景区内，导游人员小毛作为地陪正带领着一批以色列游客游览。客人们兴致都很高，可就在这时，一位老年游客突然摔倒在地，脸色发青，看情况病势很严重。熟悉这位老人的其他游客讲，此老人以前曾患有心肌梗死病，在情绪高涨时偶有发作。小毛知道心肌梗死病发作不及时救治的后果。于是，他二话没说，便与领队、全陪及游客商量，让全陪领队立即送患者去医院，自己仍然带游客游览。

5. 突发重病救护要点

(1)游客患重病,需要送往急救中心或医院抢救时,需由患者家属、领队或患者亲友陪同前往。如果患者是国际急救组织的投保者,导游人员应提醒其亲属或领队及时与该组织在中国的代理机构联系。

(2)患者抢救过程中,需有领队或患者亲友在场,并详细记录患者患病前后的症状及治疗情况,并请接待社领导到现场或与接待社保持联系,随时汇报患者情况。

(3)如果需要做手术,须征得患者亲属的同意,如果亲属不在,需由领队同意并签字。

(4)若患者病危而患者亲属不在身边时,导游人员应提醒领队及时通知患者亲属。如果患者亲属系外国人士,导游人员要提醒领队通知所在国使、领馆。患者家属到达后,导游人员要协助其解决生活方面的问题;若找不到其亲属,则一切按照使、领馆的书面意见处理。

(5)有关诊治、抢救或动手术的书面材料,应由主治医生出具并签字,要妥善保管。

(6)地陪应请求接待社领导派人帮助照顾患者、办理医院的相关事宜,同时安排好旅游团继续按计划活动,不得将全团活动中断。

(7)患者转危为安,但仍需住院治疗,无法随团继续旅游或离境时,接待社领导和导游人员要不时去医院探望,帮助患者办理签证的分离、延期以及出院、回国手续和交通票证等善后事宜。

(8)患者住院及医疗费用自理。如患者没钱看病,请领队或组团社与境外旅行社、其家人或保险公司联系解决其费用问题。

(9)患者在离团住院期间未享受到的综合服务费由中外旅行社之间结算后,按协议规定处理。患者亲属在当地逗留期间的一切费用自理。

三、游客死亡事故的处理

案例

游客意外死亡

小刘是H市某国际旅行社的导游人员,这天他负责接待一个20人的美国旅游团在H市一地进行为期两天的游览活动。第一天的游览很顺利。第二天早上照规定是8: 45在餐厅集合用餐,可到了8: 55,其他游客都已到餐厅就餐,唯有一位名叫怀特的住单人房的老先生没有来餐厅,小刘问领队和其他团员都说不知道,等了一会儿还是不见他来。就向怀特先生客房打电话,可没人应答。小刘非常着急,动员领队和全陪一起去饭店其他场所寻找,结果还是不见其踪影。于是,小刘就和领队及全陪一起去楼层请服务员打开怀特的客房。当小刘等人推门进入客房时,发现怀特先生直挺挺地躺在床上,怎么叫都没有反应。再一摸,发现其身体已冰凉。此时大家的第一反应是怀特先生已经死亡,在场的人谁都没有碰到过这种事。还是小刘先反应过来,他向120急救中心打电话。救护车一到,救护人员用担架抬着怀特上了救护车直奔医院。最后,医生诊断怀特昨晚死于心脏病突发。

（一）导致游客死亡的原因

导致游客死亡的原因有很多，有游客突发病，如心脏病、脑出血、心肌梗死等；游客患急性传染病，如急性传染性黄疸肝炎；游客旧病复发；长时间乘飞机、汽车，导致游客患严重性肺动脉栓塞；交通、治安、灾难性事故等。

（二）游客死亡的处理程序

在旅游过程中，一旦发生游客死亡，有关人员应沉着冷静，有条不紊地按以下程序进行处理。

1. 及时报告当地接待社。

2. 立即通知亲属

如果死者的亲属不在身边，应立即通知亲属前来处理后事；若死者系外国人士，应通过领队或有关外事部门迅速与死者所属国的驻华使、领馆联系，通知其亲属来华。

3. 取得医生证明

导游人员应协助旅行社领导办妥有关证明。请参加抢救的医师向死者的亲属、领队及好友详细报告抢救经过，并出示"抢救工作报告""死亡诊断证明书"，由主治医生签字后盖章，复印后分别交给死者的亲属、领队和旅行社。

4. 尸体解剖

对死者一般不做尸体解剖，如需解剖尸体应有死者亲属或领队，或其所在国使、领馆有关官员签字的书面请求，经医院和有关部门同意后方可进行。

如果死者属非正常死亡，导游人员要保护好现场，立即向公安局和旅行社领导汇报，协助查明死因。如需解剖尸体，须征得死者亲属和领队，或其所在国使、领馆人员的同意，并签字认可。解剖后写出"尸体解剖报告"。此外，旅行社还应向司法机关办理"公证书"。

5. 向其他团员通报

发生死亡事件，团内人员一定会很关切，同时也将影响到游客游览的情绪，因此导游人员应在团长与死者亲人取得一致意见的基础上，向全团宣布死亡原因及抢救、死亡经过情况。

6. 遗体的处理

一般以火化为宜，遗体火化前，应由死者亲属或领队，或所在国驻华使、领馆写出"火化申请书"并签字后进行火化。火化后，由丧葬部门出具"火化证明书"一式两份。如家属要求将遗体运回国内，则须由医院对尸体进行防腐处理，并办理"尸体防腐证明书""装殓证明书"；由地方检疫机关发给"外国人运送灵柩（骨灰）许可证"和出境口岸检疫机关发给"尸体灵柩出境许可证"等有关证件，方可将遗体运出境。

7. 协助开具有关证明

死者如在生前已办理旅游保险，我方应协助死者亲属办理旅游保险索赔、医疗费报销等有关证明。

8. 继续行程

除领队、死者亲属和旅行社代表负责处理外，其余团员应由代理领队带领仍按原计划参观游览。

9. 费用和遗物的处理

有关医疗、火化、尸体运送、交通等各项费用,一律由死者亲属或该团队交付。

遗物由其亲属或领队、死者生前好友代表、全陪或所在国驻华使、领馆有关官员共同清点造册,列出清单,清点人要一一签字,一式两份,分别保存。遗物要交死者家属或死者所在国驻华使、领馆人员,接收遗物者应在收据上签字,收据上应注明接收时间、地点、在场人员等。

(三)处理要点

必须有死者的亲属、领队、使领馆人员及旅行社有关领导在场。有些环节还需有公安局、旅游局、保险公司的有关人员在场,要有文字依据。口头协议或承诺均无效。事故处理后,将全部报告、证明文件、清单及有关材料存档备查。

任务六　游客走失事故的防范与处理

在参观、游览或自由活动时,游客走失时有发生,原因多种多样,一般是有惊无险,但也有酿成灾难的。一旦发现游客走失,导游必须立即采取措施,寻找走失者。导游更应该加强责任心,周到细致地工作以防止此类事故的发生。

一、游览活动中游客走失

(一)走失的预防

导游人员要掌握每一位游客的联系方式,提醒其保持联络畅通,并把自己的联系方式告知每一位游客。

导游人员要随时做好提醒工作。提醒游客记住接待社的名称、旅游车的车号和标志、下榻饭店的名称和电话号码,带上饭店的店徽等。

导游人员要做好预报工作。导游每天都要向游客报告当天的行程,上午下午的游览点和餐厅的名称和地址。在景点下车后进入游览点之前,导游要告知全体游客停车地点、车号及车的标志,并强调开车时间等。

随时清点人数。游览途中以及每一次转移之前,导游要随时注意清点人数,如果发现人数不够,要及时寻找。

地陪、全陪和领队密切配合。参观游览时地陪要高举导游旗带领团队走在队伍的最前面,全陪和领队则应殿后,注意游客动向,防止走失。

(二)处理办法

1. 迅速电话联系走失游客

如果发现游客走失,导游要迅速拨打游客电话,尽快与之联系,并根据游客提供的信息指引他回来或是到现场去寻找并将其带回。

2. 了解情况,迅速寻找

如若电话联系不上游客,导游应迅速向其他游客、景点工作人员或旅游团全陪、领队了解情况,仔细回忆曾在何时、何地见过走失者,并马上寻找。一般情况下是全陪和领队分头去找,地陪带领其他游客继续游览。

3. 向有关部门报告

如经过认真寻找后仍找不到走失的游客，应立即向旅行社、景点管理部门或派出所求助。遇到急难情况，导游人员应立即向游览地派出所或管理部门报告，请求帮助寻找。

4. 与饭店联系

寻找时导游人员可与饭店前台或楼层服务台联系，请求寻查走失者是否已自行回到饭店。

5. 向旅行社报告

如果采取以上措施仍找不到走失的游客，导游应向旅行社及时报告并请求。

6. 做好善后工作

找到后，导游人员要分析走失的原因。如果是导游人员的责任，应向游客赔礼道歉；如果责任在走失者，导游人员也不应斥责对方，而应对其进行安慰，提醒以后注意。

7. 写出事故报告

要详细记述游客走失经过、寻找经过、走失原因、善后处理情况及游客的反应等。

案例

温州老年游客走失

温州某旅行社组织多名老年村民赴北京旅游，一位73岁游客在故宫游览时走失。该游客不识字、不会普通话又没有携带手机，无奈之下不断地朝南走。6天5夜后，他步行到了天津，才得以和家人联系上。在此期间，游客家人和旅行社紧急寻找，家人为此支付了3万多元，旅行社也付出1万多元。事后，游客家属要求旅行社全额承担家属的支出，旅行社则要求双方共同承担所有费用，争执不下。

思考：针对这个案例，该如何处理？

二、自由活动时游客走失

（一）预防

导游人员应根据游客需要帮其设计活动线路，并告知其乘坐合理的交通工具。提醒游客带好饭店的宣传卡，提醒其带上客房的门卡、信封、留言纸等印有饭店名称、地址的物品备用，方便向出租车司机出示并被送回。提醒游客记住导游人员和团友的联系方式，不要去太远、热闹、拥挤、秩序乱的地方。提醒游客不要回饭店太晚。

（二）处理办法

立即报告旅行社。游客若自己外出走失，导游得知后应立即报告旅行社，请求指示和协助，通过有关部门通报管区的公安局、派出所和交通留察部门，尽量详细地提供走失者的特征和有关情况，如姓名、性别、年龄段、体型（高矮、胖瘦）、服饰等有关情况，请求沿途寻找。

做好善后工作。找回走失者后,导游应表示高兴并做必要的安慰,问清楚情况,必要时提出善意的批评,但不应过多指责;要引以为戒,多提醒游客,避免类似事故再次发生。

若游客走失后发生其他情况,应视具体情况作为治安事故或其他事故处理。

任务七　游客遗失财物的防范与处理

遗失事故有些是由于游客个人马虎大意造成的,也有些是由于相关部门的工作失误造成的。它们不仅给游客带来经济损失,影响游客的情绪,还会给游客的旅游活动带来诸多不变,严重时甚至耽误游客离境。

一、游客丢失证件、钱物、行李的预防办法

多做提醒工作。参观游览时,导游要经常提醒游客带好随身物品和提包;在人多、拥挤、热闹和购物时,导游要提醒游客保管好自己的钱包、提包和贵重物品;当天活动结束回房时,强调随手关门,不宜贸然与陌生人接触;离开饭店时,导游要提醒游客带好随身行车物品,检查是否带齐了证件。

做好证件的使用和保管工作。导游在工作中需要游客的证件时,要由领队收取,完毕立即如数归还,不要代为保管;要时常提醒游客保管好自己的证件,如身份证、回乡证、通行证、护照等。告诫游客上述证件在旅游中比钱财更重要,补办上述证件手续复杂,需花费宝贵时间和精力,应妥善保管为宜。

导游要与行李员、行李车司机、全陪、领队共同配合,认真做好行李的清点、交接工作。

每次游客下车后,导游都要提醒司机清车、关窗,并锁好车门,不让其他闲杂人上游客所用的车辆。

二、游客丢失证件的处理

证件,如护照、签证(集体签证)、旅行证、港澳同胞回乡证、台湾同胞旅行证明等都是非常重要的证件。若不慎丢失证件,会给游客带来一系列麻烦,所以导游对证件要给予高度的重视。

导游被告知旅游者丢失证件时,首先应安抚旅游者,请他冷静地回忆,详细了解证件丢失情况,全力协助寻找。当证实证件确实丢失而无法找回时,导游应马上报告旅行社,协助游客向有关部门报失,补办必要的手续,所需费用由游客自理。

(一)丢失外国护照和签证

1. 由旅行社出具证明,并请失主准备照片。

2. 由失主本人持丢失证明去当地公安局(外国人出入境管理处)报失,由公安局出具相关证明。

3. 持公安局的证明去所在国驻华使、领馆(Diplomatic Agency)申请补办新护照及签证。

(二)丢失团队签证

1. 由接待社出具遗失公函。

2. 准备原团体签证复印件(副本)。

3. 重新打印与原团体签证格式、内容相同的该团人员名单。

4. 收齐该团全体游客的护照。

5. 持以上证明材料到公安局出入境管理处(Immigration Office)报失,并填写有关申请表(可由一名游客填写,其他成员附名单)。

(三)丢失中国护照和签证

1. 若华侨丢失护照和签证

(1)导游人员帮助失主去当地接待社开具丢失证明,同时请失主准备照片。

(2)失主持遗失证明和准备好的照片到省、市、自治区公安局(厅)或授权的公安机关报失并申请办理新护照。

(3)领到新护照后去其侨居国驻华使、领馆办理入境签证手续。

2. 若中国公民在境外丢失护照、签证

(1)请当地陪同协助在接待社开具遗失证明,同时请失主准备照片。

(2)失主持当地接待社遗失证明到当地警察机构报案,取得警察机构开具的报案证明。

(3)失主持当地警察机构的报案证明和有关材料到我国驻该国使、领馆领取中华人民共和国旅行证。

(4)最后,回国后,可凭中华人民共和国旅行证和境外警方的报失证明,申请补发新护照。

(四)丢失“港澳居民来往内地通行证”后,出境手续的办理

1. 向公安局派出所报失,并取得报失证明,或由接待社开具遗失证明。

2. 持报失证明或遗失证明到公安局出入境管理处申请领取赴港澳台证件。

3. 经入境管理部门核实后,给失主签发一次性有效的“中华人民共和国入出境通行证”。

4. 失主持该入出境通行证回港澳地区后,填写港澳居民来往内地通行证件遗失登记表和申请表,凭本人的港澳居民身份证,向通行证受理机关申请补发新的通行证。

(五)丢失“台湾同胞旅行证明”后,出境手续的办理

根据2015年《中国公民往来台湾地区管理办法》第二十七条规定,失主向遗失地的市、县公安机关报失,经调查属实的可以允许重新申请领取相应的旅行证件或者发给一次性有效的出境通行证。

(六)丢失“中华人民共和国居民身份证”后的补办手续

由当地旅行社核实后开具证明。失主持证明到公安局报失,经核实后开具身份证明,并按照交通部门的规定办理乘坐交通工具的临时证明。回到居住所在地后,凭公安局报失证明和有关材料到当地派出所办理新身份证。

案例

游客遗失证件

一次,中旅国际旅行社导游人员小李负责接待了一香港旅游团,小李出色的导游服务使游客们愉快地度过了一天。可在用晚餐时,旅游团中一位杨先生紧张地告知小李说他的回乡证不见了。小李听后,首先请杨先生冷静地回忆,是否夹放在其他什么地方,可经过回忆查找还是没有;于是,小李就陪杨先生来到旅行社开具遗失证明,并到当地公安局报失,经核实后,再到出入境管理处,由出入境管理处签发了一次性有效的《中华人民共和国出境通行证》。最后杨先生终于拿到了证件,并顺利出境。

三、游客遗失钱物的处理

案例

游客在饭店内丢失钱包

某年2月的一天,导游人员小张接待一新加坡旅游团在杭州进行两天的游览活动。第一天游览完毕,用过晚餐后,游客各自回房休息,可没过多久,住1405房的王先生向小张反映他放在枕头底下的钱包不见了,内有若干现金及护照。小张得知这一情况后,立即到王先生客房和王先生一起寻找,但没有结果。小张又与饭店保安部门联系,请求帮助查找,仍然未果。最后,小张向当地公安部门报了警,公安人员赶到现场,可现场已乱糟糟。

1. 导游人员应首先稳定失主情绪,详细了解物品丢失的经过、失物的形状、特征、价值,分析物品丢失的原因、时间和地点,并迅速判断物品是丢失还是被盗。

2. 要及时向接待社领导汇报,听取领导指示。立即向公安局或保安部门以及保险公司报案(特别是贵重物品)。由地接社开具物品丢失证明。

3. 若找不回被盗物品,导游人员要协助失主持旅行社的证明到当地公安局开具失窃证明书,以便出关时查验或向保险公司索赔,同时要提供热情周到的服务,安慰失主,缓解其不快情绪。

证件、财物特别是贵重物品被盗是治安事故,导游人员须立即向公安部门和保险公司报案或通过旅行社报案,协助有关人员查清线索,力争破案,找回被窃证件、物品,挽回不良影响。

四、游客丢失行李的处理

游客丢失行李主要发生在公共交通运输中或行李搬运中,会给游客生活带来许多不便和麻烦，也会影响其旅游兴致。导游虽无直接责任，但必须认真对待，积极协助寻找，做好善后工作。

（一）来华途中丢失行李

海外游客的行李如是在来华途中丢失，其丢失责任多半在游客所乘飞机的航空公司，导游的责任是协助游客追回行李。

1. 采取积极态度，先了解丢失情况，然后采取措施，设法寻找。

2. 若找不到，导游带失主到机场失物登记处，办理行李丢失和认领手续。由失主向登记处出示机票和行车牌，说明详细情况（所乘航班、出发站、转运站、行李件数和行李特征等），并填入丢失行李登记表上。

3. 由失主将本人所住饭店的名称、已知房间号和电话号码等告知登记处；并了解登记处的电话和联系人、所乘航空公司的办事处地址、电话和其他情况，以便联系。

4. 若失主在本地旅游期间未能找回丢失行李，失主可向航空公司转告接待旅行社名称、全程旅游路线、计划及各地可能下榻的饭店名称，以便找到行李后及时送往最适宜的地点。

5. 如行李确系丢失，失主可向有关航空公司索赔。

（二）行李在中国境内丢失

案例

有一个去长白山观光游览的旅游团高高兴兴地走出红色通道来到行李输送机前，团中一名女游客发现自己少了一只行李箱，箱内有许多生活必需品和一些贵重物品。这名女游客十分着急，一时也不知道该怎么办才好。这时，导游小焦一面安慰她，一面积极地采取措施。

小焦从去机场失物登记处办理有关手续，到帮助失主购置必要的生活用品；从向航空公司申请索赔，到沿途参观游览时不断地打电话询问行李的下落……小焦真诚的帮助就像无声的安慰，给人以鼓舞，给人以关怀，给人以温暖。这位女游客在旅途即将结束时，深有体会地说："虽然我的行李不见了，我在经济上受到了损失，但是，我得到的却是导游小焦一颗火热的心……"

这就是真诚的效应。

游客在中国境内旅游期间托运过程中丢失行李，一般是交通部门或行李员的责任，责任在我方，导游应高度重视并负责查找。

1. 冷静分析情况，分析行李丢失的环节和线索。

（1）分析和查找从最近的环节开始。如果游客在抵达本地出站时找不到行李，就可能在上一站行李交接或托运过程中出现了差错。此时，导游应采取以下措施：带领失主到失物登记处办理行李丢失和认领手续，由失主填写丢失行李登记表。导游应将情况及时向旅行社领导汇报，请旅行社安排有关人员与机场（车站、码头）和上一站地方接待社联系，积极寻找。

(2)如果游客在抵达饭店后发现没有自己的行李,导游应首先在所住饭店查找,了解是否行李被送错楼层、房间;或是本团客人拿错了行李,或搞混了旅游团。如果找不到,则应立即与旅行社行李员和饭店行李员联系查清原因,请其设法寻找。如果本饭店找不到,导游应立即与旅行社联系,查清丢失行李是否混入其他旅游团行李中,或误送到其他饭店,请示处理办法。如果是旅行社的原因,请失主填写一份丢失行李物品及全部清单,地陪写一份情况说明,由旅行社向保险公司申请索赔。

2. 导游要做好失主的工作,就丢失行李事故向失主表示歉意,并帮助解决其因行李丢失而带来的生活方面的困难。

3. 在游览过程中,经常与有关方面联系,询问查找进展情况。

4. 将找回的行李及时归还,并向失主致歉。

5. 如找不回,由旅行社领导或导游亲自向失主道歉,并帮助失主参照国际惯例向有关部门索赔。

6. 最后导游要写出报告说明行李丢失的经过、原因、寻找过程及失主的意见和要求等情况。

任务八　游客越轨言行的处理

越轨言行(deviant behavior)一般是指游客侵犯一个主权国家的法律和世界公认的国际准则的行为。外国游客在中国境内必须遵守中国的法律,若犯法,必将受到中国法律的制裁。

游客越轨言行的处理,事前要认真调查核实,处理时要特别注意“四个分清”:分清越轨行为和非越轨行为的界限;分清有意和无意的界限;分清无故和有因的界限;分清言论和行为的界限。

导游人员应积极向游客介绍中国的有关法律及注意事项,多做提醒工作。发现可疑现象,导游人员要有针对性地给予必要的提醒和警告,迫使预谋越轨者知难而退。对顽固不化者,其越轨言行一经发现应立即汇报,协助有关部门进行调查,分清性质。处理这类问题要严肃认真、实事求是、合情、合理、合法。

一、对攻击和诬蔑言论的处理

案例

北京导游小张接待一个日本旅游团,在游览期间看到了两个中国游客因为某事发生争执,其中有一个日本人说:“中华民族真是一个野蛮低劣的民族。”小张为了避免不愉快而采取了沉默的态度。请问你认为小张的态度对吗?应该如何做?

由于社会制度不同、政治观念有差异和其他一些客观原因,外国游客可能对中国的方针政策及国情有误解或不理解，在一些问题上会存在认识分歧。因此，导游要积极宣传我国的方针政策，用生动和有说服力的语言介绍我国的法律和法规，介绍中华文明和我国的基本国情，认真耐心地解答游客提出的问题，阐明我方对某些问题的立场、观点，求同存异。

但是，如果有外国游客站在敌对立场上，对我国进行恶意的攻击和诬蔑，并公开演讲，煽动闹事，导游要严正驳斥，要理直气壮、观点鲜明、立场坚定，必要时报告有关部门，查明后严肃处理。

二、对违法行为的处理

对于海外游客的违法行为，首先要分清是由于对我国的法规缺乏了解，还是明知故犯。如果是前者，应讲清道理，指出错误之处，并根据其违法行为的性质、危害程度，确定是否报有关部门处理。对那些明知故犯者，导游人员要提出警告，明确指出其行为是中国法律和法规所不允许的，并报告有关部门严肃处理。

若有中外游客窃取国家机密和经济情报、宣传邪教、组织邪教活动、走私、贩毒、偷窃文物、倒卖金银、套购外汇、贩卖黄色书刊及录像、录音带、嫖娼、卖淫等犯罪活动，一旦发现应立即汇报，并配合司法部门查明罪责，严正处理。

三、对散发宗教宣传品行为的处理

案例

导游小王在接待来自某国外的旅游团时，发现有位游客偷偷地向周围的他国的游客散发一些自己国家的宗教宣传品，如果你是小王应该如何处理？

游客若在中国散发宗教宣传品，导游人员一定要予以劝阻，并向其宣传中国的宗教政策，指出不经我国宗教团体邀请和允许，不得在我国布道、主持宗教活动和在非完备活动场合散发宗教宣传品。处理这类事件要注意政策界限和方式方法，但对不听劝告并有明显破坏活动者，应迅速报告，由司法、公安有关部门处理。

四、对违规行为的处理

(一)一般性违规的预防及处理

在旅游接待中，导游人员应向游客宣传、介绍、说明旅游活动中涉及的具体规定，防止游客不知而误犯。例如：参观游览中某些地方禁止摄影，禁止进入等，都要事先讲清，并随时提醒。若在导游人员已讲清了，提醒了的情况下明知故犯，当事人要按规定受到应有的处罚(由管理部门司法机关处理)。

(二)对异性越轨行为的处理

对于游客中举止不端、行为猥亵的任何表现，都应向其郑重指出其行为的严重性，令其立即改正。导游人员遇到此类情况，为了自卫要采取断然制止措施；情节严重者应及时报告有关部门依法处理。

(三)对酗酒闹事者的处理

案例

旅游旺季,小胡在接待某旅游团在酒店用餐时,有位游客因喝酒过多,因对菜的口味有点不满就把桌子掀翻,面对这样的情况,作为导游你应该怎么办?

游客酗酒,导游人员应先规劝并严肃指明可能造成的严重后果,尽力阻止其饮酒。不听劝告、扰乱社会秩序、侵犯他人、造成物质损失的肇事者必须承担一切后果,甚至法律责任。

实训项目

学习情境:结合书中所列旅游者越轨言行,归纳其处理的共性及不同。

实训目的:分清旅游者越轨言行的不同处理方法。

实训组织:课堂归纳总结。

实训内容:归纳不同类型旅游者越轨言行处理的共性及不同。

任务九　旅游中自然灾害的防范与处理

自然灾害属于不可抗力,有时具有不可预见性,一旦出现如果应对不及时、不科学,必将产生严重的后果。因此作为导游人员,在遇到自然灾害时,需要掌握科学的应对方法,帮助游客和自己及时脱离险境。常见的自然灾害有地震、泥石流、洪水、山体滑坡、台风和海啸等。

一、地震(earthquake)

地震灾害最有可能造成惨重的人员伤亡和巨大的财产损失,引发的次生灾害也比其他灾害严重,甚至危害旅游业的发展。地震虽然具有不可抗拒性,但是人们依然可以通过一些措施来减少损害。

(一)现场自救

室内避险应就地躲避,躲在桌、床等结实的家具下;尽量躲在窄小的空间内,如卫生间、厨房或内墙角,可能时,在两次震动之间迅速撤至室外。

室外避险切忌乱跑乱挤,不要扎堆,应避开人多的地方;远离高大建筑物、窄小胡同、高压线;注意保护头部,防止砸伤。旅游团在游览时遇到地震,导游应迅速引导游客撤离建筑物、假山,集中在空旷开阔区域。

（二）遭灾者的自救

地震时被压在废墟下、神志还清醒的幸存者，最重要的是不能精神上崩溃，而应争取创造条件脱离险境或保存体力等待救援。例如，若能挣开手脚，应立即捂住口鼻，以隔挡呛人的灰尘，避免窒息；设法保持体力，不要乱喊，听到外边有人时再呼救。若能找到水和食物，要计划使用，尽可能地维持生命。

二、泥石流（mud-rock flow）

泥石流多发生于山区，在我国的大多数山区都时有发生，尤其在我国西南地区尤为严重，每年雨季都有泥石流、滑坡等自然灾害发生。泥石流的主要原因是暴雨集中、山高、坡陡和植被稀疏等。泥石流发生频率高，破坏性大，对旅游业有较大的影响。

遇到泥石流，导游要镇定地引导游客逃生。

1. 泥石流发生时，不能在沟底停留，而应迅速向山坡坚固的高地或连片的石坡撤离，抛掉一切重物，跑得越快越好，爬得越高越好。

2. 切勿与泥石流同向奔跑，而要向与泥石流流向垂直的方向逃生。

3. 到了安全地带，游客应集中在一起等待救援。

三、洪水（water flood）

洪水是形成洪灾的直接原因，洪灾是世界上最严重的自然灾害，一般多发生于夏季。

我国的洪水灾害十分频繁，因此导游在带领游客到山地、河湖游览时，若遇暴雨或前一天下了暴雨，要特别注意洪灾的发生。

（一）洪水灾害的预防

为避免在游览中受到洪水的侵袭，导游应当在出发前收听气象台的天气预报，尤其是汛期的天气预报，当听到气象台发出的红色预警或橙色预警时，应对计划的山区、河湖或低洼地区的游览采取相应的措施，如可同游客协商并征求其同意，适当调整旅游项目。

为应对在野外游览时突然遭遇到洪水的侵袭，导游平时应学习一些洪水自救和救援知识。

（二）遭遇洪水时的应对

1. 洪水来临时的自救措施

（1）不要带领游客去危险地带，如电线杆和高压线塔周围，危墙及高墙旁，河床、水库、沟渠与涵洞边，化工厂及储藏危险物品的仓库。

（2）带领游客迅速离开低洼地带，选择有利地形，将游客转移至地势较高的地方以躲避洪水。

2. 被洪水围困时的自救措施

（1）若没有及时躲避转移，导游应带领游客选择较安全的位置等待救援，并用自身备有的通信器具，不断地向外界发出求救信号，以求及早得到解救。

（2）设法稳定游客的情绪，若离开原地要采取集体行动，不要让游客单独离开，以免因情况不明而陷入绝境。

（3）利用手机迅速报警，将游客受洪水围困的地点、人数和所处的险情一一报告清楚，请他们迅速组织人员前来救援。

四、山体滑坡(landslide)

山体滑坡不仅会造成一定范围内的人员伤亡、财产损失,还会对附近道路交通造成严重威胁。当遇到滑坡正在发生时,首先应镇静,不要惊慌失措。为了自救或救助游客,应该做到以下几点。

(一)保持冷静

当处在滑坡体上时,首先应保持冷静,不能慌乱;慌乱不仅浪费时间,而且极可能因为慌乱而做出错误的决定。

(二)组织自救

导游要迅速环顾四周,组织游客迅速离开交通工具,向较为安全的地段撤离。一般除高速滑坡外,只要行动迅速,都有可能逃离危险区域。跑离时,以向两侧跑为最佳方向。在向下滑动的山坡中,向上或者向下跑均是很危险的。当遇到无法跑离的高速滑坡时,原地不动,或抱住大树,不失为一种有效的自救措施。

(三)寻求救助

滑坡时,极易造成人员受伤,当受伤时应及时拨打“120”求救。

五、台风(typhoon)

旅游团若遇强大风暴,尤其遇到龙卷风时,要采取自我保护措施。

1. 若在室内,最好躲在地下室、半地下室,或坚固房屋的小房间内,避开重物;不能躲在野外小木屋、破旧房屋和帐篷里。
2. 若被困在普通建筑物内,应立即紧闭临风方向的门窗,打开另一侧的门窗。
3. 若被飓风困在野外,不要在狂风中奔跑,而应平躺在沟渠或低洼处,但要避免水淹。
4. 旅游团在旅游车中时,司机应立即停车,导游要组织游客尽快撤离,躲到远离汽车的低洼处或紧贴地面平躺,并注意保护头部。

六、海啸(tsunami)

海啸是一种灾难性的海浪,通常由震源在海底50千米以内、里氏震级6.5以上的海底地震引起。

(一)海啸逃生

1. 如果导游感觉到较强的震动,不要靠近海边、江河的入海口。如果听到有关附近地区地震的报道,要做好防范海啸的准备,注意电视和广播新闻。要记住,海啸有时会在地震发生几小时后到达距离震源上千公里远的地方。
2. 如果发现潮汐突然反常涨落、海平面明显下降或者有巨浪袭来的现象,导游都应组织游客以最快的速度撤离海岸。
3. 海啸前海水异常退去时往往会把鱼虾等许多海生动物留在浅滩,场面蔚为壮观。此时千万不要前去捡拾鱼虾或者看热闹,应当带领游客迅速离开海岸,深海区相对于海岸更为安全。

4. 发生海啸时,航行在海上的船只不可以回港或靠岸,应该马上驶向深海区,深海区相对于海岸更为安全。

(二)自救与互救

1. 如果在海啸来临时不幸落水,要尽量抓住木板等漂浮物,同时注意避免与其他硬物碰撞。

2. 在水中不要举手,也不要挣扎,尽量减少动作,能浮在水面随波逐流即可。这样既可以避免下沉,又能减少体能的无畏消耗。

3. 如果海水温度偏低,不要脱衣服。

4. 尽量不要游泳,以防体内热量过快散失。

5. 不要喝海水。海水不仅能解渴,反而会让人出现幻觉,导致精神失常甚至死亡。

6. 尽可能向其他落水者靠拢,这样既便于相互帮助和鼓励,又可因目标扩大更容易被救援人员发现。

7. 溺水者被救上岸后,最好能进入温水里恢复体温,没有条件时也要尽量裹上被、毯、大衣等保温衣物。注意不要采取局部加温或按摩的办法,更不能给落水者饮酒,饮酒只能使热量更快散失。

8. 如果落水者受伤,应采取止血、包扎、固定等急救措施,重伤员则要及时送医院救治。

9. 要记住及时清除落水者鼻腔、口腔和腹内的吸入物。具体方法是:将落水者的肚子放在你的大腿上,从后背按压,让海水等吸入物流出,如心跳、呼吸停止,则应立即交替进行口对口人工呼吸和心脏按压。

项目三　邮轮导游接待常见问题的防范与处理

导游带领邮轮旅游团进行邮轮旅游过程中,同样会遇到不同类型的问题,甚至会发生事故,如游客误船、生病、突发意外、游客滞留、遗留物品等。面对可能出现的问题和事故,导游要打起十二分精神,时刻关注关心游客,尽量避免问题和事故的发生,并采取有效的处理措施。

任务一　游客误船事故的防范与处理

这里所说的误船主要是指由于旅行社或游客的原因而导致的结果。误船通常多发生在散客拼团,因为散客拼团的出行通常是游客和领队分别赶往码头集合。而在客源地成团的旅游团通常是由领队带领一同出发,即使有的游客耽误了共同的出发时间,仍然可以想办法尽快赶往邮轮码头,所以误船的可能性比较小。误船通常比较麻烦而且有不少的经济损失,所以关键还是在于预防。

一、误船事故的预防

(一)弄清邮轮抵达的准确时间,预留足够的前往码头的时间

旅行社和领队一定要再三核实邮轮抵达码头的确切时间,并充分估计从客源地前往码

头的时间，给登船留出充足的时间。

（二）多做提醒工作

领队要掌握好团队每个客人的联系方式，并把自己的电话号码告知客人。除了在出发前的说明会上（一般以微信群、网络在线视频等形式举行）要强调出发和登轮的时间外，出发前还要再次提醒每一位游客注意时间，并随时与游客保持联系。提醒游客在登轮的当天不要到人多路远或不熟悉的地方游玩，提醒游客注意人身财产饮食等方面的安全，提醒游客检查携带好必备的证件等，不要因为各种原因而耽误了登船。

二、误船事故的处理

如果游客因为种种原因而未及时赶到码头并登船，邮轮是不可能无限等下去的。而游客未登上邮轮即意味着此次的邮轮之旅几乎“泡汤”，因为邮轮大多是出境的，众所周知，出境游涉及众多的手续和程序，再加上时间的紧迫，根本无法等待游客再从下一停靠港上船。

如果是因为游客方面原因而导致的误船，关键是费用的处理。因为邮轮已经起动而且舱位已经被售出，意味着舱位已经被使用，所以游客自身原因导致的误船事故船票费用是不予退还的。至于岸上游的费用，因为很少涉及收费景点，所以也没有要退还的费用。陆上部分的港监费用一般可以退还。至于陆上的来往交通费用，又得根据团队是散拼团或是标准旅游团、费用的包价形式、出行的方式以及有无享受来决定是否予以退还。

如果是因为旅行社方面的原因而导致的误船，旅行社和领队要向游客道歉，做出解释，并退还游客的相关费用，必要时还需给予客人一定的补偿。

任务二　游客生病或突发意外的防范与处理

游客在参加邮轮旅游时，可能会因不适应而突发病情，也可能在进行船上活动或进行岸上游的时候，因为某种原因而突然受到伤害，如跌伤、摔伤、碰撞、蜂蜇、海难等。有些情况是领队无能为力的，只有尽责努力保护好游客，最主要的是做好安全提示。

案例

2016年的一天，邮轮因浓雾无法靠泊，而船上一名73岁英国籍女性因心脏病急需就医，18日，厦门海事部门及时出手，打赢一场持续6个多小时的生命接力救援。

当日上午8:33，厦门海事局船舶交管中心（厦门市海上搜救中心值班室）接到厦门中外运船代报警，从香港驶往厦门的邮轮“SEVEN SEAS VOYAGER”上一名73岁英国籍女性旅客因心脏病急需就医，但厦门港时值浓雾交通管制，无法靠泊，请求救助。

厦门海事局船舶交管中心立即联系该船船长，详细了解情况，并引导船舶向厦门港外锚地航行。同时，通知东海救助局厦门基地紧急派出专业救助船前往锚地接人。

由于受浓雾影响，海上能见度极差，厦门海事局船舶交管中心一方面时刻对邮轮和救助船进行监控，提供助航服务，并为救助船和邮轮病人的交接提供信息传递；另一方面及时通知厦门市“120”急救中心派救护车前往国旅码头待命，并调派鹭江海事局现场执法人员做好病人上岸送“120”急救的现场协调工作。

11: 57,邮轮“SEVEN SEAS VOYAGER”在厦门港11号灯浮附近水域临时抛锚。12: 38,病人安全地转移至救助船“东海救116”上,体征基本稳定。14: 45,“东海救116”轮靠妥码头,并立即将病人转“120”急救车送医。

思考:如果游客在邮轮上突发重病,应当如何应对?

(案例参考:https://china.huanqiu.com/article/9CaKrnJUGVE)

一、游客生病和意外事故的防范

1. 应具高度防范意识,经常提醒

领队要具备高度的防范意识,经常提醒游客,时刻防范意外事故的发生。无论是在船上还是岸上参加各种休闲娱乐活动,如进行冲浪、攀岩等运动项目时,要求游客一定不能超越警戒线,并听从服务员和救生员的指挥。提醒游客注意楼层安全通道(emergency access)的位置,洗澡时要小心防滑。

2. 注意天气

领队可以从不同途径,如邮轮日报或停靠港当地的天气预报等了解当天的天气情况,提醒游客准备好雨具,穿好足够的衣服以防感冒,参加户外活动或岸上游时要特别提示,以防跌倒、滑倒等。

3. 提醒游客听从船长(captain)和救生员(lifeguard)的指挥

现代邮轮均已配备了更加安全的雷达操作系统和救生设施,所以邮轮旅行是较为安全的。但海上事故一旦发生,就是大灾难,所以每个人都须注意航行安全。领队要提醒游客上船后听从船长和救生员的指挥,千万不可忽略上船时的救生演习(boat drills)。一旦发生意外事故,如碰撞、台风、海啸等,提醒游客不要慌张,要听从船长和工作人员的指示,有序自救和逃脱。

4. 岸上游时提醒游客注意遵守交通规则

虽然岸上游的时间很短,但总少不了交通工具。领队要提醒游客务必遵守交通规则,提示家长照顾好自己的孩子,头、手不要伸出窗外;上下车和过马路时要注意安全。

5. 提醒游客参加活动时量力而为

现代邮轮上丰富多彩的休闲娱乐活动和设施对游客有着很大的吸引力,领队务必要提醒游客量力而行,尤其是老人和小孩,以免造成意外或伤痛。

二、游客生病和意外事故的处理

无论是游客生病还是突发意外,领队都应给予其特殊关照,表现出同情、关怀和乐于助人的态度。同时要及时报告旅行社,在旅行社领导的指示下进行后续的处理。

1. 游客岸上病发或发生意外

如果游客在岸上病发或发生意外伤害事故,如摔伤,领队要协同地接导游进行应急处理,如果时间来得及可就近送往医院进行诊治。原则上,只要病情不是很严重,都要求游客回到邮轮上到医务部进行后续诊治。但如果病情很紧急,确实需要岸上治疗,领队、岸上地接导游及双方旅行社要及时帮助游客及其家属办理分离签证(separation visa),签订补充合同，而且要保存好必须立刻接受当地治疗疾病的证明。同时，领队要及时赶回邮轮办理好生病游客中途离团的手续，并取回游客的护照交还游客，或暂时由岸上地接导游保管，待办妥相关手续或客人即将离开时再交还游客。同时，地陪及接待社还要帮助游客办理其他未尽事宜，并经常关怀慰问生病游客。

2. 游客船上病发或发生意外

如果游客在船上活动时病发或发生意外事故，领队应给予必要的关心和帮助。

(1)礼貌热心地询问游客病情，轻者提醒并陪同游客前往邮轮医务室就诊，重点迅速联合邮轮服务人员迅速将游客送往医务室或是请邮轮医生到现场救治。

(2)建议并协助游客与亲朋好友取得联系，推荐适合游客的饮食。

(3)将游客生病情况及时上报上级管理人员。

(4)若有游客要求代买药品，应婉言拒绝并积极建议游客前往邮轮医务室就诊。通常情况下，医生对邮轮乘客的简单诊断是免费的，但如果病情比较复杂，则需要相应的诊断费；病人需要开药或使用专业的医疗器具，则都是需要费用的，而这种费用较陆地上医院更为昂贵。

(5)如果游客出现一些相对重大的病情，或者病人需要手术，而医务室缺乏相应的设施设备及专业的医生，领队应请邮轮医务人员及时联系陆地医院，尽可能使病人得到及时救治。领队要在上岸之前陪伴病人，并与邮轮医务人员一起尽量让病人病情稳定下来。若是碰到紧急情况，无法等待邮轮靠港，邮轮会联系海事救援组织，由海事救援艇或飞机前来协助，将病人紧急就近送往预先联系好的医院。如果此时邮轮已经靠近某一个国家或地区，而所在地有便捷的直升机等救援设备，也可直接联系当事国或地区。以上费用也属游客自理。

3. 如果发生游客死亡事故，可以参照普通团队游客死亡的处理程序来办理。

4. 协助游客与保险公司交涉

游客出行一般都购买了旅游意外险等相关保险，因为生病所产生的飞机或救生艇等救助设备的昂贵费用，保险公司有责任为其分担。事后领队应配合旅行社协助游客与保险公司交涉。

5. 写出事故报告、原因以及处理过程等。

实训项目

学习情境：游客在岸上旅游时突然发病，领队和岸上地接导游对其进行的处理。

实训目的：掌握对游客在邮轮游时发病不同情况的处理方式。

实训组织：教师对学生进行分组，6～8人为一组，先对游客发病时的情形及处理进行小组讨论，然后选取小组进行课堂演示，其他学生观摩，教师点评。

实训内容：对游客在岸上游时发病的紧急和后续处理。

任务三　邮轮公共卫生事件的防范与处理

公共卫生事件(public health emergency)是指突然发生的、造成或者可能造成社会公众健康严重损害的重大传染病疫情、群体性不明原因疾病、重大食物和职业中毒以及其他严重影响公众健康的事件。因邮轮密闭性强、公共空间接触频繁、构造密集等特点,使得邮轮成为公共卫生事件发生的集中区域,因此,做好邮轮公共卫生事件的预防和处理显得尤为重要,既关系到大众的切身利益,也关系到邮轮业发展的未来。

案例

2020年4月1日,美国敦促佛罗里达州当局允许荷美邮轮的两艘邮轮在劳德代尔堡的大沼泽地港靠岸,其中一艘“赞丹号”船上已有53名客人和85名船员出现流感样疾病症状,9人新冠病毒检测呈阳性,2名乘客确诊新冠肺炎,4名年长客人已在船上去世。

荷美邮轮公司随后将“赞丹号”上的健康乘客转移到旗下另一艘邮轮“鹿特丹号”上。佛罗里达州海岸警卫队此前要求这两艘邮轮“无限期”停留在海上。

“鹿特丹号”号上有808名乘客和583名船员,“赞丹号”号上有442名乘客和603名船员,两艘邮轮上共有300多名美国公民。4月2日早些时候,佛罗里达州长同意船上佛罗里达州居民上岸。随后,荷美邮轮公司与美国联邦政府、佛罗里达州政府和地方当局达成协议,两艘邮轮均被允许靠岸。健康乘客有望获准上岸并以包机等方式返回家园,患病乘客将在船上隔离并接受治疗。

思考:为什么邮轮上容易发生公共卫生事件?

一、邮轮上易发生公共卫生事件的原因

1. 舱房密闭

一般邮轮舱房间分为内舱房、海景房、阳台舱、套房舱,其中,只有后两种房型有可开窗户,海景房虽然能看到外部海景,却无法打开观景窗户。整艘邮轮上,存在很多无窗可开的房间,大量的密闭空间完全依靠中央空调通风。而一旦出现可以通过呼吸道和空气传播的疫情,应立即停止使用中央空调。然而,由于密闭房间较多,在邮轮上禁止使用中央空调几乎不可能。这样的限制条件,就容易导致邮轮成为病菌滋生的温床。

2. 公共空间接触频繁

邮轮上人们的主要活动区域在公共空间,邮轮上的人们跳舞、吃饭、游泳、桑拿,频繁地使用各种公共设施,一旦有病毒被携带进来,病毒就会通过各种载体疯狂游走在邮轮的各个角落。如果邮轮上消毒不当,卫生管理欠佳,邮轮上就会很容易爆发公共卫生事件。

3. 邮轮构造密集

很多大型邮轮的构造都特别密集,有些邮轮高达十几到二十层,就像一幢巨型写字楼或者居民楼。人员密集,来往接触频繁,为病毒的传播提供了良好的途径。

4. 人数众多,来源多样

一艘邮轮上的游客少则几百人,多则数千人,并且分布广泛,来自世界各地。体质较弱、抵抗力较低的"银发族",正日益成为邮轮旅行主力军,他们往往患有各类慢性疾病。邮轮上虽然配有船医,但其所能提供的救治能力有限,很难满足高龄旅客的医疗需求。

一旦发生疫情,难以分散,较难控制。比如2020年初"钻石公主号"邮轮上爆发疫情,因人数众多,日本政府处置不当,日本政府让游客在密闭的邮轮上相互隔离,间隔很小,在船上自我隔离只能让交叉感染越来越严重。

二、邮轮公共卫生事件的应对

1. 完善邮轮制度,加强政府管控,提高突发事件应对能力

邮轮是一座海上城市,当突发事件发生时,这座"城市"的管辖和处理却不是单凭一个国家、一个港口能解决的。比如新冠疫情的爆发充分暴露了邮轮应对突发疾控事件的能力薄弱。现有的《国际卫生条例》和《联合国海洋法公约》对沿海国、港口国没有接纳疫情船舶的明确规定,卫生防疫方面的国际公约也不完善。《联合国海洋法公约》对于"每个国家应对悬挂该国旗帜的船舶有效地行使行政、技术及社会事项上的管辖和控制"也没有统一的实施标准,这都对海上防控和救援的执行力有一定的阻碍。由于邮轮产品的特殊性,大量的游客长期处于一个相对封闭空间内,这一现实就决定了一旦发生突发情况,必须联合相关国家以及相关国际组织一同解决。历史上每一次重大的海上事故,都会推动国际海事规则的完善和发展。例如,"泰坦尼克号"事件推动了《国际海上人命安全公约》的修订;"斯堪的纳维亚之星"号火灾推动了《国际安全管理规则》的制定。此次新冠疫情的爆发,势必会加强国际合作,完善国际海事规则中有关邮轮的抗疫制度。

2. 加大邮轮防疫研发投入,加强邮轮自身控疫能力

邮轮行业要想实现可持续发展,需要加强邮轮疾控方面的研发投入,弥补邮轮疾控方面的缺失,防止遇到卫生事件时措手不及。邮轮企业应当进行邮轮防疫研究,对邮轮现有配备防疫设施进行重大改进或升级:在邮轮上配备数量足够的负压仓;建设邮轮疾控系统,通过无感检测、大数据的追踪和共享、数字化疾控、5G会诊等形成邮轮疾控库,提升邮轮防疫性能;为邮轮配备具有诊治专业传染病能力的医护人员和医疗设施,如必备的医用防护口罩、免息消毒液和相应的检测设备。日本通过引进海上应急治疗船,探索海上疾控防治模式,以备应对未来可能发生的大规模病害;皇家加勒比启用了更为严格的OPP2(Outbreak Prevention Plan Level 2)卫生防疫措施和防护消毒流程2级的防控预案。各国不断完善邮轮疾控防治手段,让邮轮这座"海上城市"更加安全和完善,使得国际合作救援更加及时有效。

3. 加强应急演练和培训、风险评估机制的完善

加强应急演练和培训是为了更好地应对各种卫生事件。2020年4月,星梦邮轮在新加坡邮轮上进行了实际演练,不断优化和完善邮轮防控标准。歌诗达邮轮不仅在船上配备满足医疗需求的专业持证医护人员和充足的防疫物资,还在正式开航前,对所有的登船流程经过了谨慎排练。"南海之梦"邮轮和"长乐公主"邮轮也报备了流程,在复航前进行严格演练等措施。这一系列措施都是为了保障游客、船员和港口及目的地居民的安全健康。因此,邮轮业积极做好应急演练和培训,以及风险评估机制的完善等事项的推进,都是让邮轮从复航至今,一直保持着良好的安全运行态势的前提保证。同时,这对整个旅游业来说也

是值得借鉴和推广的，应该不断加强应急演练和培训、推进风险评估机制的完善。

三、导游在邮轮公共卫生事件中的应对措施

邮轮导游作为整个团队的主心骨，如果一旦发生公共卫生事件，应当临危不乱，从容应对。

1. 保持高度的敏感

在导游带团过程中，如出现突发重大公共卫生事件，尤其是类似2020年的新冠疫情时，导游首先必须有极高的敏感度，能迅速注意到相关信息并积极采取应对的举措。

2. 积极主动地配合

当导游了解到相关信息后，应在核实信息的真实性后，迅速告知游客，并积极与游客沟通，做好对游客的宣传工作，提醒游客注意健康防护，请游客依法协助、配合、服从政府部门组织开展的防控工作。

3. 耐心细致地关心

在发生重大公共卫生事件时，尤其是遇到类似2020年的新冠疫情时，导游需要更加密切地关注游客地身体状况，发现疑似病症，如发热、乏力、干咳、腹泻等，及时报告邮轮医务室并就医，必要时，请求其他途径的援助。按照要求，要对疑似病人及时采取临时隔离措施，一旦疑似病人确诊，需要对全船游客进行病毒检测。

4. 密切联系与跟踪

一旦邮轮上爆发公共卫生事件，导游要根据实际情况与旅行社领导保持密切联系，服从配合政府部门的一切防疫工作。若团队游客允许离船，应当告知游客遵守政府规定，并及时完善团队人员和行程资料信息，以便后续旅行社能做好旅游团队跟踪监测工作。

案例

疫情中艰难前行的邮轮旅游业

一艘邮轮2021年26日从美国佛罗里达州一座港口出发，是因新冠疫情禁航15个月以来首艘从美国出发的邮轮。

据美联社报道，皇家加勒比海邮轮公司旗下“爱极号”邮轮当地时间26日下午6时从佛罗里达州劳德代尔堡出发，按照有关规定仅载客40%。公司说，全部1 100名乘客中99%完成新冠疫苗接种，高于美国疾病控制和预防中心要求的95%。

这艘邮轮计划航行8天7夜，前往加勒比海和墨西哥附近海域目的地。

嘉年华邮轮公司多艘邮轮下月也将复航。

新冠疫情暴发后，美国疾控中心去年3月下达禁航令，多家邮轮公司及相关产业遭受沉重打击。

美联社援引劳德代尔堡大沼泽地港口官员消息报道，当地2020年度财政因邮轮禁航损失3000万美元收入。

受禁航令影响，嘉年华邮轮公司、挪威邮轮公司和皇家加勒比海邮轮公司这全球三大

邮轮公司不得不举债 400 亿美元维持运营。美国证券交易委员会资料显示,这三家公司去年共损失 200 亿美元,今年第一季度共损失 45 亿美元。

皇家加勒比海邮轮公司“精致千禧号”邮轮本月初复航,从加勒比海圣马丁岛出发,行程 7 天,途经加勒比海多个港口后返回圣马丁岛。尽管所有乘客和全体船员按要求完成疫苗接种,邮轮航行期间仍发现两名乘客确诊感染新冠病毒。

思考:如何振兴疫情重创后的邮轮旅游业?

(参考资料:https://baijiahao.baidu.com/s?id=1703786276895417116&wfr=spider&for=pc)

任务四　游客滞留事故的防范与处理

邮轮旅游有机会使游客体验独具特色的异国风情,但也有可能造成游客滞留的发生。滞留事故的发生有因为邮轮的原因造成的,也有游客方面的原因。一些动机不良的人假借邮轮旅游之机,前往某个国家,然后脱团滞留不归的情况也时有发生。

一、滞留事故(detention accident)的防范

1. 保证线路的畅通

邮轮公司在线路的设计上务必保证顺畅,不要因为手续的缺失或是邮轮方面的原因而导致游客无故被滞留。旅行社在组织邮轮活动时就要确保航程畅通无阻,没有确保的线路不要出售给游客。

2. 做好游客的审查和保证金制度

即使有的国家对邮轮游客实行免签政策,在邮轮旅游开始之前,旅行社还是应该对游客进行严格的资质审核,从而判断他们是否有不法行为企图,防止有的游客利用虚假资料出境。旅行社也可以收取足够的高于偷渡市场价的出国保证金来控制偷渡,以此在游客心理上产生优势。

3. 带领游客做好边防检查

要有效防止游客利用邮轮偷渡,邮轮出境检查手续的完善是非常重要的。当发现游客形迹可疑的时候,领队要及时报告相关执法部门并配合其进一步审查。

4. 留意游客的动向,杜绝私自离团

在进行岸上游的时候,领队要向团队强调时间观念,并强化如果不及时返回可能带来的严重后果。无论是在船上还是岸上游过程中,邮轮都要始终严格关注游客的动向,避免个别游客私自离团。

拓展阅读

从 20 世纪 90 年代开始,中国老百姓出境旅热逐渐兴起。从一开始的新马泰,到日韩,后来又发展到欧美。中国人出境人数与日俱增,已经成为很多国家的旅游业的重要游客来源。特别是近十年来,中国人出境旅游的意愿更加强烈,每年约有近千万国人以不同的方

式出入国境。于是，有越来越多的发达国家开始降低中国人申请个人游签证的门槛，为的就是鼓励更多中国人去那里旅行，一时间很多中国人都希望能自己出国旅游，更深层次地感受异国文化，而不是像旅游团那样走马观花。

然而近年来发生的一些事件却又让中国人申请签证可能再重新面临严格的审查。如2010年韩国济州岛33名中国籍游客集体失踪的事情。2010年10月，乘坐意大利邮轮歌诗达“经典”号抵达济州的游客中，有44名中国游客擅自脱离了旅游团。其中男性30人，女性14人。据了解，这些脱团的中国游客在上岸前，把护照留在了邮轮上。据此判断，他们的原计划很可能是在韩国非法滞留，并进行打工活动。

2015年7月底，多名外地“游客”欲乘邮轮前往韩国后脱团非法打工，结果被浦江边检站民警查获。这是上海邮轮口岸2015年查获的首起偷渡案件。7月31日中午，浦江边检站民警在吴淞口国际邮轮港办理邮轮出境检查手续时，发现多名游客形迹可疑。经进一步审查，他们承认了欲乘邮轮前往韩国济州岛后趁机脱团在韩国非法打工的犯罪事实，他们因听说前往韩国打工能赚大钱，在“蛇头”的鼓动下，每人交了1.5万元至2.5万元不等。盲目追逐不受法律保护的经济利益，最终给自己和家人造成伤害，等待着他们的自然是法律的制裁。

其实中国人非法滞留国外的事情不是仅有的，只是一旦这样的事情出现，不仅仅可能影响到签证申请政策，给中国人自由出境增加难度，甚至还对国家形象产生不利影响。

二、滞留事故的处理

1. 由于邮轮方原因导致的滞留

(1)如果是因为邮轮方面的原因导致滞留的发生，领队一方面要和邮轮方交涉，一方面要迅速通知旅行社，由旅行社方面再和邮轮沟通，必要时要上报国家机构和部门，如国务院应急管理办公室、外交部、公安部、交通部、商务部、国家旅游局、国家民航局、省市人民政府以及驻滞留国使领馆，寻求多方的努力和帮助，尽快把游客接回国。

(2)必要时调动航空资源以求在最短的时间内能够接回受困同胞。

(3)要协助游客与邮轮方沟通，争取得到必要的补偿。

(4)写出事故报告。

案例

2013年9月13日被扣韩国的“海娜号”邮轮，于9月18日上午8时许终于停靠天津东疆国际邮轮母港码头。

至此，中国本土的第一艘豪华邮轮“海娜号”在被扣押74个小时后，在国务院应急管理办公室、外交部、公安部、交通部、商务部、国家旅游局、国家民航局、海南省人民政府、天津市人民政府以及驻韩使领馆多方努力和帮助，终于回国。

随船回国的还有87名自愿随船回国的旅客，至此，因扣船事件被困济州岛的全部旅客，由海航全部接回。

“海娜号”是中国海航旅业控股集团有限公司旗下豪华邮轮。该邮轮13日下午4点准备驶离韩国济州港时遭当地一家法院扣押。船上有 2 300 多人,其中游客 1 659 名。据海航集团确认,因与沙钢船务有限公司存在法律纠纷,沙钢方面通过韩国国内的代理公司向韩国济州地方法院提起诉讼,韩国法院受理后对"海娜号"进行了扣留。

据了解,海航方面在获知邮轮被扣后立刻成立 24 小时应急指挥小组,在韩国法院以周末不能办公为由导致希望通过支付保证金确保放船的行动未果之后,立即着手调动航空资源以求在最短的时间内能够接回受困同胞,并于 9 月 15 日派出 5 架包机接回 1 121 名旅客。16 日,海航再次派出海南航空 A330 及首都航空 A320 飞机各一个架次接回 437 名旅客。

在补偿方面,海航邮轮宣布给予内舱房客人每人 2 000 元人民币和海景房客人每人 2 300 元左右人民币的经济补偿,或一年之内选择乘坐"海娜号"任何航季任何航次内舱房船票一张,以弥补因为行程变更造成的损失。

2. 游客原因可能发生的"非法滞留"

若是游客存心要利用邮轮旅游之机脱团从而非法滞留,通常是蓄谋已久。如果游客成功私自离团,通常是找不到也不会自己回来的,而邮轮通常也不会为了个别非法滞留游客而无尽等下去。领队最终可能也无法把游客带回来,但一些基本的事情,领队还是要尽量做。

(1)配合执法部门的工作,及时办理相关手续

一旦在出境口岸游客被查出形迹可疑,或是确认确是企图非法偷渡者,领队要配合执法机关的工作,把游客交给执法机关处理。同时不要耽误其他游客的通行,及时把其他游客的手续办理完,并及时登船。

(2)关注游客的行踪,及时报告相关执法部门

领队要随时注意观察游客的行迹。岸上旅游是最容易发生私自离团的环节。如果在船上就发现个别游客行为有异,要及时与邮轮海关联系,尽量阻止其下船。在下船岸上游的过程中,领队更要时刻关注游客的行迹,一旦发现某个游客擅自离团,应马上联合地接导游或景区人员在附近寻找,必要时应通知公安部门协助寻找。

在寻找的同时,领队要及时与邮轮联系,看游客是否已自行返回到邮轮,并随时和邮轮方保持联系。

(3)报告旅行社和使领馆

经过寻找确认找不回游客,领队要及时报告旅行社所发生的事情。同时要报告中国驻本国使领馆。

(4)保证其他游客返回

不管游客有没有找到,领队都不能耽误了其他游客返回邮轮的时间,还要继续陪同其他游客完成未尽的行程。

(5)写出书面报告

写出完整的书面报告。

案例

如前所说，2010 年 10 月，44 名游客在韩国济州岛不辞而别，让歌诗达“经典号”邮轮和旅行社承受着重压。与花费高达几万甚至几十万元的传统偷渡渠道相比，对于有计划偷渡的人来说，“经典号”邮轮确实是一个各方面都“素质优良”的偷渡途径：一个航次可搭乘 1 000 多名游客，很容易策划集体偷渡；最低舱位的票价不足 3 000 元/人，与传统偷渡的中介费相比，显得微不足道。而最让这些偷渡者心动的，或许如上海巴士国旅公司所说的：“唯独去济州岛旅游，是不用交出国保证金的。”

任务五　游客遗留物品的防范与处理

一、游客遗留物品的防范

游客有自行看管私人物品的责任，领队也负有提醒的职责。领队要提醒游客务必保管好自己的物品，入住之后即可把自己的贵重物品存放于客舱内的保险箱内，临下船前要仔细检查收拾，以免遗留在船上。

下船前，领队要在跟船方办完相关手续，结完全部费用后，取回游客的护照等重要证件，并协助游客切实做好下船行李的清点、交接工作。

二、游客遗留物品的处理

如果经多次提醒和检查游客还是把物品遗留在了船上，领队要帮忙认领。一般来说，任何遗留的舱房内或公共区域的贵重物品或其他物品，如经发现船上会登记备案并送交总部相关部门。这时，领队可以联系总部办事处客户服务中心进行认领。如物品确认属实，游客需承担相应运费，并承担母港不在中国大陆始发的航次所可能申报海关产生的关税。对于遗留物品，邮轮公司一般代为保管 3 个月，如过期无人认领将予以销毁。所以，游客遗留物品的认领一定要尽快。

事情处理完后，领队要把事情发生和处理的过程写成书面报告。

案例

盘点邮轮上遗落的奇葩物品

据英国《每日邮报》报道，据冠达邮轮工作人员透露，近年来他们捡到过各种各样的游客遗失物品，除昂贵的手表首饰外，还有很多奇葩物品。

据工作人员介绍，曾经有名游客在下船时遗失了拥有 150 年历史的 18 克拉金戒指，上面还刻有他高祖父名字的首字母缩写。另外一名游客捡到了这枚戒指，由于一时找不到工作人员，这位好心人就先将戒指带回了家，然后将戒指的照片发给了客服团队。该戒指价值1 500英镑(约合人民币1.4万元),而它所承载的回忆和感情更使它成为无价之宝。所以当工作人员将戒指交还给失主的时候,他激动地哭了。

除了珍贵的首饰,工作人员还捡到过劳力士金表、女式内裤和成人纸尿裤,甚至还有计生用品。

许多邮轮公司都有游客遗失物品方面的有关规定,如嘉年华邮轮公司会将捡到的游客物品保存1个月,在此期间游客可认领物品,但需要自行承担将物品寄还的运输费用。另外,电子烟等有安全隐患的物品、药品、食品饮料、贴身用品以及免税商品等,游轮将不会寄还给旅客。

任务六　游客霸船事件的防范与处理

邮轮旅游悠闲而舒适,很多人都喜欢全家一起,利用暑假,乘坐邮轮度个假,但是每年夏天都会遇到因为台风这样的自然灾害,被迫改变航线。游客霸船事件却越演越烈,面对不可抗力,很多游客都采用这类方法表示抵抗。

一、霸船的含义及原因

所谓霸船,简单来说就是游客到了该下船的时间拒绝下船。

造成霸船的原因主要在于当遭遇不可抗力因素,邮轮行程延误或被迫改变航线时,游客认为自己的合法权益受到侵犯,从而拒绝下船,要求邮轮公司和旅行社给予赔偿。

案例

2015年8月23日,从上海港出发,载有4 600多名游客的"海洋量子号"因台风"天鹅"影响,临时将本航次原定停靠港口广岛、东京(横滨)、神户,更改为韩国仁川、釜山。

8月31日,在结束了9天的行程后,"量子"号返回上海母港宝山邮轮码头,近300名游客拒绝下船,要求赔偿。

据悉,在旅行途中,一些游客就通过网络结成了联盟,坚持"维权"到底!现场,部分游客聚集在邮轮公共区域,展示了多张手书的"抗议书""维权联名书",写着"量子侵权,自改海航,霸王条款"等内容。

但是,根据邮轮业界相关行规,"在邮轮旅行中,因为台风或其他不可抗力原因更改航线的情况比较常见,船长有权力根据客观情况做出靠港或不靠港的决定。按照《旅游法》与《合同法》规定,因不可抗力原因,邮轮公司更改航程,是免责的,不承担违约责任。"

相对于以上规定,游客的权益毕竟是受到了损害,邮轮领队要从游客实际出发,协助处理好相关事务。

二、霸船事件的预防

(一)提前说明

在邮轮旅游出发前的说明会上,领队就要把可能发生的不可抗力因素作为重要内容告知游客,并告知邮轮公司可能的处理方法,如更改航线,提前让游客认识到此类事件的重要性及处理原则,以免发生不可抗力时游客接受不了。

(二)进一步完善邮轮旅游合同

"量子号"事件发生后,上海推行使用了《上海市邮轮旅游合同示范文本(2015 版)》,要求在发生不可抗力情况时,邮轮旅游经营者要告知消费者改变内容,同时对风险分担原则有所涉及。这一合同范本在全国范围内都起到了标志作用,为以后此类事件的处理指出了原则。

领队应尽量帮助游客理解邮轮旅游合同,对涉及的相关条款帮忙解读,增进游客的理解。

(三)完善邮轮旅游保险产品体系

当前针对邮轮旅游保险的产品体系逐渐丰富。环亚保险经纪于 2016 年推出的上海市邮轮取消延误综合保险第一次创新运用保险市场化手段,协助邮轮旅游纠纷应急处置,填补了上海国际航运服务的空白,在吴淞口国际邮轮港设立现场理赔服务点,为客户提供面对面的保险服务。江泰保险经纪公司设计的"邮轮旅游专属保险"产品,针对邮轮旅行中的特殊风险——邮轮靠港时间缩短、停靠港口取消、抵港时间延误进行产品设计,打破其他保险公司必须在出发 5 日前投保的限制,网站端团险产品支持最早次日起保,App 端个险产品支持最早隔日起保,更符合邮轮行业收客和操作惯例。

三、霸船事件的处理

根据邮轮业界相关行规,因为不可抗力因素,邮轮公司更改航程而产生的损失,应由邮轮公司、旅行社与乘客共同承担。三方应按照国际惯例及签订的合同协商解决,关键是按照公平原则共同承担损失。

领队在带领游客进行邮轮旅游的过程中,直接与游客接触,必定是事故发生后游客首先找的对象。对于不可抗力发生后导致的延误或更改航线之类事件,领队应及时与邮轮公司联系协商,报告旅行社,并告知游客,详细说明原因,争取游客的理解和配合。

如果游客对相关航程更改和处理不满意,领队也应及时协助游客与邮轮公司和旅行社联系,把事故的影响降低到最低限度,争取三方能够公平地共同承担损失。

对于游客的依法维权渠道,游客可以与邮轮公司、旅行社协商解决;也可以向市、区消费者权益保护委员会或者旅游质量监督所投诉、进行调解;调解不成功的还可以向法院诉讼。

拓展阅读

《旅游法》相关条款

第六十七条 因不可抗力或者旅行社、履行辅助人已尽合理注意义务仍不能避免的事件,影响旅游行程的,按照下列情形处理:

(一)合同不能继续履行的,旅行社和旅游者均可以解除合同。合同不能完全履行的,旅行社经向旅游者做出说明,可以在合理范围内变更合同;旅游者不同意变更的,可以解除合同。

(二)合同解除的,组团社应当在扣除已向地接社或者履行辅助人支付且不可退还的费用后,将余款退还旅游者;合同变更的,因此增加的费用由旅游者承担,减少的费用退还旅游者。

(三)危及旅游者人身、财产安全的,旅行社应当采取相应的安全措施,因此支出的费用,由旅行社与旅游者分担。

(四)造成旅游者滞留的,旅行社应当采取相应的安置措施。因此增加的食宿费用,由旅游者承担;增加的返程费用,由旅行社与旅游者分担。

第六十八条 旅游行程中解除合同的,旅行社应当协助旅游者返回出发地或者旅游者指定的合理地点。由于旅行社或者履行辅助人的原因导致合同解除的,返程费用由旅行社承担。

实训项目

学习情境:因为天气原因,邮轮航线更改,部分游客对其不满,邮轮抵达港口后拒不下船。

实训目的:提高学生对霸船事件的处理能力。

实训组织:学生以6~8人为一组,先对霸船事件发生时的情形及处理方法进行小组讨论,然后选取小组进行课堂演示,其他学生观摩,教师点评。

实训内容:对邮轮游中霸船事件的处理。

New Words 单词

contract basis	合同依据
material compensation	物质补偿
tourist attraction	旅游景点
special dishes	风味餐
visitor-absent	空接
safety education	安全教育
tourism-peak season	旅游旺季
fire accident	火灾事故
food poisoning accident	食物中毒事故
drowning accident	溺水事故
immigration office	入出境管理处
the emergency access	安全通道
lifeguard	救生员

boat drills　救生演习
separation visa　分离签证
public health emergency　公共卫生事件

Brain

思考与练习

一、选择题

1. 游览活动中旅游者走失，导游人员应(　　)。
A. 了解情况，请全陪与领队迅速寻找
B. 与旅游者下榻的饭店联系
C. 请全团人员迅速寻找
D. 在未找到的情况下向旅行社和有关部门报告
2. 游览泰山时，一游客心脏病猝发，倒在地上，导游人员的正确处理措施有(　　)。
A. 立即背患者去医院
B. 让患者平躺在地上，头略高
C. 请领队从患者口袋中寻找自备药物服用
D. 拨打 120，立即寻找医生或报告景区寻求帮助
3. 为了预防旅游治安事故，导游人员应该做好的工作有(　　)。
A. 提醒旅游者，不要让陌生人随便进入客房，出入客房时一定要锁好房门
B. 建议旅游者将贵重物品存入饭店保险柜
C. 建议旅游者将大量现金不要随身携带，而存放在客房内
D. 告诉旅游者与私人兑换外币时要小心谨慎
4. 游客的行李在来华航空途中丢失，导游人员应该(　　)。
A. 带失主到机场失物登记处办理行李丢失和认领手续
B. 一时找不回行李，要协助失主购置必要的生活用品
C. 向旅行社报告，请领导派人协助寻找
D. 如行李确已丢失，可让失主向相关航空公司索赔
5. 一个 18 人的美国旅游团到中国旅游，11 月 5 日晚上，团员史密斯先生打电话告诉全陪小吴他的妻子突患重病，需要他及时回国，导游人员小吴得知此消息后，应该(　　)。
A. 协助订购返程机票，联系用车
B. 婉拒，劝其继续旅游
C. 为其办理签证分离手续
D. 立即向组团社和地接社进行通报

6. 游客患急重病在医院抢救时，导游人员应要求(　　)在抢救现场。

A. 旅行社领导　　B. 领队　　C. 患者亲属　　D. 游客代表

7. 一名侨居法国的华侨随团在北京游览时丢失护照，导游人员处理此事的正确过程是(　　)。

A. 安慰失主，由地接社开具遗失证明

B. 失主在北京市公安局挂失并申领新护照

C. 失主去北京市公安局挂失后去法国使馆申请新护照

D. 失主持新护照去法国使馆办理入境签证

8. 下列关于救护知识的说法中，正确的是(　　)。

A. 进入高原后提醒游客要加大运动量

B. 如遇客人昏迷，应将其头偏向一侧

C. 游客溺水不能轻易用手去拉

D. 汽车灯"双闪"属紧急信号

二、英语测试题目

Dialogue 1

Perform as the tour guide to get a last-minute notice of "change of plan" which requires you to rush to the airport to meet a tour group. The tourists have been waiting for a long time when you get there and they are full of grumbles. Please make a dialogue with them to deal with the complaints. Your dialogue will include the following points:

A. make an apology;

B. explain the reasons for being late;

C. give some solutions.

Dialogue 2

Suppose you are a tour guide, after picking up your group at the airport, you find that a guest lost one piece of his luggage and looks very anxious. You try to help him get it back. Your dialogue with the guest will include the following points:

A. soothe the guest and tell him to prepare the boarding pass and luggage tag;

B. ask for the details about the luggage: size, color, material, etc;

C. contact the concerned department of the airport for luggage loss procedures.

Dialogue 3

Suppose you are the tour guide and you are leading your tour group to their rooms. But one of the tour group members is not satisfied with his room because the shower inside the bathroom is broken and the window cannot be opened. Your dialogue will include the following points:

A. apologize for the inconvenience;

B. ask the guest for the reasons of dissatisfaction;

C. promise to talk with the hotel manager and change the room if it is available.

Dialogue 4

As scheduled, the group will visit the Mount Tai this morning. But it rains heavily and it's very dangerous for the guests. As a local guide, you want to cancel the arrangement and consult with the tour leader. Your dialogue will include the following points:

A. analyze the danger of going on the tour in such heavy rain;

B. apologize;

C. give explanations;

D. offer solutions.

Dialogue 5

The tour leader tells the local guide that some guests vomit seriously. Suppose you are the local guide, deal with it by making a dialogue with the tour leader. Your dialogue will include the following points:

A. inquire the details;

B. suggest that they may be suffering from food poisoning;

C. ask the guests to drink plenty of water;

D. call the ambulance.

三、思考题

1. 如何有效地预防旅游中的各种问题和事故?
2. 假如你的团队中有人食物中毒了,作为一名导游,你该如何做?
3. 如遇火灾,导游人员应当如何引导游客自救?
4. 如何有效地防止邮轮游客“非法滞留”?
5. 作为导游,如何应对游客“霸船”?

模块五　游客特殊要求的处理

【学习目标】

1. 掌握游客特殊要求的处理原则和方法，能够灵活、高效地处理游客在餐饮、住房、购物、自由活动等方面的特殊要求。

2. 能够根据顾客的需求，人性化地处理问题，努力成为善解人意、体贴入微、值得信任的新时代导游。

【案例导入】

"超常服务"感化了"超常"人

某年8月，北京的导游人员朱小姐接待了一个20多人的日本旅游团，团内有一个叫板田的人还带来了5个朋友。来北京前板田曾对朋友说要住北京贵宾楼饭店，但他没有让旅行社预订，而是想到北京后再订。到北京后，因为房间紧张他们几人没有住进贵宾楼，而是住进了机场路附近的燕翔饭店，其他游客按预订住进了新侨饭店。第二天晚上，板田来新侨饭店让朱小姐为他们在贵宾楼订几间房。朱小姐当着板田的面打电话联系，但没有订上，因为是旅游旺季，贵宾楼的房间很紧张。板田又让朱小姐为他们在新侨饭店订房。由于头一天在新侨饭店给留了房，但他们却去了燕翔饭店，所以预留房间已经卖出了，因此根本找不到空房间。板田见其他客人都进了房间，自己却没有房间住，就和几个朋友坐在饭店的地毯上骂了起来。朱小姐耐心向他们解释，并让他们先回燕翔饭店去休息。但他们却说，来新侨饭店之前已经把房间退掉了。朱小姐听后非常生气，心想这些人真不像话，现在房间这么紧张，他们却如此随便！昨天给他们在新侨订了房不住，现在又上哪儿去给他们订房啊！本想让他们与旅行社直接联系，但一转念，觉得还是要为他们试一试，于是便打电话一个饭店接一个饭店地耐心为他们联系起来。30分钟过去了，仍然没有希望，板田等人此时也安静下来，以期待的眼光注视着朱小姐……终于她在长富宫饭店为他们联系到了房间。板田等人喜出望外，恳求朱小姐带他们去登记。

登记完毕，朱小姐便提醒他们注意次日到新侨饭店的出发时间。正要离开，板田突然主动向朱小姐鞠躬道歉，并邀请她一同吃晚饭。朱小姐说："饭就不吃了，希望你们不要随便退房，否则就去找旅行社联系吧。"板田听后诺诺连声，显得非常不好意思。

【本章导读】

游客在中国旅游期间，除参观游览之外，有时还会提出种种特殊要求，这些要求在时间上具有随机性。导游作为旅行社的代表和旅行社服务的窗口，有义务代表旅行社处理这些特殊要求。导游如何处理好游客的特殊要求，不仅是对其处理问题的能力一个考验，而且也是对其服务质量的一种检验。因此，导游对游客提出的一些特殊要求，不管其难易程度如何、合理与否，都应给予足够的重视，合情合理地予以处理，使要求得到满足的游客高高兴兴，使个别要求没有得到满足的游客也能表示理解，使那些爱挑剔的游客提不出更多的指责。所以，导游在处理游客特殊要求时，一方面要注意处理的方式、方法和技巧；另一方面也要遵循一些必要的原则，游客要求不同，原则就不相同。

项目一　游客特殊要求的处理原则

游客的特殊要求大致有三种情况：一种是合理的，导游可以满足的要求；一种是具有合理性，但却难以满足的；一种是不合理的要求。因此，导游根据情况不同应分别按不同的原则进行处理。

一、努力满足需要的原则

努力满足游客需要是导游接待服务中应遵循的基本原则，应贯穿于导游服务的始终。因此，只要游客提出的特殊要求是合理的，又有可能办到的，即使有困难，导游也应设法给予满足。我们知道，许多西方游客以“不打扰别人”为生活座右铭，往往不轻易求人，一旦开口，说明他们确实需要帮助。导游要多观察，为需要帮助的游客提供超常服务，导游的工作必然会得到游客的高度评价。

二、认真倾听、耐心解释的原则

游客提出的要求，大多数是合情合理，可有些要求虽然具有合理性但过于苛刻，让导游为难。有些要求看似合理，但旅游合同中没有规定这类服务或在中国目前还无法提供这类服务。还有些游客出于某种心态，对导游的工作过分挑剔。对于这样的要求，导游人员不能用一句简单的“办不到”就一口回绝，因为这样会伤害旅游者，破坏导游人员在旅游者心目中的印象。此外，不做任何解释地回绝也会导致和旅游者之间产生误会，他们会认为导游人员不尽心尽力，从而对导游人员产生不满。

面对游客的这些要求，导游一要认真倾听，不要没听完就指责游客的要求不合理或作胡乱解释；二是微笑对待，不要一听到不顺耳的话就反感并恶语相加；三要耐心解释，对合理但不能办到的要求，要耐心地、实事求是地进行解释，不要以“办不到”一口拒绝。总之，对游客的这类要求不能意气用事。

三、尊重游客、不卑不亢的原则

旅游团（者）中难免有无理取闹的人，他们可能会故意提出一些非理的要求来刁难导游。对于这类不合理的要求，导游要记住自己是主人，要有主人度量，对游客有礼貌。游客可以挑剔，甚至可以吵架。但导游始终要保持沉着冷静，始终有理、有礼、有节，坚持不卑不亢原则。在一般情况下，导游对游客要以礼相待，不与其争吵，更不能与其正面冲突，以免影响旅游活动的正常进行，造成不良影响。对无理取闹者，导游仍要为其热情服务，对于合理而可能办到的要求，仍要尽力设法满足。

若个别游客的无理取闹影响了旅游团的正常活动，导游可请领队出面解决，或直接请全体游客主持公道。实有困难时，导游可向领导汇报，请其协助。

拓展阅读

日落再用餐

某年8月底，导游小赵接待了一个来自伊斯兰国家的旅游团。按照计划，小赵所带旅游团当天的晚餐安排在市内某知名清真餐厅。在前往参观景点的途中，小赵进行了细致的沿途讲解，热情地介绍了旅游团在当地的活动安排，并告知游客当晚18:30在某清真餐厅用晚餐。到达参观景点后，小赵详细地介绍了参观景点的历史和特色，并给游客留出一段时间自由拍照。这时，一位游客走过来，看了看小赵，又抬头看了看天空，一本正经地对小赵说："我预计今晚的晚餐时间应该是18:42。"原来，那天是伊斯兰教斋月期间，所有的穆斯林要在日落后进餐。

思考：为何导游小赵的安排引起了游客的不满？

项目二　游客在餐饮、住房、娱乐、购物方面特殊要求的处理

游客在生活、娱乐及购物方面的特殊要求比较多，这是因为吃好、休息好是旅游活动顺利进行的基本保证。而娱乐活动可起到锦上添花的作用，使旅游生活更加丰富多彩。购物也是旅游活动的重要内容之一，具有中国特色的物品不仅是海外游客的纪念品，而且通过这些物品，可以让游客对中国的民俗风情、民族文化有进一步的了解。因此，导游应高度重视游客的这些特殊要求，认真、耐心、热情地设法予以满足。

任务一　餐饮方面特殊要求的处理

一、普通团队餐饮方面的特殊要求

（一）特殊的饮食要求

旅游团中有些游客可能由于宗教信仰、生活习惯、身体状况等原因，提出饮食方面的一些特殊要求。例如，有人不吃荤、不吃油腻辛辣食品、不吃海味，甚至不吃盐、不吃糖等。

若所提要求在旅游合同中有明文规定,旅行社须早做安排,并在接团前检查落实。

若旅游团抵达后游客才提出,需视情况而定。一般情况下,导游应与餐厅联系,在可能情况下尽量满足。特别是对穆斯林、佛教徒、印度教徒的饮食禁忌要与餐厅交代清楚。如确有困难时,导游可协助其自行解决,如建议游客到零点餐厅临时点菜,或带他到附近用餐,餐费自理。

(二)要求换餐

游客在用餐前3小时提出换餐要求,如将中餐换成西餐,导游要尽量与餐厅联系,按有关规定办理;如将要用餐或已在就餐,游客提出换餐,一般不应接受要求,但导游要耐心解释不能更换的原因;若游客执意坚持换餐,导游可建议自行点菜,费用自理。游客要求加菜、加饮料换餐料,可以满足其要求,但费用自理。

实训项目

某国际旅行社接待一豪华香港旅行团,该团一行17人,其中有一位12岁的中学生随父母同行。该旅行团在游览完青岛崂山后准备下榻在青岛的一家五星级酒店。旅游车到达酒店后,晚餐(预订为中餐)前1小时,领队找到地陪,反映说团内有一位游客是穆斯林,而他行前并没有说明;带孩子一家三口要求单独用餐;有几位游客想换吃西餐;一位老年游客表示对该酒店的风味餐很感兴趣。

如果你是地陪,应该如何处理游客的要求?

要求:学生以组为单位,对以上餐饮要求进行演练,教师点评。

(三)要求单独用餐

由于某种原因,游客之间有时产生矛盾,个别游客要求单独用餐,导游不要寻根究底,先耐心劝说,不行就请领队调解;如游客坚持,导游可协助其与餐厅联系,但餐费自理,并告知综合服务费不退。

(四)要求提供客房用餐(room service)服务

游客生病,导游或饭店服务员应主动将饭菜送到游客房间以示关怀。若是健康的游客要求在自己房间用餐,如餐厅能提供此项服务,可满足其要求,但须告知服务费自理。

(五)要求增加菜肴和饮料

旅游团用餐都是按照标准统一安排菜肴和饮料。用餐时如果游客要求在原来的基础上增加菜肴和饮料,导游可以满足其要求,但必须提前讲明增加的菜肴和饮料费用自理。

(六)要求自费品尝风味

旅游团要求自费品尝风味,导游应协助与有关餐厅联系订餐;预订妥以后旅游团又不想去,导游应劝他们按约定时间就餐,并说明若不去用餐须赔偿餐厅的损失费。

(七)游客要求推迟晚餐时间

有的游客希望晚餐时间推迟,导游要根据餐厅的实际情况处理。一般情况下,导游要向旅游团说明餐厅用餐有固定时间,推迟时间用餐需另付服务费。

（八）提出不随团用餐

游客由于某种原因，如拜访亲友、外出自由活动、生病等，提出不随团用餐，导游应同意其要求，但应向其讲明餐费不退。

案例

游客要求上水果

××国际旅行社的导游翻译张先生接待了一个20人的美国旅游团，在S市进行两天的游览，入住S市的一家开业不久的四星级标准的饭店。张先生接到旅游团已是午餐时间，依计划就到饭店用了午餐，然后开始游览。半天下来，张先生凭借其纯正的美国英语、精彩生动的讲解、娴熟的导游技巧，赢得了游客的赞赏，在回饭店途中，张先生重申了晚餐地点、时间。这时，有几位游客却提出，要求换个地点就餐，因为他们对饭店的餐饮不满意。张先生觉得纳闷，通常美国游客习惯于在住店用餐的，而这个团却有些特别。于是他向游客讲了餐厅退餐的有关规定，并说大家如果有什么意见可向他反映，然后由他去与餐厅协调，相信一定能让大家满意的。经过张先生的一番热情的解释，游客们不再坚持换餐的要求。就餐时，张先生带他们去餐厅用餐，并就游客对用餐不满做了个别了解，原来既不是口味问题也不是菜肴数量问题，而是餐桌上缺少对美国人来说关键的一道水果。了解真相后，张先生立即与餐饮部经理联系，要求晚餐一定要补上水果，并与其商量对午餐未上水果向游客表示歉意。餐厅经理爽快地答应了张先生的两个要求，并主动提出将为该团每个客房送上免费水果。这样一来，游客们非常高兴。离开S市时，领队留下了一封热情洋溢的表扬信，对张先生热情周到的服务和饭店精心的安排表示赞扬。

二、邮轮上的餐饮

游客在邮轮上的餐饮，领队完全可以不去操心，游客也根本用不着领队操心。坐邮轮最“不好”的地方，是不断有美食的诱惑，使人不大想吃也会去吃。似乎不吃总有点可惜！

邮轮每天吃的时间，大约从清晨6点半开始。早餐、上午茶、午餐、下午茶、晚餐、夜宵等，一天要至少五六餐甚至八九餐，各式各样的餐厅总能变着法儿地满足游客的胃。可以肯定的是，不管坐哪种级数的船，食物肯定丰足。尽管食物的质量可以因船而异，尽管水准差距可以很大，但大多数游客都会满意。

中国游客上了邮轮，常出现的情况是最初西餐的新鲜感过后，游客对中餐的急需和思念。近年在中国以母港为基础运行的邮轮上都出现了不同口味的中式餐厅和饮食，如中式菜肴、面条、粥等，满足大多数中国游客的饮食需求。

任务二　住房方面特殊要求的处理

一、普通团队住房方面的特殊要求

（一）要求调换饭店

游客提出调换饭店多为旅行社的原因引起，一是旅行社因主、客观原因向旅游团提供的饭店是相同星级但不是计划上标明的饭店；二是旅行社向旅游团提供的是低于合同中规定的饭店星级或住房标准。出现这种情况导游应及时与接待社联系，由其负责调换。如调换确有困难，旅行社须向游客做出有说服力的解释并进行补偿。

（二）要求调换房间

旅游团到一地旅游时，旅游合同中规定了饭店的星级。因此，接待方旅行社向旅游团提供的客房一定要符合标准。另外游客提出调换房间，可能还有来自饭店或游客自身方面的原因。如客房内有老鼠、蟑螂、臭虫等，游客要求换房，必要时应调换饭店。房内设备尤其是卫生间达不到卫生标准时要立即清扫、消毒。游客要求调换不同朝向的同一标准客房，若饭店有空房，可适当予以满足，或请领队在内部调换，或做解释工作。

（三）要求高标准（high standard）的客房

游客要求住高于旅游合同规定标准的房间，如饭店有空房，可予以满足，但要告知其须交付退房损失费和房费差价。

（四）要求住单间（single room）

有的住双人间游客要求住单间，饭店有空房可予以满足，但房费自理。如同住一双人间的游客因生活习惯不同或闹矛盾要求住单间，导游人员应请领队先在内部调配；调配不成，饭店有空房可以满足，但须事先说明房费由游客自理（一般是谁提出住单人间由谁付房费）。

（五）要求购买客房中的摆设

游客看上了客房内的某一摆设或物品，要求购买，导游可协助其与饭店有关部门联系。

案例

饭店设施陈旧

经过近六个小时的颠簸，小盛的旅游团总算乘旅游车从黄山抵达了最后一站——H市，小盛也由全陪变成了全陪兼地陪。游客们拖着疲惫的身躯下了车，进了下榻的饭店——一家建造于30年前的计划经济时代专用于接待国内一些领导干部的饭店。该饭店占地大，环境也很幽雅，是一家地地道道的老饭店。然而游客进入客房不久，就有几位跑来抱怨：这个说客房冷气不足，那个说客房太潮湿，还有的说客房没热水，纷纷要求换房。其时正值旅游旺季,小盛非常清楚这个时节饭店的客房供需状况。怎么办呢?他先来到反映有问题的几间客房,发现冷气不够是因为刚进客房,冷气才打开,且温度开关没有调到位;没有热水是因为热水龙头坏了;而客房潮湿则是因为这间房紧挨山崖。小盛想:“水龙头坏了可以修,客房不一定要换;但潮湿房一定要换。”于是,小盛来到饭店销售部,销售部人员开始声称没有空余客房,但在小盛一再地要求下,加上小盛平时也很注意和他们建立良好的关系,最后,销售部人员在请示经理后,终于让小盛的游客换了客房。问题总算得以圆满解决。

思考:导游人员小胜是如何处理换房问题的?

二、邮轮上的客舱住宿

邮轮上的客房又叫客舱,它与酒店客房相比有一个重大的区别,那就是船上的客舱通常非常紧凑,面积都比较小。尽管如此,舱房内的设施却较为完善,游客所需物品一应俱全,如睡眠、小憩、更衣、休闲及洗漱的场所等都有;并且还要便于服务人员的日常清洁、整理和服务。

邮轮客舱通常分为内舱房(inside stateroom)、海景房(outside stateroom)、套房(suite)三类,各有利弊。但选择什么样的舱房,主要还是由游客对客房的需求而定。愿意住得拥挤些,可以节省很多,内舱房是很好的选择。对于大多数人来说,仍会选择消费能力范围内最好的客房,反正要享受就得尽兴。饱见世面的长者豪客坐船,舒适和服务最重要,所以他们大多会选择豪华舒适的海景套房。邮轮的定价对单身客来说并不公平,除非他就是很喜欢“单人匹马”去坐船。

领队带领旅游团上船后,由于游客所购买的舱房类型不同,分散在各处,在邮轮上的活动又很广泛,所以很难把全团游客时刻集中在一处。但领队应保证与游客之间的联系畅通,以期万一游客发生什么事情或者有什么要求的时候能够及时解决,同时也能够及时地关注游客的行踪和安全。

任务三 文娱活动方面特殊要求的处理

文娱活动一般不强求统一,如有特殊要求,导游遵循“合理而可能”原则,视具体情况妥善处理。

一、普通团队文娱活动方面的特殊要求

(一)要求调换计划内的文娱活动

计划内的文娱活动一般在合同中有明确规定,若无明文规定,导游事先应与游客商量,然后再安排。

旅行社已安排观赏文艺演出后,游客要求观看另一场,若时间许可,又可能调换,请旅行社调换;如无法安排,导游要耐心解释,并明确告知票已订好,不能退换,请游客谅解;如果他们坚持要观看别的演出,导游可予以协助,但费用自理。

部分游客要求观看其他演出,处理方法同上。如游客分路观看文艺演出,在交通方面

可做如此处理：如两个演出点在同一线路，可乘同一辆车前往和返回；如不同路，则为少数游客另安排车辆，但车费自理。

（二）要求自费观看计划外的娱乐节目

游客提出自费观看文娱活动时，导游可协助购买门票、约出租车等，但导游不陪同前往。如果游客要求去大型娱乐场所或情况复杂的场所，导游须提醒游客注意安全，必要时应陪同前往。

（三）要求前往不健康的娱乐场所

个别游客要求去不健康的娱乐场所和过不正常的夜生活时，导游人员应断然拒绝，并说明这在中国是禁止的，是违法行为。

案例

“渔场”观“猎”

某年5月的一天，桂林的导游人员张先生接待了一个从西安来的美国太平洋企业旅游公司的旅游团。当他询问游客们晚上是否愿意观看歌舞节目时，客人们告诉他已经在其他地方观看了京剧、杂技、歌舞等节目，希望他能安排带有地方特色和民间风俗的节目。张先生灵机一动，询问大家对“鱼鹰捉鱼”的节目感不感兴趣？接着，他把这个节目的内容简单地向大家介绍了一下。游客们一听能够观赏漓江的夜景，还能欣赏到当地渔民的作业过程，顿时兴趣盎然，请求张先生立即安排。张先生告诉大家，由于该项活动属于计划外的内容，所以要收一定的费用，客人们欣然同意。

晚饭后，张先生带着十几名游客登上一条渔船，船载着充满好奇心的游客驶到江心，只见几条渔船围住了一片水面。船上的灯光照射在水面上，水面上一片明亮，伴之以皎洁的月光和或隐或现的岸边灯火，这“渔场”显得格外神秘。突然，几名游客兴奋地叫了起来，原来他们看到一只站着鱼鹰的竹筏开进了渔场。紧接着，几只鱼鹰矫健地跃入水中，此时捕鱼的声音、游客们叫喊和拍照的声音、浪花荡击船体的声音响成一片，渔场顿时热闹起来。这次活动一直延续了30多分钟。在观看了几条鱼鹰竹筏捕鱼表演后，游客们意犹未尽，恋恋不舍地返回了江岸。

回饭店的途中，他们纷纷向张先生表示感谢，感谢他为大家安排了一次到中国旅游以来最有特色的节目。

二、邮轮上的文娱活动

如今很多的旅游者不再单纯追求观光旅游那种只顾多看一些景点的旅游方式，而是希望在旅游活动中能追求更多的放松、舒适、休闲、娱乐和消遣。邮轮完善的设施、高规格的服务，是普通旅游团所不能比拟的，文娱活动也是邮轮旅游中必须加以强调和重视的旅游观念。邮轮游客除了岸上游的时间，只能待在邮轮上，要度过漫长的海上航行，必须安排各种休闲娱乐活动，让不同的人都能找到自己感兴趣的娱乐活动。

乘坐邮轮是“全套娱乐”，不但包食包住，也包括一整套的娱乐节目！这是邮轮好玩、收费又合理的地方（五星船的每天包办收费，往往比陆上的豪华酒店便宜）。邮轮上的休闲和娱乐活动多种多样，任何不同年龄层次的游客都能够找到适合自己的活动，比如：在剧院观赏演出、在赌场消遣娱乐、在泳池甲板游泳、在美容院按摩、在运动甲板练习瑜伽、在健身房运动、在网络中心冲浪、在海上高尔夫球场打球、在精品商店购物、在邮轮小型展览馆参观游览等。

对于邮轮上的娱乐活动安排，必要时领队可以给予适当的帮助，但绝大多数邮轮通过印刷内部资料来告知游客邮轮娱乐活动安排。游客登上邮轮以后，会收到邮轮每天的“活动日志”，比如丽星邮轮上的《丽星导航》、歌诗达邮轮上的《Today》等。“活动日志”上详细列明了游客在邮轮上全天的活动安排，比如各大餐厅开餐时间、剧院演出时间、邮轮出发靠岸时间等，同时还提供了各种岸上旅游线路信息，以及游客所需要的一切联系号码等。

邮轮娱乐活动项目通常采取无现金支付系统，游客使用邮轮卡支付一切消费。

任务四　购物方面特殊要求的处理

一、普通团队购物方面的特殊要求

游客在购物方面可能会提出各种各样的特殊要求，导游要不怕麻烦并设法予以满足。

（一）要求单独外出购物

游客要求单独外出购物时，导游人员要予以协助，当好购物“参谋”，如建议其去哪家商场购物，为其安排出租车并写中文便条让其带上（条上写明商店名称、地址和饭店名称）等。但在旅游团快离开本地时，导游人员要劝阻游客单独外出购物。

（二）要求退换商品

游客购物后发现有质量问题、计价有误或对物品不满意，要求导游人员帮其退换时，导游人员应积极协助，必要时陪同前往。

（三）要求再去商店购买相中的商品

游客在某家商店看中某一（贵重）商品，当时犹豫不决，回饭店后又下决心购买，要求导游人员协助时，一般情况下只要时间允许，导游人员可写个便条（上写商品名称和请售货员协助之类的话）让其租车前往该商店购买，也可陪同前往。

（四）要求购买古玩或仿古艺术品

海外游客希望购买古玩或仿艺术品，导游应带其到文物商店购买，买妥后提醒游客保存发票，不要将物品上的火漆印（如有的话）去掉，以便海关查验。游客在地摊上选购古玩，导游应劝阻，并告知我国的海关规定，以免出关时遇到麻烦。若发现个别游客有走私文物的可疑行为，导游须及时报告有关部门。

（五）要求购买中药材和中成药

游客购买中药材、中成药时，导游应告知我国海关的规定：例如，麝香、蟾酥等贵重药材禁止出口，以及当归、枸杞、黄芪、肉桂、桂皮等限量出口。进境旅客出境时携带用外汇购买的、数量合理的中药材、中成药，需向海关交验盖有国家外汇管理局统一印制的"外汇购买专用章"的发货票，超出自用合理数量范围的不准带出（前往国外的，总值限人民币300元；前往港、澳地区的，总值限人民币150元）。

（六）要求在发票上少写货款

游客购买了贵重物品，想回国时少缴关税，请导游劝说售货员在发票上少写价款，导游应说明我国商业的有关规定，并做出必要解释。

（七）要求代为托运物品

游客购买了较大物件，要求导游帮忙托运时，导游可告知外汇商店一般经营托运业务；若商店无托运业务，导游应协助游客办理托运手续。

游客想购买某种商品，当时无货，请导游代为购买并托运，对这类要求，导游人员一般应婉拒；实在推托不掉时，导游人员要请示领导，一旦接受了游客的委托，导游人员应在领导指示下认真办理委托事宜；收取足够的钱款（余额在事后由旅行社退还委托者），发票、托运单及托运费收据寄给委托人，旅行社保存复印件以备查验。

案例

美国ABC旅游团一行18人参观某地毯后乘车返回饭店，途中，旅游团成员格林先生对地陪小王说："我刚才看中一条地毯，但没拿定主意，现在跟太太商量后，决定购买。你能让司机送我们回去吗？"小王欣然应许，并立即让司机驱车回地毯厂。在地毯厂，格林夫妇以1 000美元买下地毯，但当店方为其包装时，格林夫妇发现地毯有瑕疵，于是决定不买。两天后，该团离开H市之前，格林夫妇又委托小王代为订购同样款式的地毯一条，并留下1 500元美元作为购买和托运费用。小王本着"宾客至上"原则，当即允诺下来，格林夫人十分感激，并说："朋友送我们一幅古画，但画轴太长，不便携带。你能替我们将画和地毯一起托运吗？"小王建议："画放在地毯里托运容易弄脏和损坏，还是随身携带比较好。"格林夫人认为此话很有道理，称赞他考虑周到，服务热情，然后满意离去。送走旅游团后，小王即与地毯厂联系并办理了购买和托运地毯事宜，并将发票、托运单和350美元托运手续费收据寄给格林夫妇。

问题：请指出小王处理此事的不妥之处。如果你是地陪应该如何处理？

二、邮轮购物活动

邮轮旅游购物活动是邮轮旅游活动中的一项重要内容。

邮轮上的商店深受游客欢迎，游客可以在此挑选一些自己喜欢的东西，享受购物的乐趣，留作旅游纪念。邮轮在国际海域航行，一般不用付税。商店的种类包括珠宝店、男女时装店、礼品店以及一些普通商店等。为了营造旅游氛围，有的邮轮还会设立一批由各色礼品店构成的观光型商业街，供游客消遣，如皇家加勒比邮轮上的皇家大道。

游客们还可以利用岸上游的时机游览港口城市的商业街、逛夜店或者品尝异地风味佳肴。欧洲的很多港口城市常常是游客的购物天堂。中国的邮轮旅游团通常是在领队的带领下进行岸上旅游活动，而且岸上旅游的主要内容即是购物，此时领队要提早与停靠港的岸上地接导游联络，以期顺利、安全地完成岸上旅游，并及时返回邮轮。

项目三　游客其他特殊要求的处理

游客其他方面的特殊要求，如要求自由活动、亲友随团旅游、请导游转递物品、中途退团、延长旅游期限等，对于这种种要求，导游人员应在导游服务基本原则的基础上，提供必要帮助，使游客的旅游活动能够顺利进行。为方便游客，导游人员可向游客推荐多种服务方式。

任务一　要求自由活动的处理

一、普通团队游客要求自由活动的处理

有的游客到了某地后，常选择自己有兴趣的项目游览参观，于是提出自由活动或单独活动的要求。此时，导游应考虑其要求是否合理，有无可能，在不影响全团活动和游客安全的前提下，可予以满足。

（一）一般情况下允许游客自由活动

游客不想参加某日某项集体活动而希望自行活动时，导游可提供其想去的场所的地址、线路和其他必要情况。为了防止迷路，请其带上下榻饭店的店徽或住房卡，并写一中文便条交本人，上写拟去的场所、地址以及所住饭店的地址和电话，迷路时请人帮助或打电话回来。

游览某一景点，有人希望单独活动，必须向其交代清楚集合时间和地点，也可给本人写一张中文便条，迷路时请人帮助。

（二）需劝阻游客自由活动的几种情况

下述情况不宜让游客单独活动。

1. 游客要求去一些比较杂乱的地方时，为了本人的安全，应该婉言劝阻。不对外开放的地区、机关，应遵守规定，不准许外宾参观。

2. 如旅游团即将离开本地时，为了不影响计划的顺利进行，一般应提醒游客不要单独活动，或只能在近处活动。

3. 不宜让游客单独骑自行车去人生地不熟的街头游玩。

4. 在带团活动中，如游览地有小船，一般不宜由游客单独划船，导游更不可置全团于不顾，陪少数人划船、游泳。同时，要劝阻个别游客单独到海滨、江河游泳。

总之，出现以上情况时，导游要向游客耐心解释、说明原因，以免发生误会。

二、邮轮游客要求自由活动的处理

对于中国的邮轮旅游团，游客在邮轮上的活动领队可不予干涉，但在岸上游活动时，游

客如果没有非常特殊的情况如生病等,通常都是要随团上岸的。在停靠港口岸上游时,则更是不允许游客自由活动。当然,领队必须要向游客提前警示说明。

任务二　探视亲友、亲友随团活动的处理

关于此类要求,因为邮轮旅游基本都是出境游,手续烦琐,计划性强,再加上岸上游的时间非常短暂有限,所以基本上不存在。以下是针对普通团队游客而进行的阐述。

一、游客要求探视亲友

游客到达一地后,希望探望在该地的亲友,导游应予以满足。

(一)一般处理方法

游客知道亲友的姓名、地址,导游应协助联系,并向游客讲明具体乘车路线。

游客只知亲友姓名或某些线索,但地址不详,导游可通过旅行社请当地公安户籍部门帮助寻找,找到后及时告诉游客并帮助其联系;若旅游期间没找到,可请其留下联系地址和电话号码,等找到其亲友后通知他。

游客来华旅行,兼有与中国有关部门洽谈业务、联系工作和馈赠礼品等活动,导游应向旅行社汇报,在领导指示下给予积极协助。

游客并不认识拟会晤之人,只是慕名求访,导游首先要了解清楚游客要求会见的目的,并向有关领导汇报,按有关规定办理。

(二)应注意的事项

导游在帮助外国游客会见亲友时,一般不参加会见,没有担当翻译的义务。

若外国游客要求会见在华外国人或驻华使、领馆人员,导游不应干涉;如要求协助,导游可给予帮助;若盛情邀请导游参加使领馆举办的活动,应婉言谢绝,如需要参加,应得到有关方面同意。

二、游客要求亲友随团活动

游客向导游提出其亲友随团活动时,导游应根据不同情况处理。

1. 先征得旅游团领队和其他成员的同意。

2. 与旅行社有关部门联系,如无特殊情况可到旅行社办理入团手续:出示有效证件、填写表格、交纳费用等。

3. 如果是外交官员随团活动,应请示旅行社,严格按我国政府的有关规定办理。

4. 若随团活动的亲友是记者,应请示有关部门,获准后方可办理有关入团手续。

三、要求转递物品和信件的处理

(一)要求转递信件和资料

若游客要求转递信件或资料,导游人员可以协助其查询通信地址和电话,尽量说服其自行办理。若确有困难,可予代转,具体办理方法如下。

1. 若为一般信件或资料,导游人员在转递给接收人后,要通知游客已经办妥。

2. 若为重要信件或文件资料，应把游客的有关情况记录下来，如国籍、姓名、性别、所属旅游团、详细通信地址等，以备反馈。

3. 将信件或文件资料交给收件人后，请收件人开具收据，注明所收信件或资料，并签字盖章。

4. 将收据转交给游客本人，旅行社可保留一份复印件以备查验。

5. 如果外国游客要求导游人员帮助将物品或信件转交给外国驻华使、领馆人员，导游人员应建议其自行办理，但可给予必要的协助。

（二）要求转递物品

1. 导游人员协助时，须问清楚转递的是何种物品。若是应交税物品，应促其纳税。若是贵重物品，导游人员一般要婉拒，无法推托时，要请游客书写委托书，注明物品名称和数量并当面点清，签字并留下详细通信地址；接收人收到物品后要写收条并签字盖章；导游人员将委托书和收条一并交旅行社保管。

2. 游客要求转递的物品中若有食品，导游人员应婉言拒绝，请其自行处理。

3. 外国游客要求导游人员帮助将物品转递给外国驻华使、领馆及其人员，导游人员应建议其自行办理，但可给予必要的协助；若游客确有困难不能亲自去送，导游人员应详细了解情况并向旅行社领导请示，将转递物品交旅行社，由其转递。

任务三　要求中途退团或延长旅游期限的处理

游客中途退团的情况不多见，但旅游团或部分游客被动或主动要求延长旅游期的现象却较多。这些特殊要求导游不能解决，应报告接待方旅行社，在旅行社领导指示下协助游客。

一、要求中途退团

游客因患病，或因家中出事，或因工作上急需，或因其他特殊原因，要求提前离开旅游团并中止旅游活动，经接待方旅行社与组团旅行社协商后可予以满足。至于未享受的综合服务费，按旅游协议书规定，或部分退还或不予退还。

游客无特殊原因，只是某个要求得不到满足而提出提前离团时，导游人员要配合领队做说服工作，劝其继续随团旅游；若接待方旅行社确有责任，应设法弥补。若游客提出的是无理要求，要做耐心解释；若劝说无效，游客仍执意要求退团的可满足其要求，但应告知其未享受的综合服务费不予退还。

外国游客不管因何种原因要求提前离开中国，导游人员都要在领导指示下协助游客重订航班、机座，办理分离签证及其他离团手续，但所需费用由游客自理。

案例

导游人员小张接待了一个来自泰国的旅游团，导游人员计划4月15日16:40乘机离开H市赴B市旅游。14日上午，旅游团中一位小姐伤心地告诉小张，她接到家里打来的电话，其母亲病危,催她速回。小张马上安慰游客不要着急,并立即给旅行社打电话说明情况,请旅行社帮助办理离团手续,订好回国机票。在小张和旅行社的帮助下,第二天,这位小姐顺利地坐上了回国的班机。一个月后小张收到了该游客寄来的一封感谢信。

二、要求延长旅游期限

外国游客因伤、病需要延长在中国的居留时间,导游人员应为其办理有关手续,还应前往医院探视,帮助解决伤病者及其家属在生活上的困难。

外国游客在旅游团的活动结束后要求继续在中国旅行游览,若不需延长签证,一般可满足其要求;若需延长签证,原则上应予婉拒。若个别游客确有特殊原因需要留下,导游人员应请示旅行社,然后向其提供必要的帮助:陪同游客持旅行社的证明、护照及集体签证,去当地公安局办理分离签证手续和延长签证手续,协助其重新预订航班、机座,帮其订妥客房,所需费用由游客自理。

旅游团离境后,留下的游客若需要旅行社继续为其提供导游等服务,则需另签合同。

至于邮轮旅游如果要延长期限是不可能的,因为邮轮的每个航程都是固定的。当然,游客下船之后在下船地的逗留和游玩又另当别论。领队要根据实际情况灵活处理。

New Words 单词

cabin	客舱
shopping	购物
inside stateroom	内舱房
outside stateroom	海景房
suite	套房
single room	单间
room service	客房用餐

Brain

思考与练习

一、选择题

1. 游客提出住更高标准的房间时,导游人员的正确做法是(　　)。

A. 告知游客超标,不能满足

B. 如有房间,可予以满足,但游客要交付退房损失费和房费差价

C. 婉言拒绝

D. 请全陪报告组团社,由组团社决定

2. 如果某身体健康旅游者提出在客房用餐,导游人员应(　　)。

A. 让游客自行处理　　B. 婉言劝阻

C. 若有此服务,可满足其要求,但必须告知服务费自理

D. 遵循宾客至上原则,将饭菜端到旅游者房间

3. 下列情况中,游客提出换房,导游人员应该满足其要求的是(　　)。

A. 客房内发现小老鼠　　B. 客房朝北光线不好

C. 客房在走廊尽头离电梯近　　D. 要求住高档客房又拒付差价

4. 一位年迈的境外旅游者随旅游团抵达苏州旅游,当晚老人向地陪提出希望探望在当地一位失散多年的朋友,这时地陪应该(　　)。

A. 对老人说:“您与朋友失散多年,地址很难找,这事没办法解决”

B. 对老人说:“明天您可以不随团活动,去找那位朋友”

C. 设法予以满足,可在第二天通过旅行社请公安户籍部门帮助寻找

D. 为了能让老人如愿以偿,决定第二天亲自去帮助寻找,把工作委托全陪代理

5. 导游人员在带团过程中,如遇有(　　)的情况,应劝阻旅游者自由活动。

A. 旅游者要求单独参观历史博物馆

B. 旅游者要求独自划船游湖

C. 旅游者要求独自租借自行车游览城市特色街区

D. 旅游者要求单独寻访名人故居

二、简答题

1. 导游人员在处理游客特殊要求的时候,要掌握什么原则?

2. 对于游客餐饮和住房方面的特殊要求,导游人员要如何处理?

3. 对于游客文娱和购物等方面的特殊要求,导游人员要如何处理?

三、英语测试题目

Dialogue 1

Act as the tour guide and go through the check-in formalities in the hotel. You are told that some of the twin rooms of your group have been replaced by triple rooms, for it is high season and the rooms in the hotel are in short supply. When you assign the tourists to the triple rooms, they refuse to check in. Make a dialogue with relevant persons. Your dialogue will include the following points:

A. explain the reasons for being replaced;

B. soothe the tourists;

C. offer some solutions to the problem.

Dialogue 2

A tourist named Tom complains to you that his shower doesn't work. Act as the tour guide and make a dialogue with the guest. Your dialogue will include the following points:

A. apologize to Tom for the inconvenience;

B. ask him the detailed information;

C. offer the solutions.

Dialogue 3

A tourist in his group wants to move to another room because he cannot get much sleep while his roommate snores all night. Act as the local guide to make a dialogue with the national guide and the tourist. Your dialogue will include the following points:

A. ask the tour leader to help him exchange rooms with someone else in the group;

B. if it doesn't work, confirm the available room;

C. tell the tourist to pay the extra fee, and the previously arranged room cannot be refunded.

Dialogue 4

Half an hour before lunch, the tourists of the group require that the western meal arranged for them should be changed to a Chinese meal. Suppose you are the tour guide, please negotiate with the tourists. Your dialogue will include the following points:

A. the tour guide should explain to the tourists that such requests should be made 3 hours in advance;

B. if the guests insist, tell them that they should cover the expense themselves.

模块六　导游实务相关知识

【学习目标】

1. 拓展学习知识面，了解史、地、文等方面的知识，努力成为知识广博、知书达理的新时代导游人员。

2. 能够把所学知识运用到实际工作中，灵活解决问题，成为游客的贴心人。

【案例导入】

没有护照可不可以乘坐中国国内航班

导游人员A小姐曾经接待过日本经济团体联合会（简称经团联）的一个超级VIP团体。参加该团活动的客人都是日本诸如松下、东芝一类大公司的负责人。该团行程简单，在北京只是拜访中国青年联合会和日本大使馆，第二天乘飞机到重庆参加中日友好植树活动。机票、饭店全部日方自定，又由经团联事务局的工作人员负责上下站的联络，想出事也难，应该是万无一失了。

但是，事情就偏偏出在了事务局的一位工作人员身上。A小姐回忆说："那天上午，客人从长富宫去机场，我照例提醒客人检查自己的证件和物品。这时，事务局的工作人员圭部先生（相当于旅游团的领队）突然神情紧张地打开箱子，好像在找什么东西，我问他怎么啦，他却说没什么。到了机场，圭部先生吞吞吐吐地问我，没有护照可不可以乘坐中国国内航班。这时，离飞机起飞还有不到一个小时。没有护照肯定是不能上飞机的，我不能因此影响了全团的行程，于是让其他客人先飞走了。一直找到下午3点，圭部先生的护照却怎么也找不到，我们只好先回长富宫。圭部先生的脑子全乱套了，一路上，他只是喃喃自语：'准备了快一年的活动，全完蛋了，这下连工作也没了，还不如去自杀。'我一面安慰他，脑子里一面飞转，替他想办法。我忽然想到，他们昨天不是去过日本大使馆吗？以他们的身份，大使馆也许会对他们有所关照的。

真巧，大使馆的一秘给了圭部先生一张名片，电话打过去，幸好接通，一秘说，他8点钟以前离开大使馆，如果在此之前赶到，他可以为圭部办渡航书（临时护照）。我们到了公安局，接待我们的民警说，要公安局开具护照遗失的证明，需要先到长富宫开具护照遗失的证明，于是我们又在长富宫和公安局之间多跑了一圈，办妥了证明。然后又查飞往重庆的班机时间，最后一班是晚8:15，8点以前办好临时护照，再赶往机场，无论如何是来不及了。忽然间，我想到了成都，成都到重庆是有高速路的，几个小时就能到达。再一查航班时刻表，飞往成都的最后航班9:30起飞，我们还有机会！于是飞奔到日本大使馆，7:50；拿到渡航书，8:15；赶到机场，8:05；最后一关，飞机有座位，购票，办好手续，差5分钟9点。圭部先生和我告别的时候，脸上恢复了血色。后来我听说，当第二天一早圭部先生出现在重庆的酒店的餐厅，并向别的客人问好的时候，大家惊异之余，只有两个字的评价：奇迹！”

【本章导读】

本章的内容为拓展部分，主要对入出境知识、交通知识、邮电通信知识、货币、保险知识、卫生常识、邮轮基本知识进行介绍，通过本章的学习，学会运用入出境、交通、邮电通信、货币、保险、卫生常识、邮轮基本知识在带团过程中提供恰当的服务。成为一名优秀的导游人员，需要上知天文，下知地理，除了掌握好本章节和其他章节的知识之外，还要具备平常的积累。除了本书之外，推荐大家阅读的书籍有哲学类《老子》《庄子》《论语》《中庸》等，文学类《西厢记》《三国演义》《红楼梦》《简爱》《父与子》《战争与和平》等，艺术类《故宫》《中国园林》《中国民祠》《京剧艺术》《中国曲艺》《中国美术》《世界美术史》等。

项目一　旅游和旅游业知识

任务一　旅游知识概述

一、近现代旅游和旅游业

旅游是人类社会发展到一定阶段的产物。19世纪40年代到20世纪40年代是近代旅游产生和发展的时期。这一时期的产业革命加速了社会经济的发展和城市化的进程，促进了科学技术的进步，火车、轮船的出现，改善了交通运输条件，使大规模的人员流动成为可能。正是在这种社会背景下，英国人托马斯·库克于1845年正式创办了世界上第一家旅行社，开始提供最早的有组织的旅游服务，并标志着近代旅游业的诞生。此时旅行的发展在很多方面都已开始具有了旅游的特点。

二战之后，世界经济迅速发展，人们收入不断提高，带薪假期在西方国家逐渐普及，汽车数量的大量增加，喷气式客机用于民航及各国政府对旅游业的支持，旅游活动计划在世界各地都取得了巨大发展。旅游活动规模之大、发展之快，普及之广都是前所未有的，特别是“大众旅游”出现的新局面，标志着现代旅游的产生和发展。

现代旅游是社会化大众旅游，参加者已经广泛普及到社会各阶层和普通劳动大众。为加强竞争实力，各旅游企业不仅在行业内与其他企业实现联合，而且还组建跨行业、跨国界的企业，实现集团化的经营。旅游形式也一改过去以个人为主体的旅游消费活动，而变成有组织、有计划的群体旅游活动，这种模式成为现代旅游的主导模式。

二、旅游的概念

旅游不仅是一种经济现象，也是一种社会文化现象，并且和政府、从业人员、普通大众等不同层级的群体相关。迄今为止,关于旅游的定义众多。立足旅游的基本特征,本书认为:旅游是人们离开常住地到异国他乡的旅行和暂时停留所产生的审美、社交、求知等综合性休闲活动的总和。

三、旅游的本质属性

(一)旅游是一种审美活动,是综合性的审美实践

旅游在根本上是一种主要以追求愉快和美好为目的的审美过程,是人类社会发展到一定阶段时生活中不可缺少的活动。旅游审美性的逻辑特征,决定了旅游本身是一项综合的、层次丰富的、具有活力的和具有发展潜力的综合性的审美活动。

旅游者的审美要求产生于生理和心理上的快感需求,从而体现在旅游的食、住、行、游、购、娱等六大要素之间。旅游的审美本质是独立存在的,但仍会受到旅游主、客体变化的影响。社会文明程度越高,旅游主体和旅游客体的发展就越快,人们对旅游审美性的要求也就越高。所以,旅游的审美性,是决定旅游自身价值的最关键因素。

(二)旅游是人类一种积极而健康的社会交往活动

旅游所体现出来的交往,从形式和特点上看,是一种短暂的、平等的、在异地进行的并以感情沟通和物质交易为主的行为,并在隔离、浅交、示意、互动、互助和竞争等行为的影响中,反映出其强弱不同的发展程度。

一般而言,旅游交往的理想形式是"旅游者——朋友。模式"要达到这种高级的交往境界,关键在于旅游者是否能够真正融于旅游地的文化之中,成为当地文化的受益者。

(三)旅游是人类生活的高级需求和高层次的消费活动

按照马斯洛的需求层次理论,旅游是人类的需求达到一定水平之后产生的需求。马斯洛认为需要的五个层次是逐级上升的,当低一级的需求获得相对满足之后,追求高一级的需求就成为继续奋进的动力。在某一时刻,可能存在好几类需求,但各类需求的强度,不是均等的。

旅游是一种消费水平较高的社会活动,这是由旅游主体参加旅游的目的性和旅游客体的价值性所决定的。

四、旅游的基本特征

(一)异地性

异地的自然风光、风土人情、民俗生活对旅游者会产生较强的吸引力,对外界客观世界的认识和了解是旅游异地性特征产生的主观基础。同时,旅游资源具有地理上不可移动的特点,旅游者只有克服空间障碍,离开其常住地前往旅游目的地才能实现旅游活动,这是旅游异地性产生的客观前提。

(二)暂时性

旅游是人们离开自己的住所和居留地到异国他乡做短暂的停留,是利用闲暇时间所从事的活动。这种短期停留有别于移民性的永久居留,表现为旅游的暂时性。

(三)综合性

旅游是有广泛和深刻影响的综合性社会现象,这种综合性表现为旅游者、旅游企业、目

的地政府以及目的地居民彼此之间所产生的错综复杂的关系。

任务二　旅游的主体、客体和媒介

一、旅游的主体——旅游者

旅游者(tourists)是旅游活动的主体,没有旅游者就没有旅游活动。立足于旅游者构成的主客观条件,本书认为:旅游者是指为满足某种需要,暂时离开居住地前往旅游目的地,出于非营利目的,在目的地做短暂停留(不超过一年)的人。

(一)实现旅游的客观条件

1. 经济水平提高,可支配收入增加

旅游是一种消费活动,如果没有一定的经济收入作为后盾或基础,这个消费过程是无法实现的。因此,从某种意义上来说,较高的社会经济水平和个人收入是旅游者产生的先决条件。但是,并不是所有的收入都可用于旅游消费,能用于旅游消费的只能是可随意支配收入。可随意支配收入是指扣除全部纳税及社会消费(如健康人寿保险、老年退休金和失业补贴的预支等)以及日常生活必须消费部分(衣、食、住、行等)之后所余下的收入部分。这部分收入越高,人们外出旅游的可能性就越大。

2. 余暇时间

这是影响外出旅游的一个必要条件。所谓余暇时间也称自由时间或者可随意支配的时间,是指在日常工作、学习、生活及其他必需时间之外,可用以自由支配、从事消遣娱乐或自己乐于从事的任何其他事情的时间。余暇时间的分布情况可划分为每日余暇、每周余暇、公共假期和带薪假期。

3. 其他客观条件

除上述收入水平和余暇时间外,影响旅游的客观条件还包括一个人的身体健康状况和家庭人口状况。

(二)实现旅游的主观条件

一个人能否成为旅游者,除了要受客观条件的影响外,还要受其主观条件所制约。这里的主观条件便是旅游动机。旅游动机是指促使一个人有意于旅游以及到何处去、做何种旅游的内在考虑。

根据旅游活动的内容和性质,把旅游动机分为四个方面:社会动机、文化动机、身心动机、经济动机。

社会动机:探亲访友、旧地重游、考察别国的社会制度及人民的生活方式等。

文化动机:考察异国他乡的风土人情、历史文化传统,进行学术交流,观赏风景名胜、文物古迹等。

身心动机:修养、避暑避寒、治疗疾病、开展体育活动等。

经济动机:旅游购物等。

二、旅游的客体——旅游资源(tourism resources)

旅游资源是指自然界和人类社会能对游客产生吸引力,可以为发展旅游业所开发利用,并能产生经济效益、社会效益和环境效益的各种事物和因素。

(一)旅游资源的特征

1. 客观存在的自然性促成了旅游资源的形成

在自然界和人类社会中,绝大多数的旅游资源都是自然形成、客观存在的。其自然存在属性的另一个表现在于它只供旅游者在原地享用,不能占为己有,也无法移动。

2. 吸引力是评价旅游资源的根本尺度

吸引力实质上是指旅游者对旅游资源的认识程度和向往程度,即要具有价值上的观赏性。它主要是用来观赏的。

3. 多样性反映着旅游资源的丰富内涵

一是种类的多样性,任何对旅游者具有吸引力的事物都可能成为旅游资源。二是表现形式的多样性,既有自然的,又有人文的;既有景观性的,又有文化性的;既有古代遗存的,又有现代兴建的;既有实物性的,又有体察性的。

4. 变化性决定着旅游资源的生命周期

任何旅游资源都有其生命周期,而旅游资源并不是一成不变的,而是可以由人们创造、制作而再生、再现的,是动态的。

5. 季节性造就了旅游资源吸引力的差异

主要指自然景观受季节气候的影响而呈现出的最佳观赏季节。

6. 脆弱性警示着旅游资源保护的必要

这一点主要源于旅游资源的稀缺性。如果利用和保护不当,旅游资源很容易遭到破坏且不能再生。

(二)旅游资源的分类

旅游资源包括的范围很广,种类繁多。按其成因可分为两大基本类型,即自然旅游资源和人文旅游资源。

1. 自然旅游资源(natural tourism resources)

自然旅游资源是在亿万年自然地理环境的演变之中形成的具有旅游功能的事物和因素,它包括:地貌旅游资源,如高山大河、峡谷丘陵等;气象气候旅游资源,如吉林树挂、峨眉佛光等;水文旅游资源,如飞瀑流泉、湖光水色等;生物旅游资源,如珍禽异兽、奇花异草等。

2. 人文旅游资源(cultural tourism resources)

人文旅游资源是人类创造的,反映各时代各民族政治、经济、文化和社会风俗民情状况,具有旅游功能的事物和因素。主要包括古迹与建筑类、消闲求知健身类(包括科教文化设施、休疗养和社会福利设施、动物园、植物园、公园、体育场馆、游乐场所、文艺场馆等)和购物类(包括市场与购物中心、著名店铺、地方产品店铺)等。

此外,一些无形的旅游资源,如一个国家或地区居民对外来游客的好客态度、社会制度等,也可包括在人文旅游资源类中。

三、旅游媒介——旅游业(tourism industry)

(一)旅游业的构成

旅游业是以旅游者为对象,为其旅游活动创造便利条件并提供其所需商品和服务的综合性产业。它是凭借旅游资源和设施,专门或者主要从事招徕、接待游客,为其提供交通、游览、住宿、餐饮、购物、文娱等六个环节服务的综合性行业。

旅游业的根本性质在于它是一项经济型产业,其目的是通过对旅游活动的促进和向游客提供旅游服务而获取收入。

关于旅游业的构成,从国民经济各行业中为游客提供产品和服务的角度出发,主要由三部分构成,即旅行社业、旅游交通业、餐饮业。它们是旅游业的三大支柱。

(二)旅游业的特点

1. 旅游业的综合性和联动性

旅游活动的综合性决定了旅游业具有综合性特点,旅游业为旅游者提供了包括食、住、行、游、购、娱等“一条龙”的服务,因此它是一个综合的经济部门,是由一系列相关行业组成的。旅游业不是一个独立的实体,而是一个跨部门、跨行业的交叉行业。旅游业不仅仅涉及旅游饭店、旅游交通和旅行社,还涉及为旅游者的旅游活动提供服务的建筑业、银行业、邮电业、商业、农业以及文化、卫生、教育、轻工、纺织等行业和部门,它的发展需要得到这些行业的协作、配合与支持。总之,旅游业的综合性特点对旅游业乃至整个国民经济的发展具有重要意义。正是由于旅游业的这种强大的综合性决定了旅游业的联动性。旅游者高档次、大规模、全方位的消费需求为各行各业的产品生产提供了广泛的市场。旅游业在各行各业中起到了先导生产的作用,而其他行业也能通过促进旅游业发展过程来提高自身的生产能力。旅游业与其他行业是相辅相成、共同发展的合作关系,它们缺一不可。旅游业的发展,也必然带动其他相关行业的发展。

2. 旅游业的敏感性和脆弱性

旅游业是一个非常敏感的产业,社会各种因素的变化都会对旅游业产生影响,且反应迅速。例如,2020 年的“新冠疫情”对旅游业造成了巨大的影响,发生了一系列的连锁反应,造成整个旅游供给的失调,让人们很好地了解到旅游业的敏感性和脆弱性。

3. 旅游业的涉外性和开放性

旅游业是一项涉及国与国之间人际交往的产业,具有很强的涉外性,主要通过国际旅游来体现。从政治上而言,旅游是民间外交的一种良好形式,通过旅游活动,国与国之间可以增强了解,增进各国人之间的友谊,维护世界的和平,也正是从这个意义上,旅游业才成为外事工作的一部分。由于各国的社会制度、社会文化、生活方式等诸多方面都存在较大差异,因此发展国际旅游业的政策性很强,具有较强的涉外色彩。旅游业的涉外性决定了旅游业的发展必然要实行对外开放政策。

4. 旅游业的劳动密集性

旅游业的中心内容是为旅游者提供直接的服务。构成旅游业的众多行为,都有其主要的经济职能,这就是为旅游者提供服务。根据国际旅游业的发展现状,旅游部门每增加 1 名服务人员,社会就要增加 5 名间接服务人员与之配套。尤其是在当今生产力高度发达的社会,旅游已成为一种生活方式而遍及世界各地,从而需要越来越多的人从事旅游服务工作,从这个意义来说,旅游业具有劳动密集性特征。

（三）旅游业的作用

1. 供给作用

旅游活动的顺利开展，离不开旅游需要和旅游供给。因此，如果只有旅游需要，而无旅游业保证供给，那么旅游活动也就无法存在与发展。

2. 组织作用

根据市场的调查分析，一方面旅游业组织一系列配套产品满足供给；另一方面，旅游业通过各种方式为自己的产品组织客源以满足需要。

3. 便利作用

旅游者外出旅行，经常会遇到各种各样的困难和不便。旅游业所提供的方便、快捷的服务使旅游者顺利完成出行目的，并使旅游活动发展成一种规范化的旅游模式，使旅游者外出旅游时间越来越长，距离越来越远，规模也越来越大。

拓展阅读

疫情下的旅游业有危机也有契机

近期，由于河北、辽宁、黑龙江等部分省市新冠肺炎散发病例增多，疫情防控形势再次趋紧。最近几天，全国不少省市发布了疫情防控通知或公告，建议公众尽量减少流动，选择在工作地或居住地过年，避免跨省出境。这对于去年下半年才开始恢复元气的国内旅游业来说，无疑又带来了不小的冲击和影响。

然而，一些在线旅游网站发布的信息表明，疫情防控下的国内旅游，并非全是危机，而是危机与契机并存。在 2021 年“马蜂窝旅行者之选”景区榜单中，除了像北京故宫、上海迪士尼、重庆洪崖洞等“老牌”网红景区依然在列，一些原来名不见经传的冷门、小众景区，也开始占据榜单上的一席之地，包括青海东台吉乃尔湖、广东南澳岛、四川达古冰川等。

这些景区很多人可能第一次听说，为什么能够在疫情防控背景下脱颖而出？原因恰恰在于它们的冷门、小众、不知名。这样游客才会少，才不会出现人山人海的现象，从而减少病毒传播，让旅游活动变得更加安全和健康。

这是一种值得肯定的做法，除了说明公众疫情防控意识增强之外，至少还有以下几个方面的好处。

第一，当然是有利于疫情防控。眼下疫情防控是大事，容不得马虎大意。而在疫情防控过程中，除了个人做好防控措施，包括佩戴口罩、勤消毒洗手之外，减少聚集、保持社交距离也是必要手段。这些游客稀少的冷门景区，恰好能够满足这样的要求。

第二，有利于改变景区之间旱涝不均的局面，让旅游市场得到均衡发展。长期以来，热门景区人山人海，冷门景区门可罗雀的现象一直存在，既不利于一些景区景点的建设，也不利于旅游经济的均衡发展。现在冷门景区脱颖而出，对于打破原来冷热不均的格局，实现不同景区、不同地区旅游接待人数、旅游效益的平衡，无疑很有帮助。

第三，有利于改善游客的旅游体验。在很多热门景区，游客摩肩接踵，旅游体验不尽如人意,甚至还会引发拥堵、踩踏事故。一些小众景区受到关注,既分流了传统热门景区的客流,也让两类景区的游客旅游体验能够得到改善,自然是我们所乐见的。

当然,对于因为疫情危机而催生出的旅游契机,也需要地方政府、旅游部门以及景区经营者好好研究、好好把握。

思考:疫情下的旅游业有哪些危机和契机?旅游从业者如何应对疫情下的旅游行业?

(资料来源:https://baijiahao.baidu.com/s?id=1688737280683633481&wfr=spider&for=pc)

任务三　旅行社业务知识

一、旅行社(travel agency)的定义

根据2009年通过并施行的《旅行社条例》,旅行社是指从事招徕、组织、接待旅游者等活动,为旅游者提供相关旅游服务,开展国内旅游业务、入境旅游业务或者出境旅游业务的企业法人。

二、旅行社的分类

(一)我国旅行社分类

根据2009年的《旅行社条例》,我国旅行社分为两大类。

1. 内资旅行社(domestic travel agency)

内资旅行社又分为两种:经营入境旅游业务和国内旅游业务的旅行社;经营国内旅游业务、入境旅游业务和出境旅游业务的旅行社。

2. 外商投资旅行社(foreign invested travel agency)

包括中外合资经营旅行社、中外合作经营旅行社和外资旅行社。

外商投资旅行社不得经营中国内地居民出国旅游业务以及赴香港特别行政区、澳门特别行政区和台湾地区旅游的业务,但是国务院决定或者我国签署的自由贸易协定和内地与香港、澳门关于建立更紧密经贸关系的安排另有规定的除外。

(二)欧美国家旅行社的分类

1. 旅游批发商(tour whole saler)

是组合旅游产品的旅行社。它们以最低价格批量预定交通、住宿、旅游设施及景点等使用权利,并将其组合成整套旅游产品(旅游线路、项目和日程)后,以包价批发形式出售给旅游经营商。

2. 旅游经营商(tour operator)

旅游经营商通过自己的零售网点或代理商向公众销售旅游产品的旅行社。

它们从旅游批发商手中购买旅游产品后,负责组织旅游团和具体接待服务。

3. 旅游代理商(travel agent)

旅游代理商是代理旅游经营商及交通部门或饭店等部门向旅游者销售旅游产品、交通票据或预定客房的中介组织,主要工作是负责宣传、推销旅游产品和服务。

三、旅行社的职能

(一)生产(组装)职能

旅行社的生产职能是指旅行社以低于市场价格向饭店、旅游交通和其他相关部门批量购买旅游者所需的各种服务项目,然后进行组装加工,并融入旅行社自身的服务内容,从而形成有自己特色的旅游产品的功能。

以团体旅游为例,其他相关部门提供的服务只是旅行社生产产品的“原料”,出售给旅游者的是一件完整的产品,而不是个别的零散部件。

(二)销售职能

旅游者对旅游服务的需要是多方面的,最主要的有吃、住、行、游、购、娱六大类。如果旅游者自己直接向众多而又分散的供应者购买这些服务,将是一件很费时费力的工作。而旅行社可以利用自己的网络和信息技术快速把相关的产品采购来,一次性出售给旅游者,为旅游者提供了很大的方便。由于旅行社沟通了旅游者和其他旅游服务供应部门之间的联系,从而能使这些产品更加方便地进入消费领域,同时也拓宽了旅游产品的销售渠道。

(三)组织协调职能

旅游活动是一项综合性的活动,涉及的方面众多,因此为了确保旅游者的旅游活动过程顺利进行,旅行社必须做好各方面的工作,在确保合作的各方实现各自利益的基础上,进行大量的组织和协调工作。

(四)分配职能

旅游者在旅游活动过程中,有各种各样的消费活动,特别是在包价旅游的情况下,旅游者通常会事先为其旅游活动支付全部或部分费用。这不仅意味着旅行社要根据旅游者的需求,在不同的项目之间合理分配支出,最大限度地满足旅游者的需要,而且还要在活动结束后,根据接待过程中各相关部门提供的服务的数量和质量合理分配旅游收入。

(五)提供信息的职能

旅行社提供信息的职能主要表现在两个方面:一是旅行社作为旅游产品的主要销售渠道,能够快速向市场提供各种产品信息;二是旅行社始终处于旅游市场的最前沿,熟知旅游者的需求变化和市场动态,这些信息对提供各种旅游产品的有关部门和企业来说是非常有指导意义的。

拓展阅读

疫情之后,人们还需要旅行社吗?

在疫情阴霾尚未散去的日子里,人们已经度过了多个春节、清明、五一、端午假期。国际旅游市场已然停摆,国内旅游市场反复无常。

艰难疫情之下，旅行社另谋生路

疫情的反复给旅游业带来了重创，由于跨省游、跟团游的停摆，旅游业复苏以短途游、周边游为主，旅行社作为旅游业主力，却基本缺席。不少旅行社选择不再苦撑，直接关张注销，而一息尚存的旅行社，退团退费、裁员降费、另谋生路成为目前能做的主要工作。

近日，山东省48家旅行社接受了莘县文旅局的授牌，成为莘县文旅产品营销渠道商，山东省将此命名为“旅行社·农产品”营销计划。山东省有近万家旅行社，10余万从业人员，常年的客户积累，让这背后形成了一个规模可观的流量池。

对于旅行社和从业者来说，通过政府和企业背书，通过社交及电商平台开展农产品分销以赚取佣金，将目前处于闲置的私域流量激活变现，无疑是在旅行社主业停摆期间不错的求生方式。此外，各地政府也在通过退还旅游服务质量保证金、退团退费补贴、贷款贴息等方式给予旅行社更为直接的帮扶。

经历一场疫情，旅行社面对市场变化的脆弱和过度依赖预收现金的弊端显现无疑。不禁让人思考，这次疫情过后，人们还需要旅行社吗？

盈利模式单一，疫情之下难以为继

传统线下旅行社的盈利主要来自两部分。一是旅游线路产品的差价盈利，通过协议价获取目的地旅行线路及酒店食宿、景区门票、交通等相关产品，通过加价销售赚取利润。部分旅行社并不直接提供当地地接服务，而单纯作为旅游线路产品的分销机构。二是旅游消费过程中的服务费用，旅行社通过提供旅游路线规划、旅游过程接待、旅游安全保障等服务赚取旅游服务费用，在大多数情况下，此部分费用并不会单独罗列，只有在相对高端的旅行社，提供定制化旅行产品时才会说明其中收取的服务费用。

对于越来越习惯境内自助游的年轻人，可能已经不需要在旅游过程中与旅行社打交道，而实际上，年轻人早已不再是旅行社主要目标客群。中老年团队游、企业团建游、学生研学游等，这些才是让一个旅行社生存下来的主要客源。

虽然团队游中单客消费较低，但薄利多销也是一门生意，而且旅行社可以凭借人数优势拿到更为低廉的渠道价格，在线路产品设计上也不需要更多个性化需求。在这样的发展模式下，旅游体验等难以量化的因素不是旅行社关注的核心，做到旅游过程的安全有序已经行业达标。

此外，相对散客，团队游一般有更长的预定周期，使得旅行社从预收费到后付费的现金沉淀周期拉长。在不出现退团退费的情况下，充裕的现金流可以维持旅行社日常运营和营销拉新，而疫情导致的大量退团退费让很多旅行社瞬间现金断流，难以为继。

严冬过后，土地看似熟悉，但变化已经悄然发生，而旅行社需要以何种方式继续耕作？

低价模式不可持续，焦虑之中反思价值创造

首先应该将自身定位从旅游资源批发商转变为真正的旅游服务商，在旅游线路产品优化、旅游体验提升上多下功夫。品牌、服务、口碑将是未来旅行社竞争的核心壁垒，一味以低价揽客，下一个冬天依然熬不过去。

在虚拟经济快速发展的当下，旅行社作为可以与消费者长时间面对面提供线下服务的机构，在获取高价值流量方面具有独特的场景优势。在做好服务内功的基础上，形成自身的用户粉丝群体和私域流量池，这些将是未来帮助旅行社渡过难关、持续发展的基础。

旅游不是一锤子买卖，过往的强制购物返利等灰色创收方式对于旅行社只会自毁根基。用优质服务获取消费者的信任和流量，通过对消费者提供有价值的增值服务来实现流量变现。

持续的利润一定来自长久的价值创造。旅行社在困境之下，焦虑之中，需要思考在未来的旅游市场中，该如何创造价值。

思考：疫情下的旅行社如何寻找生存空间？

（参考：https://baijiahao.baidu.com/s? id=1671195445617616242&wfr=spider&for=pc）

项目二　入出境知识

任务一　入　境

一、有效证件

外国人、华侨、港澳台同胞入境，均须在指定口岸向边防检查站（由公安、海关、卫生检疫三方组成）交验有效证件，填写《入境卡》，经边防检查站查验核准加盖验讫章后方可入境；中国公民返归时，只需在入境口岸的边检站出示有效证件，不必填写《入境卡》。外国旅游者和华侨、港澳台同胞进入中国内地时所持证件不同，通关手续基本相似。

（一）外国人

1. 护照（passport）

护照是一国主管机关发给本国公民出国或在国外居留的证件，证明其国籍和身份。护照一般分外交护照和普通护照两种，有的国家为团体出国人员（旅游团、体育队、文艺团体）发给团体护照。

2007 年 1 月 1 日施行的《护照法》规定，我国公民护照有效期以 16 周岁为界：16 周岁以下公民的护照有效期为 5 年，16 周岁以上公民的护照有效期为 10 年。

2. 签证（visa）

签证是一国主管机关在外国公民所持的护照或其他有效出入证件上签注、盖印，表示准其出入本国国境或者过境的手续。

签证分外交签证、礼遇签证、公务签证、普通签证，还可分为入境签证、入出境签证、出入境签证和过境签证。旅游签证属于普通签证，在中国为（L）字签证（发给来中国旅游、探亲或因其他私人事务入境的人员）。签证上规定持证者在中国停留的起止日期。

9 人以上（不含 9 人）的旅游团可发给团体签证。团体签证一式三份，签发机关留一份，来华旅游团两份，一份用于入境，一份供出境使用。

签证的有效期限不等，获签证者必须在有效期内进入中国境内，超过期限签证不再有效。希望进入中国境内的外国人须持有效护照（必要时提供有关证明，例如，来华旅游者申请签证需出示中国旅游部门的接待证明）向中国的外交代表机关、领事机关或者外交部授权的其他驻外机关申请办理签证。但在特定情况下，如事由紧急，确实来不及在上述机关办理签证手续者，可向公安部授权的口岸签证机关申请办理签证。

中国公安部授权的口岸签证机关设立在下列口岸：北京、上海、天津、大连、福州、厦门、西安、桂林、杭州、昆明、广州（白云机场）、深圳（罗湖、蛇日）、珠海（拱北）、重庆等。持联程客票搭乘国际航班直接过境，在中国停留不超过24小时、不出机场的外国人，免办签证。要求临时离开机场的，须经边防检查机关批准。随着国际关系和旅游事业的发展，许多国家间签订了互免签证协议。

（二）华侨、港澳台同胞

1. 华侨（overseas Chinese）

侨居国外的中国公民短期回国探亲、旅游，凭有效的中华人民共和国护照在指定口岸入境，无须办理签证。

2. 港、澳同胞（compatriots from HongKong and Macao）

港、澳同胞来往于香港、澳门与内地之间，凭我公安机关签发的《港澳同胞回乡证》或《港澳居民来往内地通行证》，从中国对外开放的口岸（往香港是深圳，往澳门是拱北）通行。

3. 台湾同胞（Taiwan compatriots）

台湾同胞来内地探亲、旅游，须持有效的《台湾居民来往大陆通行证》，经口岸边防检查站查验并加盖验讫章后，即可作为进出内地和在内地旅游的身份证明，从我国对外开放口岸入境、出境。

二、海关手续

（一）进出境旅客通关

1. 根据《中华人民共和国海关法》和《中华人民共和国海关对进出境旅客行李物品监管办法》的规定，进出境行李物品必须通过设有海关的地点进境或出境，接受海关监督。旅客应按规定向海关申请。

2. 除法规规定免验者外，进出境旅客行李物品应交由海关按规定查验放行。海关验收进出境旅客行李物品，以自用合理数量为原则，对不同类型的旅客行李物品规定不同的范围和征免税数款量或限值。

3. 旅客进出境携带有需向海关申报物品，应在申报台前向海关递交《中华人民共和国海关进出境旅客行李物品申报单》或海关规定的申报单证，按规定如实申报其行李物品，报请海关办理物品进境或出境手续。

4. 海关通道一般分为“申报通道”和“无申报通道”。

（1）“申报通道”，亦申报通道称“红色通道”或“应税通道”。外国游客进入中国境内，一般须经“申报通道”通关，事先要填写《旅客行李申报单》向海关申报，经海关查验后放行。

申报单不得涂改、不得遗失，出境时要再交海关办理出关手续；申报单应据实填写，若申报不实或隐匿不报者，一经查出，海关将依法处理。

（2）“无申报通道”，亦称“绿色通道”或“免税通道”。持有中国主管部门给予外交、礼遇签证的外籍人士及海关给予免验礼遇的人员可选择“无申报通道”通关，但需向海关出示本人证件和按规定填写申报单据。

不明海关规定或不知如何选择通道的旅客应选择申报通道通关。

案例

一位外国旅客在免费托运的行李中带了20多条香烟和三盘黄色录像带，在A城海关交验有效证件并提取托运行李后，试图从绿色通道通关时，被海关人员截住。检查其行李后，海关人员问他为什么走绿色通道，他说他不认识中文，看见有人从那里走他也就跟着走了，还说他要在中国工作两个多月，所以多带了香烟，录像带是消遣时自己看的。海关人员还是让旅客补交了税款，并没收了录像带。

请问：案例中海关人员和游客的做法对吗？哪种人能经绿色通道通关？

（二）部分限制进出境物品

1. 烟、酒

非居民旅客及持有前往国家或地区再入境签证的居民旅客携带旅行自用物品照相机、便携式收录音机、小型摄像机、手提式摄像机、手提式文字处理机每种一件。超出范围的，需向海关如实申报并办理有关手续。经海关放行的旅行自用物品，旅客应在回程时复带出境。

2. 金、银及其制品

旅客携带金、银及其制品进境应以自用合理数量为限，其中超过50克应填写申报单证向海关申请；复带出境时，海关凭本次进境申报的数量核放。

携带或托运出境在中国境内购买的金、银及其制品（包括镶嵌饰品、器皿等新工艺品），海关验凭中国人民银行制发的“特种发票”放行。

3. 外汇

旅客携带外币、旅行支票、信用证等进境，数量不受限制。旅客携带数额较大的外币现钞进境，须向海关如实申报；复带出境时，海关验凭本次进境申报的数额核发。旅客携带上述情况以外的外汇出境，海关验凭国家外汇管理局制发的“外汇携带证”查验放行。

4. 人民币

旅客携带人民币进出境，限额20 000元。

5. 文物（含已故现代著名书画家的作品）

旅客携带文物进境，如需复带出境，请向海关详细报明。旅客携带出境的文物，需经中国文化行政管理部门鉴定。

携运文物出境时，必须向海关详细申报。对在境内商店购买的文物，海关凭中国文化行政管理部门钤盖的鉴定标志及“文物外销发货票”查验放行；对在境内通过其他途径得到的文物，海关凭中国文化行政管理部门钤盖的鉴定标志及开具的“许可出口证明”查验放行；未经鉴定的文物，请不要携带出境。携带文物出境不据实向海关申报的，海关将依法处理。

6. 中药材、中成药

旅客携带中药材、中成药出境，前往国外的，总值限人民币 300 元；前往港澳地区的，总值限人民币 150 元；寄往国外的中药材、中成药，总值限人民币 200 元；寄往港澳地区的，总值限人民币 100 元。

进境旅客出境时携带用外汇购买的、数量合理的自用中药材、中成药，海关凭有关发货票和外汇兑换证明放行。麝香以及超出上述规定限值的中药材、中成药不准出境。

（三）禁止进出境物品

1. 禁止进境物品

（1）各种武器、仿真武器、弹药及爆炸物品；

（2）伪造的货币及伪造的有价证券；

（3）对中国政治、经济、文化、道德有害的印刷品、胶卷、照片、唱片、影片、录音带、录像带、激光视盘、计算机存储介质及其物品；

（4）各种烈性毒药；

（5）鸦片、吗啡、海洛因、大麻以及其他能使人成瘾的麻醉品、精神药物；

（6）带有危险性病菌、害虫及其他有害生物的动物、植物及其产品；

（7）有碍人畜健康的、来自疫区的以及其他能传播疾病的食品、药物或其他物品。

2. 禁止出境物品

（1）列入禁止进境范围的所有物品；

（2）内容涉及国家秘密的手稿、印刷品、胶卷、照片、唱片、影片、录音带、录像带、激光视盘、计算机存储介质及其他物品；

（3）珍贵文物及其他禁止出境的文物；

（4）濒危的和珍贵的动物、植物（均含标本）及其种子和繁殖材料。

严禁邮寄物品

（1）各类武器、弹药，如枪支、子弹、炮弹、手榴弹、地雷、炸弹等；

（2）各类易爆炸性物品，如雷管、炸药、火药、鞭炮等；

（3）各类易燃烧性物品，包括液体、气体和固体，如汽油、煤油、桐油、酒精、生漆、柴油、气雾剂、气体打火机、瓦斯气瓶、磷、硫黄、火柴等。

三、入境卫生检疫

海外人士入境，应根据国境检疫机关的要求如实填报健康申明卡，传染病患者隐瞒不报，按逃避检疫论处。一经发现，禁止入境，已经入境者，让其提前出境。

来自传染病疫区的人员须出示有效的《国际预防接种证书》（俗称"黄皮书"）；无证者，国境卫生检疫机关将从他离开感染环境时算起实施 6 日的留验。

来自疫区的被传染病污染或可能成为传染病传播媒介的物品，须接受卫生检疫检查和必要的卫生处理。

四、不准入境的几类人

（一）下列人士不准入境

1. 被中国政府驱逐出境、未满不准入境年限的；

2. 被认为入境后可能进行恐怖、暴力、颠覆活动的；

3. 被认为入境后可能进行走私、贩毒、卖淫活动的；

4. 患有精神病和麻风病、艾滋病、性病、开放性肺结核等传染病的；

5. 不能保障其在中国期间所需费用的；

6. 被认为入境后可能进行危害我国国家安全和利益的其他活动的。

（二）对下列人士，边防检查站有权阻止入境

1. 未持有效护照、证件或签证的；

2. 持伪造、涂改或他人护照、证件的；

3. 拒绝接受查验证件的；

4. 公安部或者国家安全部通知不准入境的。

五、外国旅游者在中国境内的权利和义务

中华人民共和国宪法总纲明确指出："中华人民共和国保护在中国境内的外国人的合法权利和利益。"在中国境内的外国人必须遵守中华人民共和国的法律。

在中国境内，外国旅游者享受合法权益和人身自由不受侵犯的权利；但必须遵守中国的法律，不得进行危害国家安全、损害公益事业、破坏公共秩序的活动。持旅游（L）签证来华的外国人不得在中国从事与其身份不符的活动，如就业、宗教宣传、非法采访等。违法者必将按情节轻重受到中国法律的制裁。

在签证有效期内，外国旅游者可在中国对外开放地区内自由旅游，但必须尊重旅游地区的民风习俗。若希望前去不开放地区旅游，须事先向所在市、县公安局申请旅行证，获准后方可前往，未经允许不得擅自闯入非对外开放地区旅行。

外国旅游者申请旅行证须履行下列手续：交验护照或居留证件；提供与旅行事由有关的证明；填写旅行申请表。

签证准予在华停留期限到期，如需继续旅行，外国人可向当地公安机关申请延长在中国的停留期限，即申请延长签证期限。

任务二　出　　境

一、外国旅客出境

外国旅游者应当在签证准予停留的期限内从指定口岸出境。

外国旅游者出境，须向口岸边防检查站交验有效护照或者其他有效证件，填写出境卡，加盖出境验讫章后出境。

（一）不准出境的几种人

1. 刑事案件的被告人和公安机关或者人民检察院或者法院认定的犯罪嫌疑人；

2. 人民法院通知有未了结民事案件不能离境的；

3. 有其他违反中国法律的行为尚未处理，经有关主管机关认定需要追究的。

（二）边防检查机关有权阻止出境的人士

1. 持无效出境证件的；

2. 持伪造、涂改或他人护照、证件的；
3. 拒绝接受查验证件的。

二、中国旅客出境

中国旅游者出境也须向我国边防检查站交验有效护照和前往国家和地区的签证(赴港澳地区须提交特别行政区通行证)。

中国旅游者出境前,须事先填好《旅客行李申报单》,一式两份,带出旅途自用的手表、相机、收录机、摄像机等重点管理物品,应将其数量、牌名、规格及新旧程度等详细填写清楚,以便回程时海关凭此核对免税带进。海关将其中一份已签章的《旅客行李申报单》退回游客本人留存,待回程时交入境地海关检验。

项目三　交通知识

任务一　航空客运知识

一、航空旅行常识

(一)航班(flight)

民航运输主要有三种飞行形式:班期飞行、加班飞行和包机飞行。

1. 班期飞行:是按照班期时刻表和规定的航线,定机型、定日期、定时刻的飞行。
2. 加班飞行:是根据临时需要在班期飞行以外增加的飞行。
3. 包机飞行:是按照包机单位的要求,在现有航线上或以外进行的专用飞行。

此外,还有不定期航班飞行和季节性航班飞行。

航班分为定期航班和不定期航班。定期航班是指飞机定期自始发站起飞,按规定航线经经停站至终点站或直达终点站的飞行。在国际航线上飞行的航班称国际航班;在国内航线上飞行的航班则称国内航班。航班还可分为去程航班和回程航班。

(二)班次(flight frequency)

班次是指在单位时间内(通常以一周计算)飞行的航班数(包括去程航班和回程航班)。班次是根据运量需求和运程来确定的。

(三)航班号(flight No.)

国内航班编号是由航空公司的二字英文代码和四位阿拉伯数字组成。第一位数字是执行该航班任务的航空公司的数字代码;第二位数字表示该航班终点站所属的管理局或航空公司所在地的数字代码;第三、四位数字是该航班的具体编号,若第四位数字为单数表示去程航班,双数则为回程航班。例如,CA1501 是中国国际航空公司自北京飞至上海的航班;MU5401 则为东方航空公司自上海飞往重庆的航班。

我国国际航班的航班号是由执行该航班任务的航空公司的英文字母代码和三位阿拉

伯数字组成。其中第一位数字是航空公司的数字代码。例如,CA919 是指中国国际航空公司自北京飞往东京的航班;CZ325 是南方航空公司自广州飞往悉尼的航班。

(四)客舱等级和餐饮供应

国际航空运输中,通常用英文字母表示客舱等级。航空公司票价一般分为头等舱;(F = First Class)、公务舱(C = Business Class)、经济舱(Y = Economy Class)和平价舱(K = Thrift)四种等级。每种等级又按照正常票价和多种不同特殊优惠票价划分为不同的舱位代号。如,有的航线经济舱划分为 Y、M、L、K、T 五种代号,代表不同的票价,分别拥有不同的座位数量。

国际航空运输中,通常用符号表示餐饮供应。例如,刀叉图案表示在该航段飞行期间供应正餐;杯碟图案表示在该航段飞行期间有早餐或点心供应。按照航空业的国际惯例,航班飞行时间影响旅客就餐的,飞机上提供简餐、饮料;飞行时间没有影响旅客就餐的,飞机上提供零食、饮料。飞机上的简餐主要有中式盒饭、面条、西点等,饮料主要有咖啡、茶、可乐、矿泉水等。

二、机票

(一)正常客票购买

旅客购买机票须凭本人有效身份证件,客票只限票上所列姓名的旅客本人使用,不得转让和涂改,否则客票无效,票款不退。正常票价的客票有效期为一年。

(二)儿童票

两周岁以上未满 12 周岁的儿童按成人票价的 50% 购票,有的国际航线的儿童票价是成人票价的 67%。

未满两周岁的婴儿按成人全票价的 10% 购票,不单独占座位;每一成人旅客只能有一个婴儿享受这种票价,超过的人数应购买儿童票。

(三)座位再证实

旅客持有定好座位的联程或回程票(OK 票),如在该联程或回程地停留 72 小时以上,国内机票须在该联程、回程航班飞机离站前两天中午 12 时以前、国际机票须在 72 小时之前,办理机票再证实手续,否则,原定座位不予保留。

(四)客票遗失

旅客在乘机前遗失客票,应以书面形式向航空公司或销售代理人申请挂失、出示有效证件并提供足够的证明。挂失前若客票已被冒退,航空公司不承担责任。

(五)退票

旅客要求退票,按不同时间段缴纳不等的退票费。

三、乘机

(一)乘机

旅客应在航空公司规定的时限内到达机场,凭客票和有效身份证件办理乘机手续。航班离站前 30 分钟停止办理乘机手续。

（二）安全检查

旅客及所携带的行李物品在登机前必须接受安全检查，拒绝接受检查者，不准登机，损失自负。

（三）误机

旅客误机，需在原航班起飞时间的次日中午12时前进行误机确认。误机旅客可以要求改乘后续航班，若要求改变承运人或退票需支付相当于票价50%的误机费。

四、行李（baggage）

（一）随身携带物品

旅客随身携带物品的体积不超过20×40×55厘米，重量不超过5千克。

（二）免费行李额

持成人票或儿童票的旅客，每人可免费托运行李：头等舱40千克，公务舱30千克，经济舱20千克。持婴儿票的旅客无免费行李额。

乘坐中美、中加国际航线上的航班，旅客可免费托运两件行李，每件不超过32千克；按成人票价10%付费的婴儿可免费托运一件行李及一辆全折叠式或轻便婴儿车或手推车。

拓展阅读

我国主要航空公司代码

我国主要航空公司的三字代码及二字代码如下：

中国国际航空公司 CCA　CA
中国新华航空公司 CXH　X2
中国东方航空公司 CES　MU
中国西北航空公司 CNW　WH
中国南方航空公司 CSN　CZ
中国西南航空公司 CXN　SZ
中国北方航空公司 CBJ　CJ
海南航空公司 CHH　HU
云南航空公司 CYH　3Q
四川航空公司 CSC　3U
深圳航空公司 CSZ　ZH
山东航空公司 CDG　SC
福建航空公司 CFJ　IV
厦门航空有限公司 CXM MF

任务二　铁路客运知识

一、铁路列车的种类

按行驶区域分成国际和国内旅客列车两种；按行驶速度分为普快、直快、特快、旅游列车等类型；按车辆内座位和设施分为硬席、软席、硬卧、软卧等级别。

二、车票

车票中包括客票和附加票两部分。客票部分为软座、硬座。附加票分为加快票、卧铺票、空调票。附加票是客票的补充部分，除儿童外，不能单独使用。

铁路部门一般不接受儿童单独旅行（乘火车通学学生和承运人同意在旅途中监护的除外）。随同成人旅行儿童身高 1.1 ~ 1.4 米，可购半价儿童票。每一成人旅客可以免费携带一名身高不足 1.1 米的儿童，超过一名时，超过人数应买儿童票。

20 人以上乘车日期、车次、到站、座别相同的旅客可作为团体旅客，承运人可优先安排。

三、站台票

到站台上迎送旅客的人员应买站台票。站台票当日使用一次有效。对经常进站接送旅客的单位，车站可根据需要发售定期站台票。随同成人进站身高不足 1.1 米的儿童及特殊情况经车站同意进站人员可不买站台票。未经车站同意无站台票进站时，加倍补收站台票款，遇特殊情况，站长可决定暂停发售站台票。

四、变更

旅客不能按票面指定的日期、车次乘车时，在不超过客票有效期的前提下，可以办理一次提前或改晚乘车签证手续。办理改晚乘车签证手续时，最迟不超过开车后 2 小时，团体旅客必须在开车 48 小时以前办理。往返票、联程票、卧铺票不办理改签。

五、丢失车票

旅客丢失车票应另行购票。在列车上应自丢失站起（不能判明时从列车始发站起）补收票价，核收手续费。旅客在补票后又找到原票时，列车长应编制客运纪录交旅客，作为在到站时向车站要求退还后补票价的依据。

六、退票

旅客要求退票时，按下列规定办理，核收退票费。

在发站开车前，特殊情况也可在开车后 2 小时内，退还全部票价。团体旅客必须在开车 48 小时以前办理。

旅客开始旅行后不能退票（伤、病不能继续旅行除外）。

退还带有“行”字戳迹的车票时，应先办理行李变更手续。

站台票售出不退。

七、携带品

旅客携带品每人免费携带的重量和体积是：儿童（含免费儿童）10 千克，外交人员 35 千克，其他旅客 20 千克。每件物品外部尺寸长、宽、高之和不能超过 160 厘米，杆状物品不超过 200 厘米；重量不超过 20 千克。

残疾人旅行时代步的折叠式轮椅可免费携带并不计上述范围。

拓展阅读

我国客运列车的类型

1. G 字头列车：高铁，全称“高速动车组列车”。中国长途客运速度最快的火车，速度为 350 千米/小时。

2. C 字头列车：城际高铁，全称“城际动车组列车”。这也是中国最快速的火车，但只在相邻城市间的运行短途火车，如京津城际高铁。

3. D 字头列车：动车，全称“动车组列车”。这种火车又叫“和谐号”或者“子弹头”火车，设计最快速度为 250 千米/小时。

4. Z 字头列车：直达列车。这种列车的最快速度是 160 千米/小时，是长途旅行最实惠的列车。

5. T 字头列车；特快列车。这种车次只在主要城市限停，最快速度是 140 千米/小时，一般情况下 T 字头的列车会有软卧、软座和硬座及硬卧。

6. K 字头列车：快速列车，全称“快速旅客列车”。这类车次的最快速度是 120 千米/小时，有空调，设有四种等级的席位。

7. 普快，全称“普通旅客快车”。普快车票——般以 1、2、4 和 5 开头，最快速度为 120 千米/小时，因为停靠站点更多，所以比 K 字开头的火车慢。目前，大部分普快都有空调。

8. 慢车，全称“普通旅客慢车”。最快速度为 100 千米/小时，这可能是最慢的一种车次，有很多站。车票一般以 6,7,8 和 9 开头，大部分慢车都是绿皮车，没有空调。

9. L 字头列车：临客，全称“临时旅客列车”。这个系列的车次仅仅会在客运高峰期的时候出现，如春节和国庆节。这种车没有固定的发车时间，通常会晚点。

10. Y 字头列车：旅客列车。这类车次是为游客特设的旅游列车，一般目的地都是热点旅游城市，如从北京开往秦皇岛的 Y 字头列车。速度和普快列车差不多。

11. S 字头列车：城郊专运客车。最快速度为 100 千米/小时，是城区和郊区的往返车。由于路程短，所以没有软座和软卧。目前，从北京北发往延庆的列车 S2 线，停车点有清华园、南口、八达岭等。

项目四　货币保险知识

任务一　货币知识

一、外汇

外汇(foreign currency),是指以外国货币表示的可用于国际结算的一种支付手段,它包括外国货币(钞票、铸币等)、外币有价证券(政府公债、国库券、公司债券、股票、息票等)、外币支付凭证(票据、银行存款凭证、邮政储蓄凭证等)以及其他外汇资金。

二、旅行支票

旅行支票(cheque)是银行或旅行支票公司为方便旅行者,在旅行者交存一定金额后签发的一种面额固定的、没有指定的付款人和付款地点的定额票据。

三、信用卡

(一)信用卡的概念

信用卡(credit card)是消费信用的一种形式,是由银行或其他专门机构向客户提供小额消费信贷的一种信用凭证。

(二)信用卡的种类

信用卡的种类很多,按发卡机构的性质分为旅游卡(由商业、旅行社、饭店等部门直接发的卡)和信用卡(银行或其他金融机构发行);按持卡人的资信程度分为普通卡、金卡和白金卡(其资信程度依次递增);按使用地区分为世界通用卡(外汇长城万事达卡)和地区用卡(牡丹卡、金穗卡);按清偿方式的不同分为贷记卡和借记卡。

任务二　保险知识

一、旅游保险的概念

旅游保险是指投保人(游客或旅游经营者)根据合同的约定,向保险人(保险公司)缴纳一定数额的保险费,保险人对于合同约定的在旅游活动中可能发生的事故因其发生所造成的人身及财产损失承担赔偿保险金责任的商业保险行为。

二、旅游保险的种类

(一)旅行社责任险

旅行社责任保险,就是承保旅行社在组织旅游活动过程中因疏忽、过失造成事故所应承担的法律赔偿责任的险种，该险种的投保人为旅行社。投保后，一旦发生责任事故，将由保险公司在第一时间对无辜的受害旅客进行赔偿。旅行社责任险具有很强的社会公益性。

（二）旅游者个人保险

旅游者个人保险指在合同期内，在旅行社安排的旅游活动中，遭遇外来的、突发的、非疾病导致的意外保险。保险期限一般是指旅游者踏上旅行社提供的交通工具开始，到行程结束后离开旅行社安排的交通工具止。旅游意外保险是一种短期保险，保的是游客不是旅行社，是由游客自愿购买的短期补偿性险种。

项目五　邮轮基本知识

当邮轮旅游开始来到你我身边，乘着邮轮，在无边的大海上展开一段奇妙之旅是一件多么惬意的事情（图6－1）。但是，邮轮旅游究竟有什么吸引力？怎样选择邮轮？有哪些方面需要注意呢？

邮轮上艺术气息浓郁的餐厅

邮轮上的娱乐剧场

邮轮海景房

图6－1

任务一　关于邮轮的关键词

一、吨位

通常提到的邮轮的吨位指的是邮轮的注册总吨位，表示邮轮按照其等级证书所记载的容积。这是邮轮最常用的衡量指标，也是业界划分邮轮大小的重要依据。按照邮轮的注册总吨位，现代邮轮分为微型（10 000 GRT以下）、小型（10 000～20 000 GRT）、中型（20 000～50 000 GRT）、大型（50 000～70 000 GRT）、超大型（megaship）五种类型。

二、舱位

邮轮的客舱可以分为内舱房、外舱房（含海景房）和套房。舱位不一样，所获得的享受也不一样。有的邮轮的双层套房分为上下两层，楼上为卧室，还有大型的阳台和豪华的浴室；而有的邮轮的内舱则如火车软卧包厢一般，周围都是隔断，什么景色都看不见。

三、船票

一般来说,购买一张船票就意味着游客上船后,如果只参加大众性的消费,基本不会再有另外的开销。从绅士模样的行李生帮助提行李到各种美食和娱乐设施的使用,各式各样的服务都是包含在船票里的。但是,报团费、港务费(邮轮特有)和签证费以及登岸旅游费用都需自理。

四、邮轮登船卡

邮轮登船卡(boarding card)是游客在船上的唯一身份认证,它既是房门卡、餐卡,又是消费时的记录,所以务必妥善保管。下船时,工作人员会根据此卡片与游客结算发生的相关费用。

五、行李

在邮轮上,游客可以携带轻便的衣服和休闲装,包括泳衣、在泳池边穿着的拖鞋和岸上观光所用的轻便鞋。如果喜欢运动,不要忘记带运动服和运动鞋。太阳帽、太阳眼镜、防晒霜不可或缺。正装时必不可少的,女士需要晚礼服,男士则需要西装和领带。另外,别忘了牙刷和寝具,许多邮轮不提供。

六、岸上观光

邮轮停靠港口之后上岸进行的观光旅行。这期间的行程基本都可以自己安排,但需要注意的是时间问题。通常邮轮公司都会安排专门的交通把游客送到城市中心。在出发之前最好记好该邮轮公司在本地的办公室联系方式,如果万一不幸在规定时间没有回来,就可以及时和公司取得联系。

七、甲板分布图

甲板分布图是游客了解邮轮的好办法。对于每一艘邮轮来说,这些甲板分布图是唯一的,也最能帮助游客明确邮轮上客舱或其他设施的具体位置。游客参加邮轮旅游时,可以通过甲板分布图选择自己喜欢的房间。

任务二　邮轮旅游礼仪指南

一、邮轮礼仪惯例

登船时就如同有数百到数千位旅客,同时在同一个酒店或航空柜台办理 check-in 手续一样。必须事先准备好所有的相关文件,以方便登船手续的顺畅,这也是邮轮礼仪的惯例。

二、邮轮餐饮礼仪

现代化的大型邮轮上因为人多,通常会采用“编桌入席制”,将熟悉与不熟悉的游客混合编桌。如遇到态度粗鲁的游客同桌时,可以要求换桌。

三、住宿舱房礼仪

邮轮住宿切勿高声喧哗,以免影响邻居安宁。相对地,如果遇有吵闹不宁之恶邻时,也可以通知船方要求改善或换房。

四、邮轮服装礼仪

邮轮乘客于每晚享用晚宴时,船方都会提前提醒旅客应如何穿着的礼仪惯例规定。适宜大方得体的衣饰穿着表现,除了不至于在国际社交场合失礼之外,也可以增加邮轮旅途中的乐趣。

前往游泳池游泳或按摩浴池泡浴时,需要先于客舱内换穿泳装,在前往泳池的行进途中应披件外衣,以免有失礼数。回房前,则应于泳池畔的更衣室换装完毕,绝不可全身湿淋淋地四处走动。

任务三　邮轮费用问题

一、邮轮公司报价包含项目

邮轮公司在对邮轮旅游航次进行报价时,通常有一些明确标识的价格项目。

(一)船票价格

游客购买邮轮船票后,可以享受船舱住宿、到指定餐厅免费用餐、参加指定娱乐活动项目等。

(二)乘客港务费

港务费是邮轮进出港口和在港口停泊期间,因为使用港口的水域、航道和停泊地点而向港口缴纳的费用,一般按照船舶的吨位收取。乘客乘坐邮轮旅游需要缴纳乘客港务费,出游的地方不一样、停靠的港口多少不一样,所缴纳的港务费也不一样。

(三)燃油附加费

燃油附加费是邮轮公司向游客收取的反映燃料价格变化的附加费。

(四)小费

部分邮轮公司需要游客在购买邮轮旅游产品时一次性支付小费的费用。在邮轮上,不管是服务生、客房服务员、公共区域服务员还是酒吧服务员,直接与顾客接触的服务员都有可能得到小费,这在邮轮上已经成为一种惯例。

以上项目一般用于邮轮旅游出发前向乘客收取。

二、邮轮公司报价不包含项目

通常情况下,邮轮公司对邮轮旅游产品的报价并不是游客进行邮轮旅游时所需要花费的全部费用。邮轮登上邮轮还可能会有一些额外的花费,在邮轮报价中没有体现出来,需要游客视需要自行承担。

（一）船上部分项目收费

包括游客在邮轮上特殊餐厅用餐以及电话、传真、购物、美容、赌博等私人消费费用。

（二）岸上观光费用

包括邮轮停靠港口时上岸观光游览的费用。

（三）出发、返程路上交通费用

包括游客从家到邮轮登船港口以及游客下船后返家的汽车、火车或飞机等交通费。

（四）护照、签证费用

游客搭乘邮轮出境旅游时需要办理护照以及相应国家的签证，此部分费用由游客自行承担。

（五）保险费用

游客购买的旅游意外保险费用等。

New Words 单词

visa	签证
flight	航班
flight frequency	班次
baggage	行李
credit card	信用卡
boarding card	登船卡

Brain

思考与练习

一、选择题

1. 台湾同胞在旅游目的地遗失有效证件后，失主应向遗失地的中国旅行社或户口管理部门或侨办报失，核实后发给（　　）。

A. 新的台湾同胞旅行证明　　B. 一次性有效的出境通行证

C. 身份证明　　D. 户籍证明

2. 在中国（L）字签证是（　　）。

A. 外交签证　　B. 礼遇签证　　C. 普通签证　　D. 公务签证

3. 车次前冠有字母“G”的列车为（　　）。

A. 城际动车组列　　B. 特快旅客列车　　C. 直达特快列车　　D. 高铁列车

4.《护照法》规定,成年公民护照的有效期为(　　)。

A.5 年　　B.15 年　　C.10 年　　D.20 年

5.根据《国内航空运输承运人赔偿责任限额规定》,对每名旅客随身携带物品的赔偿责任限额为(　　)元。

A.2 000　　B.3 000　　C.5 000　　D.10 000

二、简答题

1.外出旅游应否进行旅游保险?

2.邮轮旅游产品的报价通常包含哪些项目?如何收取?

参考文献

[1] 全国导游资格考试统编教材专家编写组. 导游业务[M]. 北京:中国旅游出版社,2021.
[2] 梁文生. 导游实务[M]. 济南:山东科学技术出版社,2014.
[3] 胡华. 导游实务[M]. 北京:旅游教育出版社,2012.
[4] 张素梅. 导游实务[M]. 北京:北京交通大学出版社,2010.
[5] 冯云艳. 导游业务实用教程[M]. 北京:中国纺织出版社,2009.
[6] 朱忠良,袁丽华. 导游实务[M]. 北京:冶金工业出版社,2008.
[7] 付岗. 导游业务[M]. 北京:中国旅游出版社,2008.
[8] 把多勋,高亚芳,赵玉琴. 导游业务[M]. 兰州:甘肃人民美术出版社,2007.
[9] 后东升. 导游业务与技巧[M]. 西安:西北大学出版社,2007.
[10] 赵明. 导游业务知识. [M]. 昆明:云南大学出版社,2007.
[11] 李瑞玲. 导游业务[M]. 郑州:郑州大学出版社,2006.
[12] 陈向群. 导游业务[M]. 济南:山东科学技术出版社,2005.
[13] 陈蔚德. 导游讲解实务[M]. 北京:旅游教育出版社,2004.
[14] 程新造. 导游接待案例选析[M]. 北京:旅游教育出版社,2003.